人口縮小！どうする日本？

持続可能な幸福社会へのアプローチ

遠藤薫 編

東京大学出版会

POPULATION DECLINE! WHAT SHOULD JAPAN DO?

Approaches to a Sustainable Happiness Society

Kaoru ENDO, Editor

University of Tokyo Press, 2025
ISBN 978-4-13-053037-8

人口縮小！　どうする日本？——目　次

III 人口縮小！ 医療に何ができる？

IV　人口縮小！　技術に何ができる？

序章　人口縮小！　でも、生き心地の良い明日のために

遠藤　薫

ますます多くの土地が廃墟となっている今、その光は新たな野生の新たな夜明けを示しているのかもしれない。廃墟が増えている理由の一つは、人口動態の変化である。先進国では出生率が低下し、農村部の人口が都市部へ流出している。世界の国の約半分で、出生率が人口置換水準（人口が増加も減少もしない均衡した状態）を下回るようになってきた。人口が二〇四九年までに一億二五〇〇万人から一億人以下に減少すると予測されている日本では、土地（建物）の八件に一件はすでに廃墟となっており、二〇三三年には全住宅の三分の一近くが廃墟になると予測されている（Flyn, 2021=2023: 14）。

1　はじめに

「昭和四八年までおよそ二〇年間、人口置換水準(1)の近傍に落ち着いていた出生率は、四九年以降低下を始め、四九年の再生産率は一を割って〇・九七となり、年々低下して五四年には〇・八四（暫定）と

なった」。これは、一九八〇年八月七日に発表された「出生力動向に関する特別委員会報告」（人口問題審議会）の冒頭の言葉である。日本の人口縮小問題を危機として取りあげた最初の報告である。それからすでに五〇年近くが経過したが、出生率は減り続け、二〇〇八年以降、人口は急速な減少を始めた（後掲**図0－4**参照）。

とはいえ、そもそも「人口縮小」といわれても、実はぴんとこない人が多いのではないか。たしかに、街に高齢者の姿が増え、遊んでいる子どもたちはあまり見かけなくなったような気はする。メディアは「人口減による人手不足」を報じ、「地方消滅」を訴える。確かにそうなのであろうが、どこか「他人事」の気がするのはなぜなのだろう。「人口が減って何が悪い⁉」と考えている人だって、少なからずいるに違いない(2)。

なぜ、人口が多くなければならないのか。なぜ、人口が減ることは問題なのか。「人口の多寡」より先に私たちが考えるべきことがあるのではないか。

本書は、現代の人口問題を、「人口の増減」というよりも、人びとにとって「幸福な社会」の実現という視点から考えていこうとするものである。

2 日本社会における「人口問題」

そもそも日本の人口政策は、時代によって大きく振れ動いてきた。

戦時中に発刊された『戰爭と人口問題』（國策研究所調査部編 1942）は、「『人口は最後の武器』であるといふ。今日世界各國が、戰火の渦中にありながら人口增强のために懸命の努力を拂つてゐるのは取りも直さず『最後の武器』を完備して長期戰を乘り切らうとしてゐるためである」（p. 1）という文章から始まっている。これはその前年に閣議決定された「人口政策確立要綱」（近衛内閣閣議決定 1941）を敷衍したものである。昭和三五（一九六〇）年に総人口一億人達成（当時は七〇〇〇万人台）が目標とされ、そのため女性の結婚年齢を平均の二四歳から三年早めて二一歳にして出生数増を促し、「早く結婚して、五人の子供を産むこと」「健全な家族制度の維持強化」「国家や公的機関が結婚紹介などを行うこと」「女子教育は母性育成に努めること」「女子は結婚を疎外する就業を避けること」「家族手当を厚くすること」などが求められた。同時に、一九四一年三月に施行された「国民優生法」により、「悪質な遺伝子」を持つ者への優生手術、すなわち断種の規定が設けられた。

だがしかし、戦前の日本はむしろ、過剰な人口への対処に苦慮していた。家を継ぐことのできない農村部の次男、三男などが、大量に中国大陸やブラジル、アメリカなどへ移民として渡っていった。戦時下で人口増加が国策とされたのは、国民を消耗品としての優れた「武器」に充てる目的でしかなかったのである(3)。

戦争が終わると、多くの兵たちが戦場から帰還し、結婚したことから、第一次ベビーブーム（一九四七―一九四九年）が発生し、人口が急増した。そこで問題は、人口収容能力を超える過剰人口問題へと回帰し、産児制限と海外移住(4)（再び！）が人口政策の柱となった。その内容は、一九五九年の『人口白書――転換期日本の人口問題』（人口問題審議会編 1959）に詳しいが、その中には、戦前の国民優生法の考え方を継承する「優生保護法」も含まれていた。

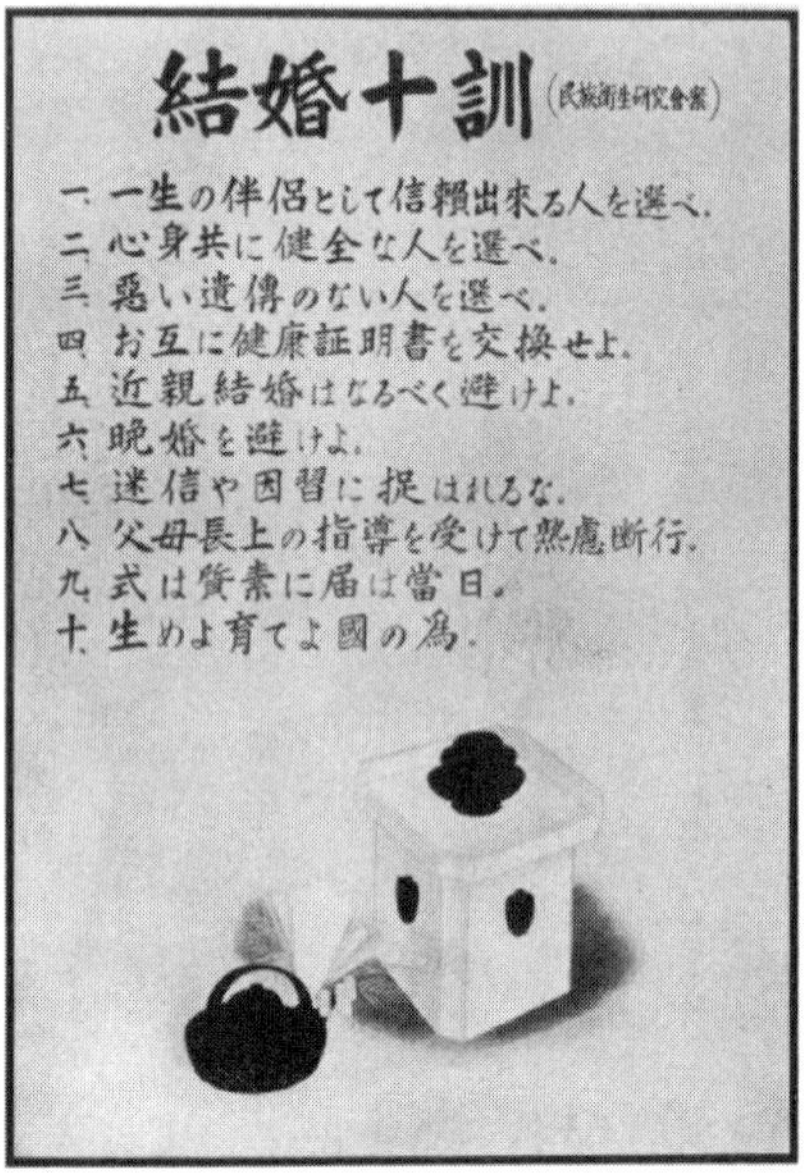

図 0-1　「結婚十訓」

出所：厚生省予防局編 1941『国民優生図解』国民優生聯盟（https://dl.ndl.go.jp/pid/1885834/1/34）。

　これに対して、一九七四年に刊行された『日本人口の動向――静止人口をめざして』（人口問題審議会編 1974）では、その後の日本の「経済的、社会的変化はきわめて急激であり、高度経済成長の持続によって若年労働力、技能労働力の不足などから人口の質的問題が重要性を増すに至るなど、わが国人口問題も大きく転換することとなった」と述べ、人口政策を人口置換水準の近傍に維持する方向へ転じた。本章冒頭にもあるように、この年、再生産率は一を割って〇・九七となった。

3 環境問題と人口

このような人口政策の転換は、世界的な人口問題ともかかわるものだった。『日本人口の動向』は、上記引用部分に続けて、次のように述べている。「さらに、最近数年間に、食糧、資源、環境などの問題と関連して人口に関する地球規模的な関心が高まり、日本の人口問題についても、またかかる観点から検討すべき気運が生じた」(p. 2)。

「地球規模的関心」が高まるきっかけとなったのは、スイスに本部を置く民間のシンクタンク「ローマクラブ」が、一九七二年に発表した報告書『成長の限界——ローマ・クラブ「人類の危機」レポート』であった。この報告書は、システム・ダイナミクスによる分析から「世界人口、工業化、汚染、食糧生産、および資源の使用の現在の成長率が不変のまま続くならば、来たるべき一〇〇年以内に地球上の成長は限界点に到達するであろう」と警鐘をならし、世界が力を合わせることで、この「成長の限界」を回避しようと訴えた。しかし、それから五〇年後の現在、われわれは「限界」に一層近づいているかもしれない。

報告書は、前記文章に続けて、「もっとも起こる見込みの強い結末は人口と工業力のかなり突然の、制御不可能な減少であろう」(Meadows *et al.* 1972: 訳書 p. 11、強調は筆者による)とも指摘していた。図**0-2**にも人口急減の予測は明確に表現されている。

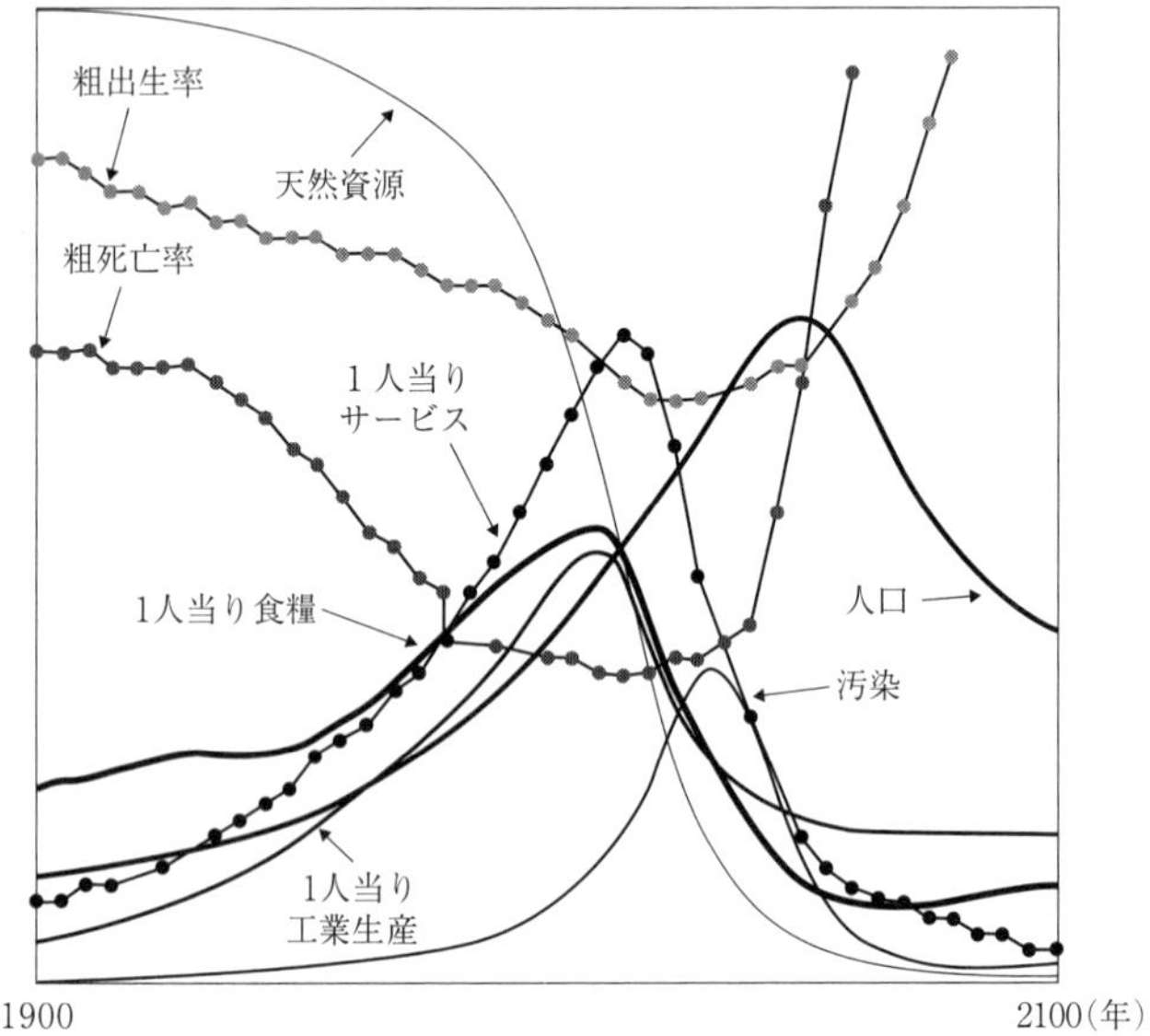

資料:「成長の限界」(Meadows *et al.* 1972).

図 0-2 「成長の限界」で予測されたシナリオ

出所:『平成 25 年版 図で見る環境・循環型社会・生物多様性白書』(https://www.env.go.jp/policy/hakusyo/zu/h25/html/hj13010202.html).

しかし、当時の日本では、地球規模での(特にアジア地域における)人口爆発と、その環境、資源、食糧などへの影響を中心課題として検討している。先にも見た『日本人口の動向』(人口問題審議会編 1974)でも、世界が「世界人口の爆発的増加を憂慮し、人口増加をこのまま放置することは、将来において人類の生存が危ぶまれるとの認識」にたっていると指摘した上で、「わが国は経済社会の発展とともに、多産多死から少産少死を実現したアジアで唯一の国であるから、その面だけを強調すれば他国の模範となるはずだが、そのためにとった政府の人口政策はといえば、……(中略)……皆無に近かった。かつて国連の場で人口政策がタブーであったように、わが国でも、人口政策としての人口増加抑制への施策はタブーにひとしいようなものであった。そのような状況のもとで国民は、自らの手で少産を実現したが、そこには多くの犠牲が払われた。昭和二八年から三〇年代にむかい届出だけでも九年間連続して年間一〇〇万件を越えた人工妊娠中絶がそれを物語っている」（p. 452）と政府の人口政策を批判している。

4 人新世という視点

二〇二三年の夏は本当に暑かった。世界気象機関（WMO）と欧州委員会の気象情報機関「コペルニクス気候変動サービス」は、「二〇二三年七月が人類史上最も暑い月となる」と発表した。国連のアントニオ・グテーレス事務総長は記者会見で「地球沸騰化の時代が到来した」と語り、世界に衝撃を与えた。二〇二四年の夏はさらにそれを上回る暑さとなった。

暑いだけではない。世界各地で、地震、水害、大規模な山火事など様々な大災害が頻々と起こっている。新型コロナウィルス感染症もいまだ収束したとはいえず、またさらに新たな感染症のパンデミックも危惧されている。このような環境変化に関連して、近年「人新世（Anthropocene）」という地質学的な概念が注目を集めている。「人新世」とは、人類の活動が地球の地質や生態系に重大な影響を与えるようになった時代を指し、論者によって、起点は農耕の開始期（一万二〇〇〇—一万五〇〇〇年前）とも、

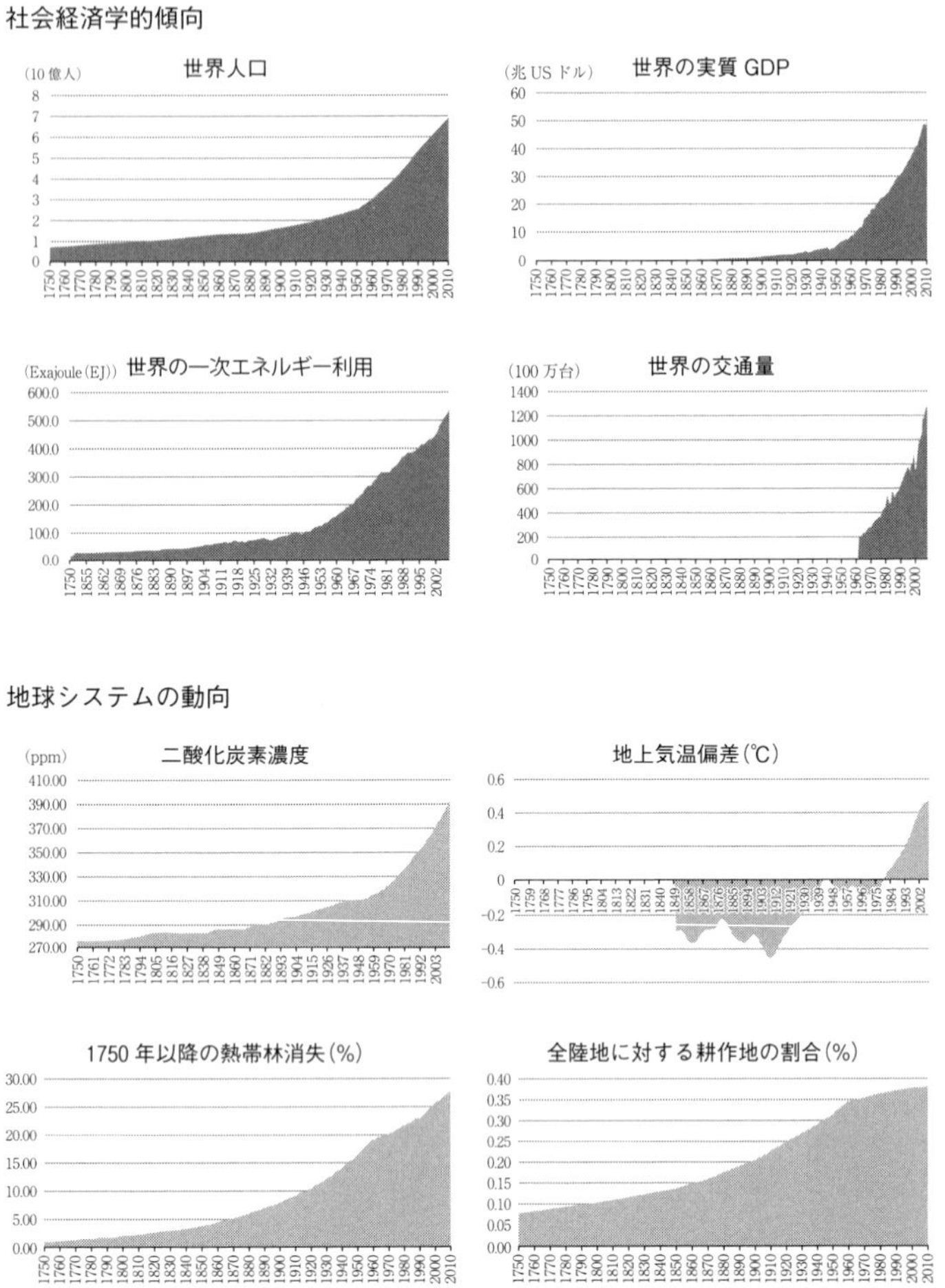

図 0-3 「大加速」を表す指標の変化

データ出所：IGBP2015（http://www.igbp.net/globalchange/greatacceleration.4.1b8ae20512db692f2a680001630.html）.

グラフ作成：筆者.

一六〇〇年前後、一九世紀後半、一九〇〇年前後、あるいは一九六〇年代ともされる。特に、図0-3に示すような、第二次世界大戦以降の社会経済や地球環境の急激な変動は「大加速（Great Acceleration）」と呼ばれる[5]。

一九五〇年代とは、第二次世界大戦終結後、アメリカと旧ソ連の二大大国が、世界のほとんどの地域をそれぞれの影響下におき、熾烈な宇宙開発競争にしのぎを削り、また、情報通信技術と資本主義が圧倒的な力を持つようになった時代でもある。

科学技術は飛躍的に発展し、交通・通信手段の高度化は、世界を緊密に結びつけた。グローバリゼーションである。人々は広範囲にわたって頻繁に移動し、国境を越えて日常的にコミュニケーションするようになった。世界人口は爆発的に急増し、自然の開発が進んだ。歴史上なかった豊かな時代が到来し、人間たちの勝利（何に対する？）は明らかに見えた。

しかしその一方で、膨大な人口が飢えの中に取り残され、貧困にあえいでいる。一九九〇年頃に東西対立構造が終焉し、「パクス・デモクラティア（民主主義による平和）」へ向かうはずが、「文明の衝突」や「アイデンティティ・ポリティクス」によって、内乱や戦乱が次々と起こり、多くの人が難民となって悲惨な状況に暮らしている。無思慮な森林伐採や乱獲などにより、自然が荒廃し、地球のレジリエンシー（強靭性）が損なわれている。環境変化や気候変動がこのまま続けば、人間も人間以外の地球生命体も絶滅することを危惧する声も高い。

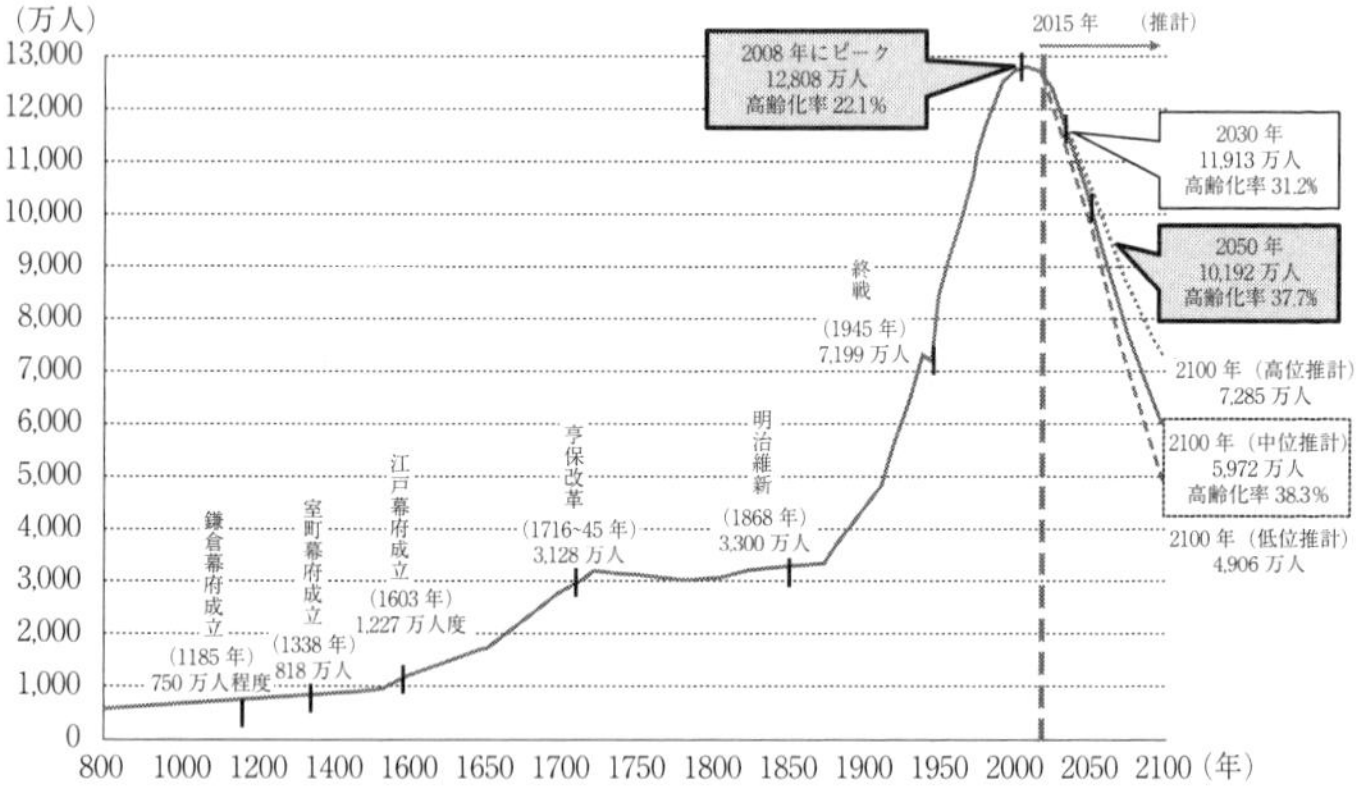

図0-4　日本の総人口の長期的推移

出所：1920年までは，国土庁「日本列島における人口分布の長期時系列分析」（1974年），1920年からは総務省「国勢調査」．なお，総人口のピーク（2008年）に係る確認には，総務省「人口推計年報」及び「平成17年及び22年国勢調査結果による補間補正人口」を用いた．2020年からは国立社会保障・人口問題研究所「日本の将来人口（平成29年推計）」を基に作成．

「国土の長期展望専門委員会最終とりまとめ参考資料」（2021年6月，国土交通省）p. 2（https://www.mlit.go.jp/policy/shingikai/content/001412278.pdf）．

5　日本の位置と今後

■世界の中の日本

このような世界の動向と日本の人口動向とはどのようにかかわっているのだろうか？　図0－4をみていただきたい。この図は日本の総人口の長期的推移を示したものである。一六〇〇年前後に戦国時代が終焉し、江戸時代に入ると、人口の増加率が高まる。それが一七〇〇年代半ばまで続くが、そのあと、静止人口の時代に入る。一九〇〇年代半ばから、近代化の時代に入ると以降、二〇〇八年まで、（戦争の時代を除いて）人口は爆発的な増加を続けたのである。

これら、日本の人口のターニング・ポイントは、先に述べた、人新世の始点として挙げ

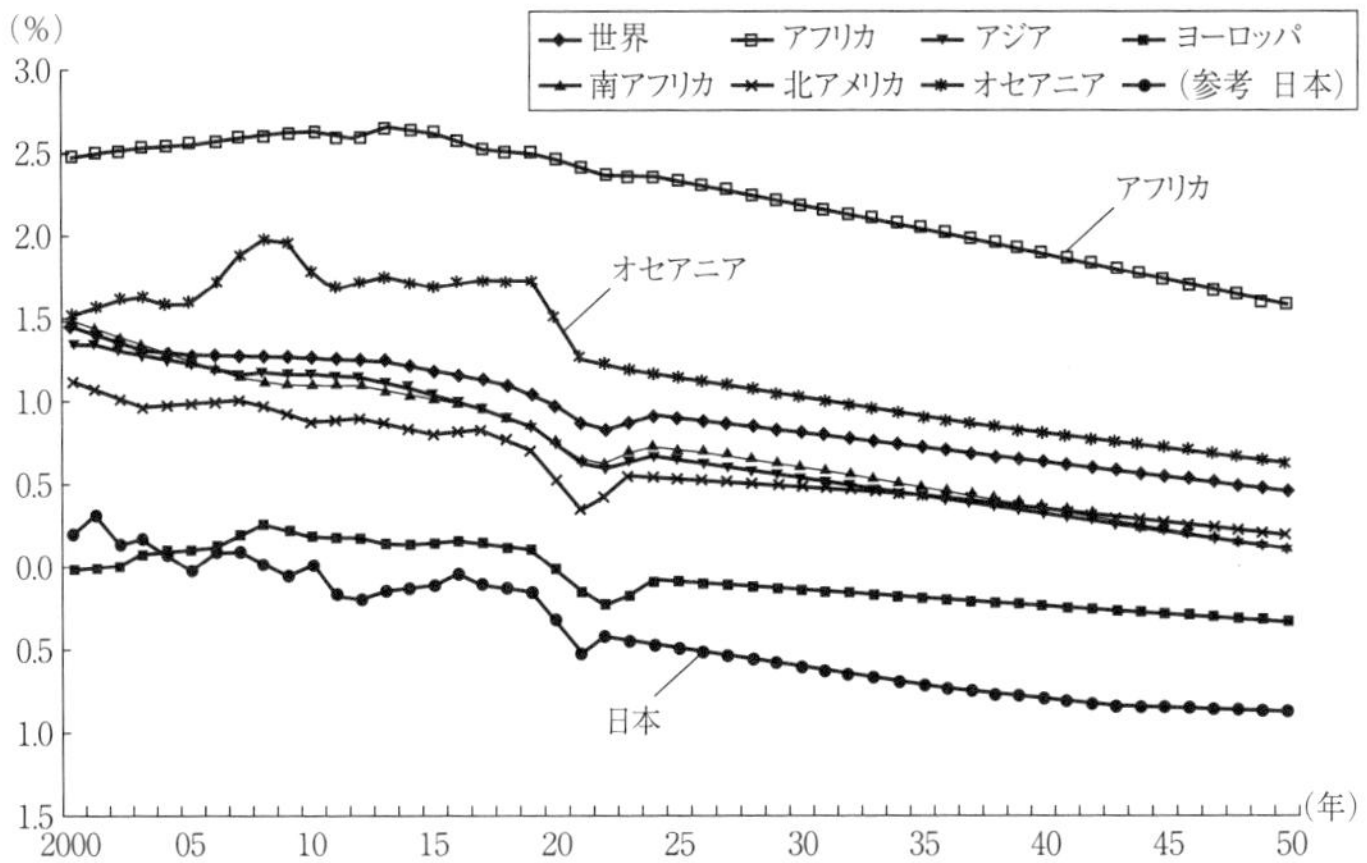

図 0-5 人口の増減率の推移（地域別，2000-2050 年）

データ出所：UN, *World Population Prospects: The 2022 Revision*（https://www.stat.go.jp/data/sekai/0116.html#h2-01）.

グラフ作成：筆者.

られる時期と一致する。従来、日本の社会動態は、日本が島国であり、海外との接触が相対的に限定的であったことから、グローバル世界とは別個に捉えられてきた感がある。しかし、人口動態からもわかるように、日本の社会システムも、まさにグローバル世界と共振しつつ動いていることを、改めて確認しておきたい。

したがって、当然のことながら、人口減少も、日本だけの現象ではない。先に述べたローマクラブのシミュレーションでも予測されているように、世界全体で人口増加率の減少は起こっており、先進国を中心に人口減少も始まっている（**図 0-5**）。日本は世界のなかでも、人口減少が早くはじまり、減少率も高い。その意味で、日本がこの局面にうまく対処できれば、世界に対して、一つのモデルを提供できるかもしれない。

6 基本的な考え方

本書のベースとなっているのは、第二四期・第二五期日本学術会議の「人口縮小社会における問題解決のための検討委員会」における議論である。この委員会は、二〇一七年から二〇二三年にかけて活動し、提言「『人口縮小社会』という未来――持続可能な幸福社会をつくる」（二〇二〇年）および報告「深化する人口縮小社会の諸課題――コロナ・パンデミックを超えて」（二〇二三年）を世に問うた。これらは日本学術会議の公式サイトで公開されているので、詳しくはそちらを参照していただきたいが、基本的な考え方は次のようなものである。

① 明治期以降、近代化とともにたどった人口増加局面は二〇〇八年をピークとして終焉を迎え、その後は二一世紀を通して恒常的な減少が見込まれている。

② 人口減少により、国内経済の縮小、人口オーナス（少子高齢化によって生産人口の割合が低下し経済成長が阻害されること）の増大、格差の拡大、少子高齢化トラップの発生などの問題が懸念される。

③ これらの問題は、これまで共有されてきた社会理念に揺らぎを生じさせ、不平等や不公正の感覚を増大させている。すべての国民の「幸福」を積極的に実現する未来を考えるために、社会システムのイノベーションを多面的に検討する。

④　そのために、人口縮小社会を我々が求めるべき「幸福な社会」として設定し、その実現をめざす。ここでいう「幸福な社会」とは、「お互いさま」の関係性の中で、誰一人取り残されることなく、それぞれにとって「生き心地の良い」暮らしを、持続可能とするような社会である。

二〇一九年末に発生したコロナ・パンデミック（以下、「コロナ」と略記）は、人口動向にも影響を与え、人口縮小の流れを加速すると危惧されることとなった。現在その実態についてデータ分析が進んでいるが、直接的な影響（結婚の差し控え、出産の差し控え、コロナによる死者の増大等）だけでなく、社会の様々な領域においてコロナに起因する影響が現れ、それらによって間接的に人口縮小が促進されると考えられる（第1章参照）。

間接的な影響としては、以下がある。

(1) 人口縮小社会においては、ワーク・ライフ・バランス（生きることと働くことのバランス）がこれまで以上に重視されなければならないが、コロナの感染拡大は男女で異なる影響をもたらし、女性に対する暴力の増加、女性の非正規雇用労働者の減少や自殺者数の増加等の女性への深刻な影響が明らかとなった。

(2)「誰一人取り残さない」人口縮小社会を実現するには、過度の社会的格差は望ましくない。しかしコロナは、様々な面での社会的格差を露呈、拡大した。

（3）コロナは日本社会における社会的孤立を可視化し、これが自殺の増加につながった。

（4）（1）、（2）、（3）のいずれにおいても、悪影響を受けやすいのは、女性、若年層、子ども、高齢者、障害者等、社会的に弱い立場にあるものである。この結果、そもそも不利な立場にあるものがコロナによってさらに不利な立場に追い込まれるという悪循環が進んでいる。

（5）こうした悪循環は、人口縮小社会の「幸福」に疑念を生じさせ、婚姻や出産に対して消極的な意識を生み出し、少子化を加速すると危惧される。

ただし、これらの問題は、コロナによって初めて現れた問題ではなく、従来から存在していた社会課題が放置されてきた結果、コロナという予期せぬ災禍によって顕在化し、「眼前の危機」として意識されたものといえる。したがって、コロナをのりこえて「幸福な人口縮小社会」を創り出すには、これまで以上にはばひろく人口縮小社会における諸問題への対応を考えていく必要がある。

7　本書の構成

本書は、ここまでで紹介した議論を踏まえ、それぞれの執筆者の専門領域から、重要課題を深掘りし、新鮮な提案を行っている。全体は、四つの部から構成される。

第Ⅰ部（1―3章）では、人口問題の全体を俯瞰する。

第1章「人口縮小社会・日本のいま」（金子隆一：元国立社会保障・人口問題研究所副所長）は、国立社会保障・人口問題研究所に蓄積された豊富なデータをもとに、日本の人口問題の現在を、コロナ禍の影響も含め、クリアに描き出す。

第2章「人口縮小と時間の中で孤立する人びと」（遠藤薫：学習院大学名誉教授）は、近代化と個人化の潮流が、世代間の分断と個々人の人生の社会的孤立を招いていることを指摘し、社会の中心－周縁構造を見直し、世代間の連携・共感を再構築することが、人口縮小世界においても生きることの〈幸福〉に繋がると提案する。

第3章「人口縮小社会における都市と地域と〈幸福〉」（遠藤薫）は、しばしば人口縮小問題とセットで語られる「都市集中＝地方過疎化」問題について、調査結果を基に検討する。人びとの〈幸福〉には、誰もが主体的に生きられることが重要であると述べる。

第Ⅱ部（4―7章）は、人口縮小社会における社会経済的問題についての新しい見方を、大胆に提案する。

第4章「人口縮小社会をケアするのは誰か――『生』と『ケア』を正当に扱う社会理論の提案」（落合恵美子：京都大学名誉教授）は、「人口縮小社会とは、『生』もそれを支える『ケア』も痛めつけるような、生きにくい社会」であるとし、「経済を回すために人口縮小を食い止めるのではなく、わたしたちが生きやすい社会」のあり方を論じる。

第5章「このままでは衰滅する」（大沢真理：東京大学名誉教授）は、「いのちの再生産」を成り立たせる基本的な単位としての「主権国家」がいま果たすべき責務を論じ、現状のままでは、日本が「衰滅への道」をたどっているのではないかと危惧し、具体的な代替政策を提案する。

第6章「人口縮小社会とイデオロギーとしての『家族主義』」（伊藤公雄：京都大学名誉教授）は、「問題は、人口の維持ということ以上に、人間の生活と社会を持続的に再生産させる力を日本社会が失いつつあることだ」と喝破し、家族の自立を支える「家族政策」の必要性を訴える。

第7章「人口縮小社会におけるキャリア形成」（武石恵美子：法政大学キャリアデザイン学部教授）は、少子高齢化が急速に進むわが国では、組織と個人の長期安定的な関係を前提にして構築されてきた雇用システムは転換を余儀なくされていると分析し、個人が自身のキャリアに自律的に向き合うことを支援する社会への移行を提案する。


第III部（8―10章）では、医療者の立場から、持続可能ないのちの再生産を検討する。

第8章「人口縮小と生殖医療」（石原理：女子栄養大学保健センター長・栄養クリニック所長）は、生殖医療が、家族を持つための重要な方法の一つとして、一定の意義を持つことは間違いないとしつつ、それだけでは人口縮小の画期的な歯止めとはならないと指摘する。

第9章「人口縮小社会における高齢者」（荒井秀典：国立長寿医療研究センター理事長）は、高齢者医療や介護費用の増大に対処するには、健康寿命の延伸や、フレイル（健康状態と要介護状態の中間の状態）予防が鍵となると指摘し、高齢者の経済的安定が社会の安定に直結することに着目する。

第10章「人口縮小社会と子どもの生命」（水口雅：心身障害児総合医療療育センターむらさき愛育園園長）は、少子高齢化の進行とともに、「社会の仕組みや街の構造が子どもにとって生きにくい、暮らしにくいものに変化」したと指摘する。それに起因する事故や疾病、死亡が少なくない現状に警鐘を鳴らし、解決策について検討する。

第IV部（11―13章）では、テクノロジーの面から、人口縮小社会を「誰も取り残さない」、多様性によってエンカレッジされる社会とするためのサポートについて考える。

第11章「人口縮小社会の中での『こども施設』」（山田あすか：東京電機大学未来科学部教授・斎尾直子：東京科学大学環境・社会理工学院建築学系教授）では、人口縮小社会において、社会保障や地域コミュニティ、多様な構成員のQOLの維持は大きな課題であるが、多様性を包摂する社会の構築という観点からは大きなチャンスであると提案する。

第12章「多様性が開くインクルーシブな未来社会に向けて」（浅川智恵子：日本科学未来館館長）は、持続可能な人口縮小社会の実現には、性別、年齢、障害の有無にかかわらず多様な人々が能力を発揮し、活躍できる社会を実現することが重要であると指摘し、視覚障害者の社会参加と、活躍の機会を広げるためにアクセシビリティ技術の可能性を示す。

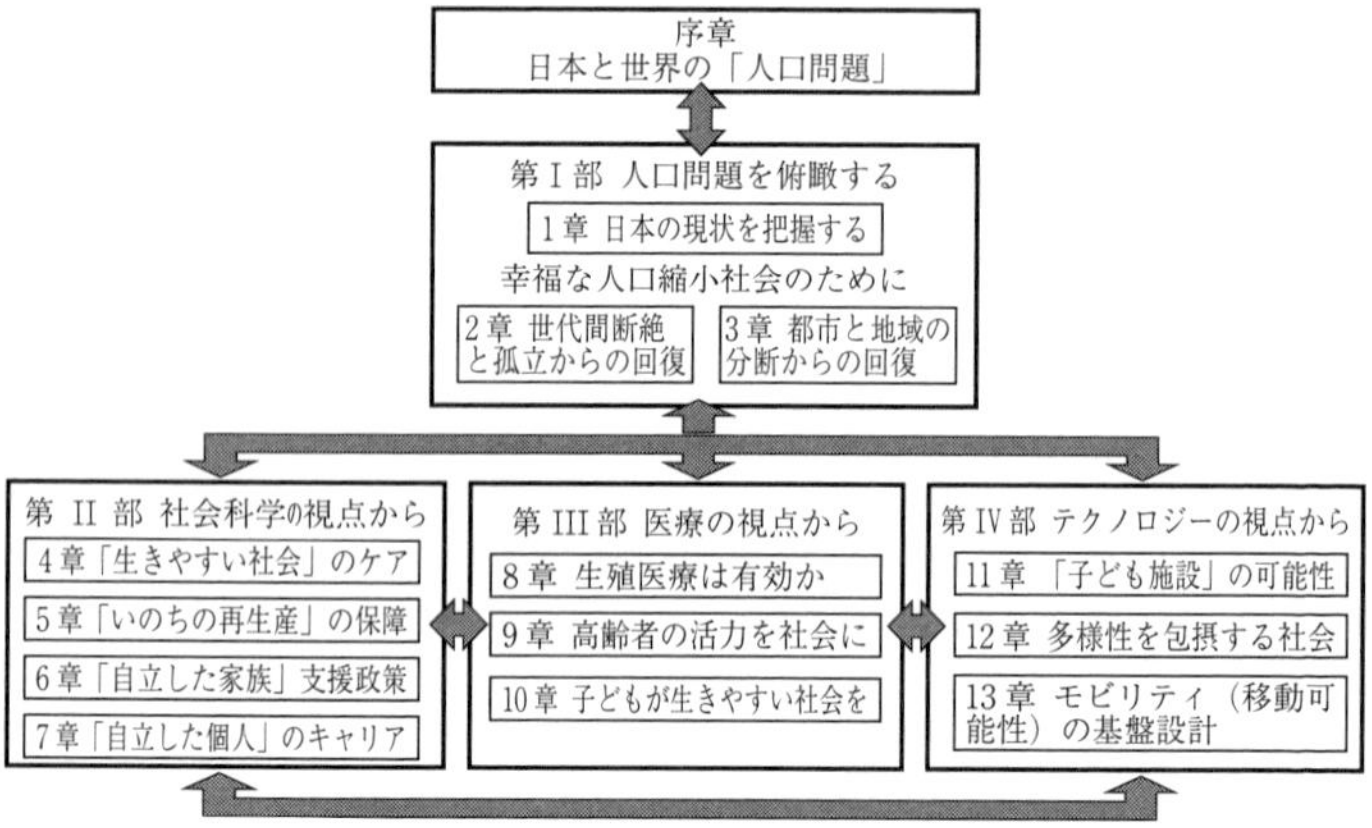

図0-6 本書の全体見取り図

第13章「人口減少社会におけるモビリティ――自動運転や新しいモビリティサービスへの期待」（鎌田実：一般財団法人日本自動車研究所代表理事・研究所所長）は、人の生活において重要な基盤であるモビリティ（移動ができること）が、今後の人口減少社会においてどうあるべきかについて検討する。

このように、本書の重要な特長は、人口縮小社会の〈幸福〉について、社会科学、医療、テクノロジーという異なる分野から議論を交わしている。それらは決して相容れないものではなく、むしろ、相互に補完し合って、問題の根本を明らかにするだけでなく、具体的・現実的な解決策を提示しているところにある。

図0-6に全体の見取り図を示す。

ではどうぞ、関心のあるテーマから、ご自由にページを開いていただければ幸いである。

【注】

（1）人口が増加も減少もしない均衡した状態となる合計特殊出生率の水準。

（2）3章も参照。

（3）余談だが、石井裕也監督の映画『バンクーバーの朝日』（二〇一四年）は、当時の状況を描いて興味深い。一九〇〇年代初頭、不景気にあえぐ日本からカナダへも多くの人びとが新天地での成功を夢見て渡っていった。しかしそこに待っていたのは、苛酷な労働、貧困、差別であった。彼らはわずかな楽しみとして、野球チームを結成する。当初は万年最下位であったが、やがて、その闘志とフェアプレイの精神が白人社会からも受け容れられるようになる。だが、日本は日中戦争の泥沼化を打開するため、一九四一年一二月、太平洋戦争へと突入する。カナダ移民たちは、再び、敵性国民と見なされて、収容所での厳しい生活を強いられることになった。日本が戦争を拡大し、兵士を募集していることを知った一人は、日本へ帰国する。しかしそこで待っていたのは、食糧も満足に与えられぬまま、大陸の前線で戦闘に従事する生活でしかなかった。

（4）エネルギー転換などによる炭坑閉山による失業者たちも海を渡った。山田洋次監督の映画『愛の讃歌』（一九六七年）などにも、新天地に憧れてブラジルに渡る若者たちの姿が描かれている。

（5）二〇二三年七月、一九五〇年代を人新世の起点とすることが提案された。

【参考文献】

Flyn, Cal 2021 *ISLANDS OF ABONDONMENT: Life in the Post-Human Landscape*（木高恵子訳 2023『人間がいなくなった後の自然』草思社）。

近衛内閣閣議決定 1941「人口政策確立要綱」。

人口問題審議会編 1959『人口白書——転換期日本の人口問題 昭和34年』大蔵省印刷局。

人口問題審議会編 1974『人口白書 日本人口の動向——静止人口をめざして』大蔵省印刷局。

人口問題審議会 1980「出生力動向に関する特別委員会報告」（https://www.ipss.go.jp/history/shingikai/data/

J000008829.pdf）。
國策研究所調査部編 1942『戰争と人口問題』。
Meadows, D. L. *et al.* 1972 *The LIMITS TO GROWTH: A Repoet for THE CLUB OF ROME'S Project on the Predicament of Mankind*, New York: Universe Books（大来佐武郎監訳 1972『成長の限界――ローマ・クラブ『人類の危機』レポート』ダイヤモンド社）。
日本学術会議人口縮小社会における問題解決のための検討委員会 2020「提言『人口縮小社会』という未来――持続可能な幸福社会をつくる」日本学術会議（https://www.scj.go.jp/ja/info/kohyo/pdf/kohyo-24-t296-1.pdf）。
日本学術会議人口縮小社会における問題解決のための検討委員会 2023「報告 深化する人口縮小社会の諸課題――コロナ・パンデミックを超えて」日本学術会議（https://www.scj.go.jp/ja/info/kohyo/pdf/kohyo-25-h230926-1.pdf）。
The Club of Rome 2022 *EARTH FOR ALL*（武内和彦監訳 2022『Earth for All 万人のための地球――『成長の限界』から50年 ローマクラブ新レポート』丸善出版）。
Weizsacker, Ernst von and Anders Wijkman 2018 *Come On! Capitalism, Short-termism, Population and the Destruction of the Planet*, New York: Springer（林良嗣・野中ともよ監訳 2019『ローマクラブ『成長の限界』から半世紀 Ｃｏｍｅ Ｏｎ！ 目を覚まそう！――環境危機を迎えた「人新世」をどう生きるか？』明石書店）。

I

人口縮小！　社会を俯瞰する

1 人口縮小社会・日本のいま

金子 隆一

1 はじめに

本章では、これからの日本社会の在り方を考える上で基礎となる人口の動向について見ていく。日本の人口は明治期からの一世紀半以上に及ぶ長い増加の後、現在はすでに減少の時代に入っている。この人口減少は人口高齢化をともなっており、日本の人口は規模が縮小していくだけでなく、その性質も変えていく。国や地域社会のありさまは、人口の規模や構成によって強く規定されており、今後この国の社会経済や私たちの生き方は大きく変わっていくことになるだろう。

こうした人口動向は歴史的な潮流となっており、簡単に変えることはできない。実は世界人口も長期的には同様の基調にあり、今世紀中には減少に向かうと見込まれている。日本はそうした変化の先頭に位置するが、人口減少のペース、高齢化の水準など、今世紀を通して世界のトップクラスを維持する見通しとなっている。こうした潮流はなぜ、どのように形成されたのだろうか。こうした変化に最も影響が大きいと考えられる少子化とはどのようなもので、なぜ変えることが難しいのだろうか。そして、私たちは今後それらにどのように向き合っていったらよいのだろうか。これらのテーマについて、順を追って見ていこう。

2 日本の人口動向

■人口規模の縮小

日本において明治期以降に近代化と共にたどった人口増加は二〇〇八年に終焉を迎え、その後は緩やかな減少が続いている。しかし今後そのペースは加速し、日本の人口は将来にわたって恒常的に減少していくことが見込まれている（図1-1）。二〇二〇年一億二六一五万人の総人口[1]は二〇五〇年代に一億人を下回り、現在の大学生が現役を終える頃、二〇七〇年には八七〇〇万人と、二〇二〇年から三九一五万人（三一・〇％）減少することが見込まれている[2]（表1-1）。この減少幅は、今日の都道府県人口ランキング上位四位まで、すなわち東京都、神奈川県、大阪府、愛知県を合わせた人口に相当する。

歴史を遡れば、過去にも飢饉、疫病、戦乱などによって人口が減少した例は数多く存在するが、それらは例外なく死亡率の上昇による一時的な事象であって、原因が終息すれば人口は速やかに回復した。これに対し、今日の日本社会が直面している人口減少は、もっぱら出生率低下によるものであり、人口

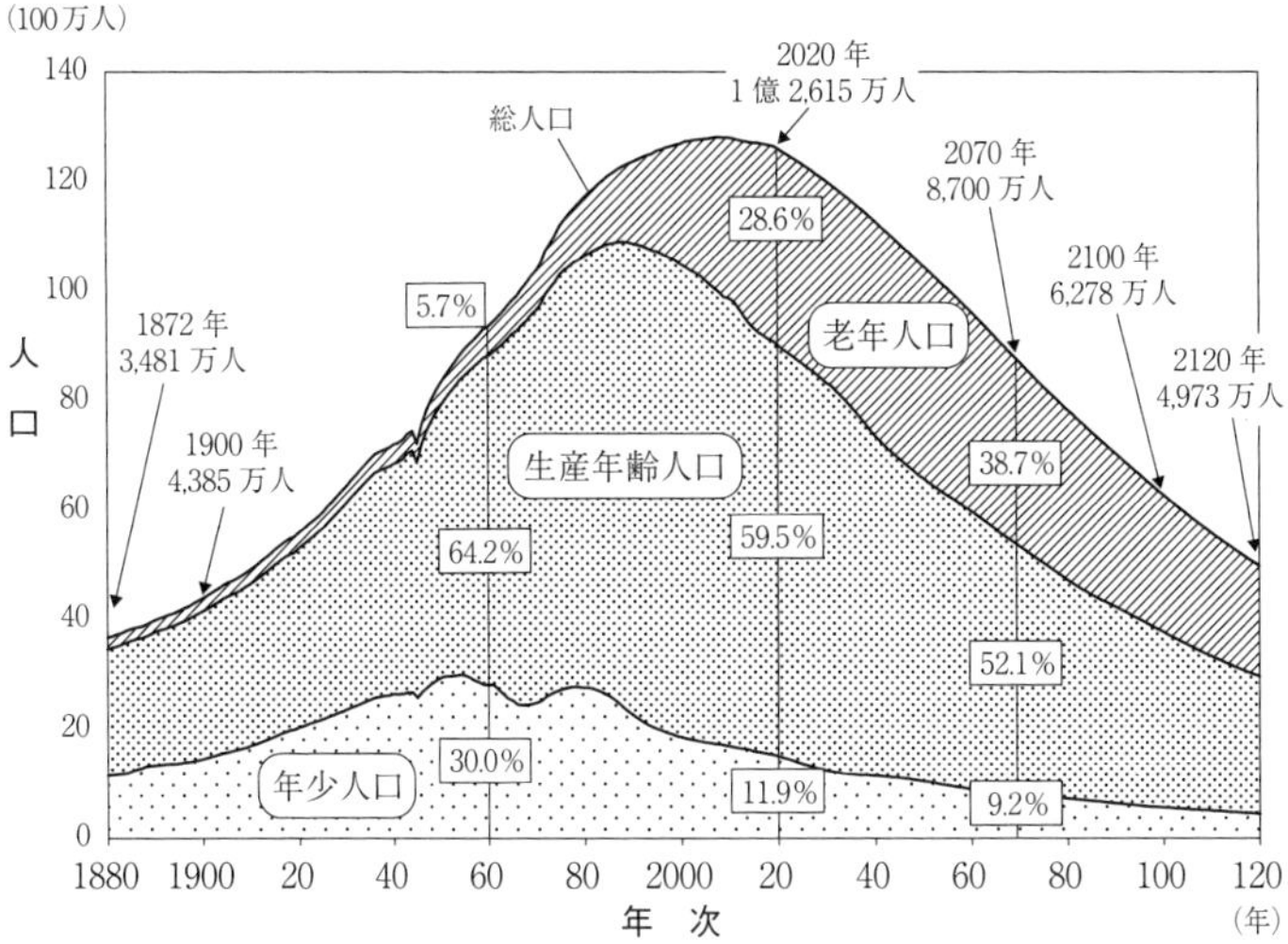

図1-1　日本の人口と年齢構成の推移（明治期～2120年）

資料：旧内閣統計局推計，総務省統計局「国勢調査」「推計人口」，国立社会保障・人口問題研究所「日本の将来推計人口（令和5年推計）」出生中位・死亡中位推計．

が自律的に回復するメカニズムは用意されていない。すなわち、人口置換水準を下回る状態、いわゆる少子化が解消しない限り、人口減少には歯止めがなく、恒常的に、かつ際限なく減少が続くことになるのである。現在のままであれば、たとえば、今年生まれる世代が後期高齢に到達する二一〇〇年には人口はほぼ半減し（六二七八万人）、その後は約六〇年ごとに半減が続くことになる。

■人口高齢化

少子化による人口減少では、後の世代ほど縮小するから、若い世代の減少が著しく、必然的に人口高齢化をともなって進行する。人口高齢化とは、総人口に占める高齢人口の割合（いわゆる高齢化率）(3)が増加することを指すが、それは高齢人口の増大によるだけでな

表 1-1　人口動向基本指標の推移（1930-2100 年）

年　次	総人口（万人）	年齢階層別 人口（万人）			高齢化率（%）		平均年齢（歳）	中位数年齢（歳）	従属人口指数（%）	潜在扶養指数（人）
		年少 0-14 歳	生産年齢 15-64 歳	高齢 65 歳以上	65 歳以上	うち 75 歳以上				
実　績										
1930	6,445	2,358	3,781	306	4.8	1.4	26.3	21.8	70.5	12.3
1950	8,320	2,943	4,966	411	4.9	1.3	26.6	22.3	67.5	12.1
1975	11,194	2,723	7,584	887	7.9	2.5	32.5	30.6	47.6	8.6
2000	12,693	1,851	8,638	2,204	17.4	7.1	41.4	41.5	46.9	3.9
2020	12,615	1,503	7,509	3,603	28.6	14.7	47.6	48.5	68.0	2.1
将来推計										
2030	12,012	1,240	7,076	3,696	30.8	18.8	49.9	52.1	69.8	1.9
2040	11,284	1,142	6,213	3,928	34.8	19.7	51.3	53.7	81.6	1.6
2050	10,469	1,041	5,540	3,888	37.1	23.2	52.4	54.4	89.0	1.4
2060	9,615	893	5,078	3,644	37.9	25.3	53.6	55.7	89.3	1.4
2070	8,700	797	4,535	3,367	38.7	25.1	54.0	56.6	91.8	1.3
2100	6,278	559	3,210	2,509	40.0	26.6	54.8	57.4	95.6	1.3
2120	4,973	445	2,517	2,011	40.4	27.0	54.8	57.3	97.6	1.3

注：高齢化率は，65 歳以上人口割合と 75 歳以上人口割合を示す.
出所：総務省統計局「国勢調査」，国立社会保障・人口問題研究所「日本の将来推計人口（令和 5 年推計）」出生中位・死亡中位推計.

く若年人口の減少によっても生ずる。

日本では、戦後、目覚ましい死亡率低下によって若年での死亡が大幅に減少し、人々が高齢まで生存する確率は大いに高まった[4]。これが現在の高齢人口の増大を引き起こしている。戦前の一九三〇年に三〇六万人だった高齢人口は、一九五〇年代に五〇〇万人に達した後、一九七九年に一〇〇〇万人、一九九八年に二〇〇〇万人、二〇一二年に三〇〇〇万人を超え、二〇四〇年代に約四〇〇〇万人でピークを迎えることになる（**表1-1**）。

ただし、死亡率低下による高齢人口の増加が、人口高齢化を推し進める効果は現在急速に弱まっており、団塊ジュニア世代が高齢層へ参入する二〇三〇年代を除けば、高齢化の主因は若年人口の縮小に交代しつつある。二〇四三年以降ではついに高齢人口が減少を始めるが、「高齢化率」は若年人口のより急速な減少によって上昇を続ける。高齢化率の上昇が終息するのは、二〇八〇年代であり、その頃の水準は四〇％と見込まれている。

■生産年齢と労働力の縮小

次いで、現役世代すなわち生産年齢（一五―六四歳）の人口動向についてみよう。生産年齢人口のピークは一九九五年八七二六万人であり、総人口のピークよりも一三年早かった。減少が始まってすでに三〇年が経過し、二〇二五年までにピーク時より一四一六万人（一六・二％）減少する見込みである。

一方、労働力人口[5]は一九九八年の六七九三万人からしばらく減少傾向だったが、近年では二〇一二年六五六五万人から二〇二二年六九〇二万人にまで持ち直している。生産年齢人口が一貫して減少しているにもかかわらず、労働力人口が一定の水準を維持している背景には、高齢層、女性、外国人の就労拡大がある。したがって、これらの層の就業拡大を積極的に推進することで、一定期間、労働力を維持することが可能であろう。しかし、中長期的には生産年齢人口の恒常的減少にともなって、労働力も縮小することが必至である。

また、今後の労働力を考える際には、規模の縮小だけでなく年齢構成の高齢化により質的変化が進むことも理解しておく必要がある。二〇二〇年では五〇歳以上の労働者の割合は四二・五%であったが、二〇三〇年には四七%を超え半数に近づく。こうした若年労働力の急速な減少は、今後の経済成長に必要な技術革新や産業構造改変、産業間の労働シフトなどに対して制約になるだろう。今後は、人材育成に力を注ぎ、労働力を高生産性・少数精鋭型へと質の転換を図ることが必要である。加えて、海外からの高度人材の獲得のしくみも整備していく必要がある。全体としてこれまでの非正規就労、低賃金構造、一部にみられる過酷労働（いわゆるブラック就労）などの使い捨て的な雇用や、人権侵害の問題を孕む外国人技能実習制度などは、こうした時代の要請に逆行するものであり、是正が急がれる。

3 世界人口　成長と縮小の交錯

人口成長の終焉、少子高齢社会への移行は、世界的に進展している。国連の将来推計人口は、二〇二

表 1-2　世界人口と再生産指標の推移

年　次	世界人口[1] (100 万人)	高齢化率[2] (%)	合計特殊出生率 (TFR)	平均寿命女性 (年)	次世代[3] 人口比 (%)	人口置換水準未満[4] 国数	人口 (%)
実績推定							
1960	3,015	4.97	4.70	49.60	161	8	4.3
1980	4,448	5.81	3.74	62.87	153	47	21.8
2000	6,172	6.83	2.75	68.92	119	88	46.0
2020	7,887	9.35	2.32	74.71	106	127	68.9
将来推計							
2040	9,177	14.33	2.13	78.37	99	154	70.3
2060	9,989	18.54	2.03	80.42	96	175	65.8
2080	10,283	21.90	1.92	82.13	92	203	80.7
2100	10,180	23.92	1.84	83.73	88	223	85.9

注：1）年央（7 月 1 日）の人口，2）65 歳以上人口割合，3）親世代に対する次世代の人口規模の比（%），4）TFR が人口置換水準に達しない国の数と人口比（世界人口に対するパーセンテージ）．3)，4）は筆者算出．
出所：United Nations (2024).

二年版以降世界人口が二一世紀中にピークを迎えることを示している（United Nations 2022, 2024）。すなわち、世界人口のピークは二〇八四年約一〇三億人であり、人類発祥以来続いてきた人口成長の趨勢が終焉を迎え、恒常的な減少の時代が到来することが示された衝撃は大きい。

この推計による世界人口と再生産に関する指標を**表1－2**に示した。世界人口は現在の約八〇億人から二〇六〇年代前半に一〇〇億人を超え、前述の通り八〇年代にピークを迎える[6]。同時に人口高齢化は今世紀を通して進行し、現在一〇人に一人の高齢者割合は、世紀終盤にはおよそ四人に一人となる。

世界の合計特殊出生率は、過去一九六三年に最高値五・二八を記録した後は一貫して低下しており、現在は人口置換水準よりわずかに高い値（二〇二〇年二・三二）を保っている。しかし二〇五〇年代に置換水準下へと低下し、二一〇〇年には一・八四まで下がると見込まれている。こうした子どもの生み方は、一九六〇年代では次世代を六一%増大させるものであったが、二〇二〇年では六%の増加、そして二一〇〇年では一二%縮小させるものとなっている（**表1-2**次世代人口比）。出生率が人口置換水準を下回る国の数、およびその人口の世界に占める割合は、一九六〇年では八カ国、四・三%だったが、二〇二〇年では一二七カ国、六八・九%にまで増えており、もはや世界人口の七割が自世代の人口を維持しない子どもの生み方となっている。それは、今世紀末には二二三カ国、人口の八五・九%となる（**表1-2**人口置換水準未満国数・人口）。

こうした指標を見るかぎり、世界全体がわが国の人口減少・少子高齢化と同じ道をたどっていることがわかる。この大きな潮流の先頭を歩む日本は、「課題先進国」「実験国家」としての位置づけがますます強くなっていくと思われる。日本の経験は、後に続く国々にとって貴重なものとなり、有効な対処法を示すことができれば、それは日本モデルと呼ばれるようになるだろう。一方で、逆の見方をすれば、未知の人口減少・超高齢社会について、日本が手本とする国はどこにも無く、新しい仕組みを自ら発明していかねばならない。無為に過ごせば、人口変動の帰結は災害となって返ってくるだろう。最初に人口災害を引き起こした国とならないために、真の叡智が試されている。

4 出生数と死亡数の変動　少子化、長寿化という生き方の変化

日本の人口変動をより深く理解するため、出生と死亡の状況について見たい。ここでは年間出生数、

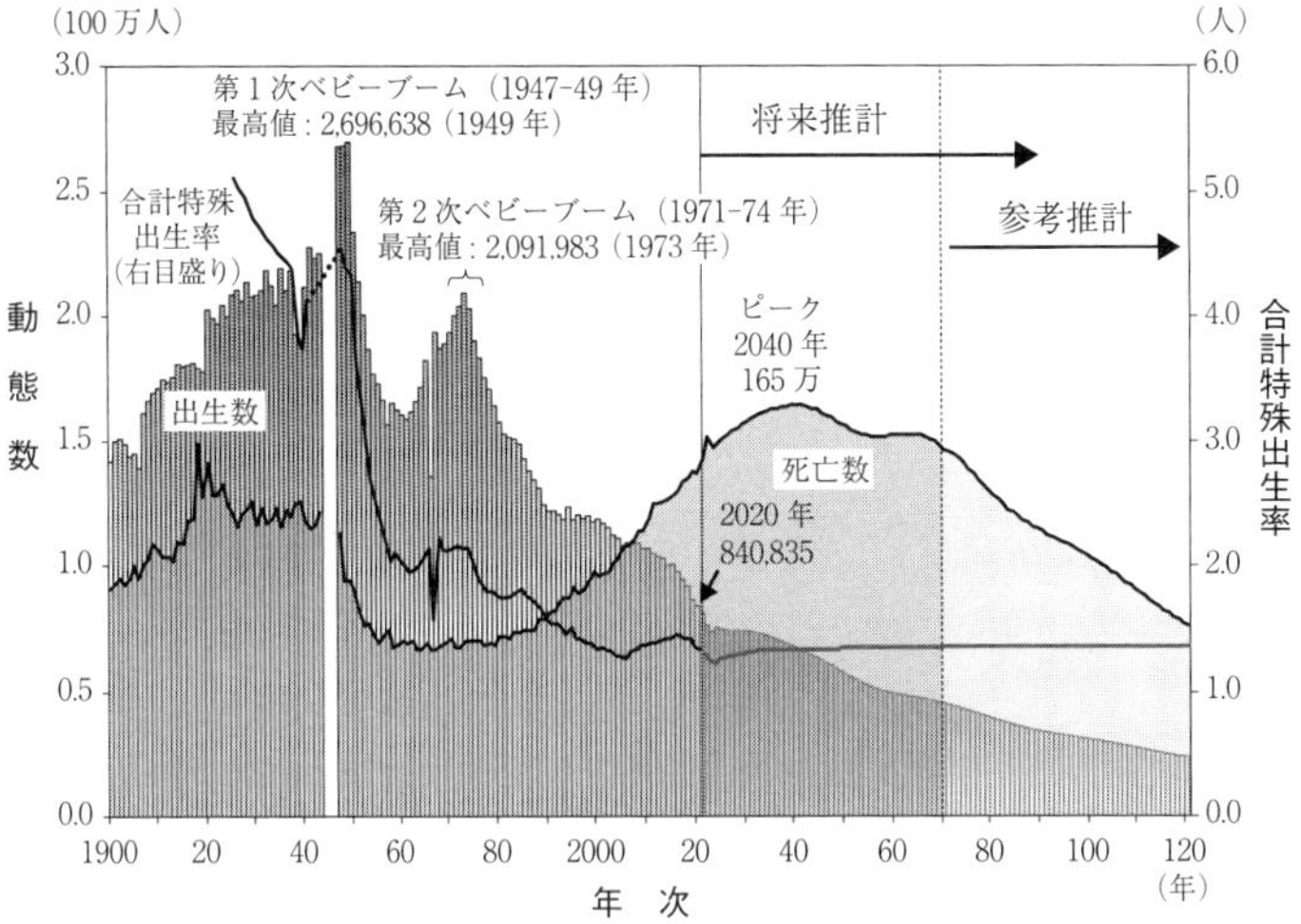

図1-2　年間出生数，死亡数および合計特殊出生率の長期推移

資料：厚生労働省「人口動態統計」，国立社会保障・人口問題研究所「日本の将来推計人口（令和5年推計）」[出生中位・死亡中位推計]「日本人人口」について（人口動態統計と同定義）．

死亡数の長期動向について見ていく（図1－2）。

■出生の動向

まず、戦後すぐのベビーブームから見ていく。戦時下で先延ばしされた出生が終戦後一九四七—四九年の三年間に集中して起こり、第一次ベビーブーム（以後、BB1）が生じた。第二次大戦に参加した国々はおおむねベビーブームを経験したが、時期・期間や規模は大きく異なる。[7]日本では極めて短期間に集中し、極端に大きな世代「団塊の世代」が形成された。その後、出生数は一九五七年までわずか八年で四二％も急減したが、六六年の丙午《ひのえうま》の減少を挟んで七〇年代前半の第二次ベビーブーム（以後、BB2）に向けて反騰した。BB2は、規模の大きな団塊世代が親となる年齢に達したことによる構造的な出生増であり、一般にエコー効果として知られる。このためBB2に生まれた世代は、団塊ジュニア世代と呼ばれている。

その後、親世代が団塊世代から後続の小さな世代に移ることによって出生数は再び急減する。現在につながる少子化の開始であるが、当初七〇年代後半から八〇年代半ばまでの出生減の約八〇％はこの親の世代交代の影響である（金子 2004）。九〇年代以降もペースを緩めて減少は続いたが、本来九〇年代後半から二〇〇〇年代前半は、団塊ジュニア世代の出生最盛期であり、エコー効果による「第三次ベビーブーム」が期待された。しかし、実際にはこの構造的な増加を相殺するほどの行動変容によって、ベビーブームは幻となった。行動変容とは、後述する結婚離れを中心とした変化である。合計特殊出生率は、この行動の側面を表す指標であるが、**図1-2**ではこの時期に低下が見られ、二〇〇五年にはそれまでの最低値一・二六を記録している[8]。

二〇〇六年以降は雇用環境改善などをきっかけに先延ばしされていた出生のリバウンドが生じ、出生率の回復が見られたものの（金子 2010）、二〇一五年一・四五以降は再び低下に転じている。こうした出生行動の低迷に加えて、この頃からは親になる層が一九八〇年代以降の少子化時代に生まれた世代へと交代を始めており、親になる年齢層の人口（再生産年齢人口）が減少を開始した。たとえば、二〇一三九歳の女性人口をBB2末期の一九七五年と比較すると、二〇〇〇年では九一・一％だったが、二〇一〇年八三％、二〇二〇年六六％と縮小しており、将来的には二〇三〇年五九％、五〇年四七％と恒常的な減少が見込まれている（金子 2017）。こうした行動的、構造的変化を背景に、出生数は二〇一六年には一〇〇万人を下回り、二〇二〇年以降はさらにコロナ禍の影響も加わり二二、二三年には七〇万人台、二四年には六〇万人台へと減少している。

以上のように一九九〇年代から二〇一〇年代半ばまで主に行動変容による少子化が進んだが、それ以降は将来にわたって再生産年齢人口の減少という構造変化による少子化が定着しつつある。端的に言えば、日本では縮小する親世代がより少ない子世代を生む縮小再生産の過程に入ったことになり、短期間で少子化を解消することは極めて困難な状況になった。

■死亡の動向

一方、死亡数は戦後、近代的医療の普及によって大幅に減少した（図1-2）。当初は抗生物質の導入や公衆衛生環境の整備によって、乳幼児を中心に若年層において死亡率の低下が進み、ベビーブームともあいまって成年に達する人口が急増した。これが若年労働力の増大をもたらし、人口ボーナスとなってその後の高度経済成長を牽引した。しかし一九八〇年代以降、増大した世代が徐々に高齢に達するようになると、死亡数の増加、いわゆる多死化が始まった。この死亡数の増加傾向は現在を経て二〇四〇年頃まで続く見込みである。このように、日本では急速な長寿化（死亡率の低下または平均寿命の延伸）が高齢人口を急増させたことで死亡数が増加するという一見逆説的な現象が起きている。

多死化は多方面に影響を及ぼすが、一番深刻なのは死亡数の増加は死亡に近い人口、すなわち終末期人口の増加を意味しており、終末期医療・介護の需要急増を含意していることである。そして上述の通り、この対象となっている世代は、戦後日本の高度経済成長を支えた世代であり、その過程で大挙して大都市に移り住んだ世代であるため、今後は都市部における大規模な終末期医療・介護の需給逼迫が予想される。終末期医療・介護はコストが高く、一方では人口減少によって介護人材の確保が困難になっており、このままでは大都市で大量の「介護難民」が発生することが懸念される。

5 少子化に関する再考

ここまで人口減少・高齢化の動向と、これらをもたらす出生、死亡の動向を見てきたが、いずれもが社会の持続可能性を毀損する方向に進んでいることを示していた。では、なぜこのような事態に至ったのだろうか。

近代化にともなう寿命の伸長と、これに見合う子どもの生み方の変化は、一定の人口高齢化をもたらすが、必ずしも人口減少を導くものではない。現代社会に人口減少をもたらした元凶は、行き過ぎた出生率低下、すなわち少子化にほかならない。それは上述した通り日本だけの問題ではなく、世界的な潮流でもある。とすると、これはもはや逃れられない歴史的宿命なのだろうか。以下では、現代社会に「少子化」がもたらされた過程または構造の本質について、できるだけ俯瞰的に考察してみたい。

■二つの出生率低下――持続可能性への接近と乖離

現在に至る歴史的な出生率の低下は、二つの段階を経ている。この二つの段階はそれが生じた歴史的文脈と機構、そして何より社会にもたらす帰結が異なっている。少子化を理解するためにはそれらの明確な区別が必要である。

第一段階の出生率低下（以下ＦＤ１）は、近代化過程の前半に死亡率低下や工業化、都市化が進行するなかで、しだいに多産の必然性やメリットが薄らぐことにより生じた。これは古典的理論に基づく人口転換（第一の人口転換）における多産多死から少産少死への移行の過程にほかならない。

この段階の出生率低下の特徴は、夫婦の持つ子ども数が大きく減少したことであり、それは「少産化」と呼ばれている。すなわち、近代化の中で人々は以前のように子どもに労働力として、あるいは老後の支えとしての役割を求めなくなった一方で、教育にコストがかかるようになったため、多くの子どもを持つ動機を失った。言い換えれば、親にとって子どもは生産財や年金効用を持つ資本財としての存在から、少々贅沢な消費財へと位置づけを変えた。また、他方では、幼少期の死亡率が低下したことで多くの出産が不要になった。逆に見れば、もし人々が出産を減らさなかったら、マルサスが指摘したように人口は生存資源を超えて膨張し、すぐに崩壊の悲劇を迎えただろう。実際、ほとんどの国・地域では出生率低下が死亡率低下より遅れたため、その間は人口が急増し多くの問題が噴出した。したがって、ＦＤ１または第一の人口転換にともなう少産化は、近代化という変化への必要な適応だったと見ることができる。

第二段階の出生率低下（以下ＦＤ２）は、近代化の中で経済発展を遂げた欧米先進諸国において一九六〇—七〇年代頃から、日本では七〇年代半ば以降に見られた過程である。それは出生率の人口置換水準下への低下とその後の低迷として捉えられる。したがって、ＦＤ２は後の人口減少をもたらし、社会の持続可能性を毀損する深刻な過程であり、ＦＤ１が社会の持続可能性維持に向けての適応だったこととは、歴史的意味が正反対となる。

ただ、ＦＤ２も社会経済全般の変化と相互作用しながら進行することは同様であり、単なる出生行動だけの変化ではなく、複合的でシステム的な過程として捉える必要がある。このことを意識してＦＤ２を表す用語または概念として、欧米では「第二の人口転換[9]」、日本では「少子化[10]」を充てることができるだろう。後述するように欧米と日本、韓国など東アジアでは、この複合過程に異なる要素が存在するが、本質的には同一の歴史的潮流と見なされる。たとえば、はっきりと共通する特徴としては、出生率低下の背景に結婚あるいはパートナーシップの変化が存在することが挙げられる。これはＦＤ１が夫婦の出生力低下、すなわち少産化によって進展したことと対比される。

ここでの結婚、パートナーシップの変化とは、晩婚化や非婚化（生涯結婚しない層の増加）、離婚の増加、再婚率の低下など、いわゆる結婚離れとして捉えられる。そしてその背景には、女性が高学歴化し、社会経済的地位が向上することによって自立が進んだことがある。その女性の高学歴化は、ＦＤ１による夫婦の持つ子ども数の減少によって教育投資を少数の子どもに集中できるようになったこと、一方で子どもの死亡率低下によって投資効率が向上したことなどによって促進されたものである。また、女性の社会進出や社会経済的地位向上の背景には、産業構造転換による労働のホワイトカラー化、サービス化があった。このように複雑だが必然的な時代の流れの中で、人生に不可欠と考えられていた結婚や家族形成は、しだいに一つの選択肢へと位置づけが変わったのである。

ただし詳細に見ると、結婚離れの形態は地域によって異なっている。フランスや北欧諸国さらにイギリス、北米、オーストラリアなどでは確かに法律婚は減ったが、代わって同棲が増えた。これに対して南欧、東欧、ドイツ、そして日本を含む東アジアでは、結婚離れはそのまま未婚者の増加となった。この違いは、出生率の違いに直結している。前者では、出生が結婚内から同棲内へ移り、一定の出生年齢の遅れは生じたものの、出生ロスは限定的であった。これに対し、後者の国々では未婚の増加が出生減に直結して出生率を押し下げた。この違いは緩少子化国と超少子化国の分断として知られる[11]（Rindfuss *et al.* 2016）。

これらの違いは、出生に占める婚外出生の割合によって定量的に計ることができる。緩少子化国では一九七〇―八〇年代にすでに婚外出生割合の増加が始まり、現在では五〇％を超える国が多い。一方、超少子化国では婚外出生割合は全体に低いものの、近年ばらつきが生じている（**図1-3**）。すなわち半数程度にまで急増した国（ブルガリア、チェコ、ポルトガル、スペインなど）、二〇―三〇％程度に止まる国（ドイツ、イタリア、ルーマニア、ハンガリー、ポーランドなど）、二―三％に止まる日本や韓国などである。概してヨーロッパの超少子化国では同棲、婚外出生について緩少子化国の後を追う傾向を見せているのに対し、日本、韓国ではほとんど変化の兆しは見えない。これらの社会では、出生を法律婚に結び付ける規範が頑強であり、出生率が世界の最低水準に止まっている理由の一端がここにある[12]。

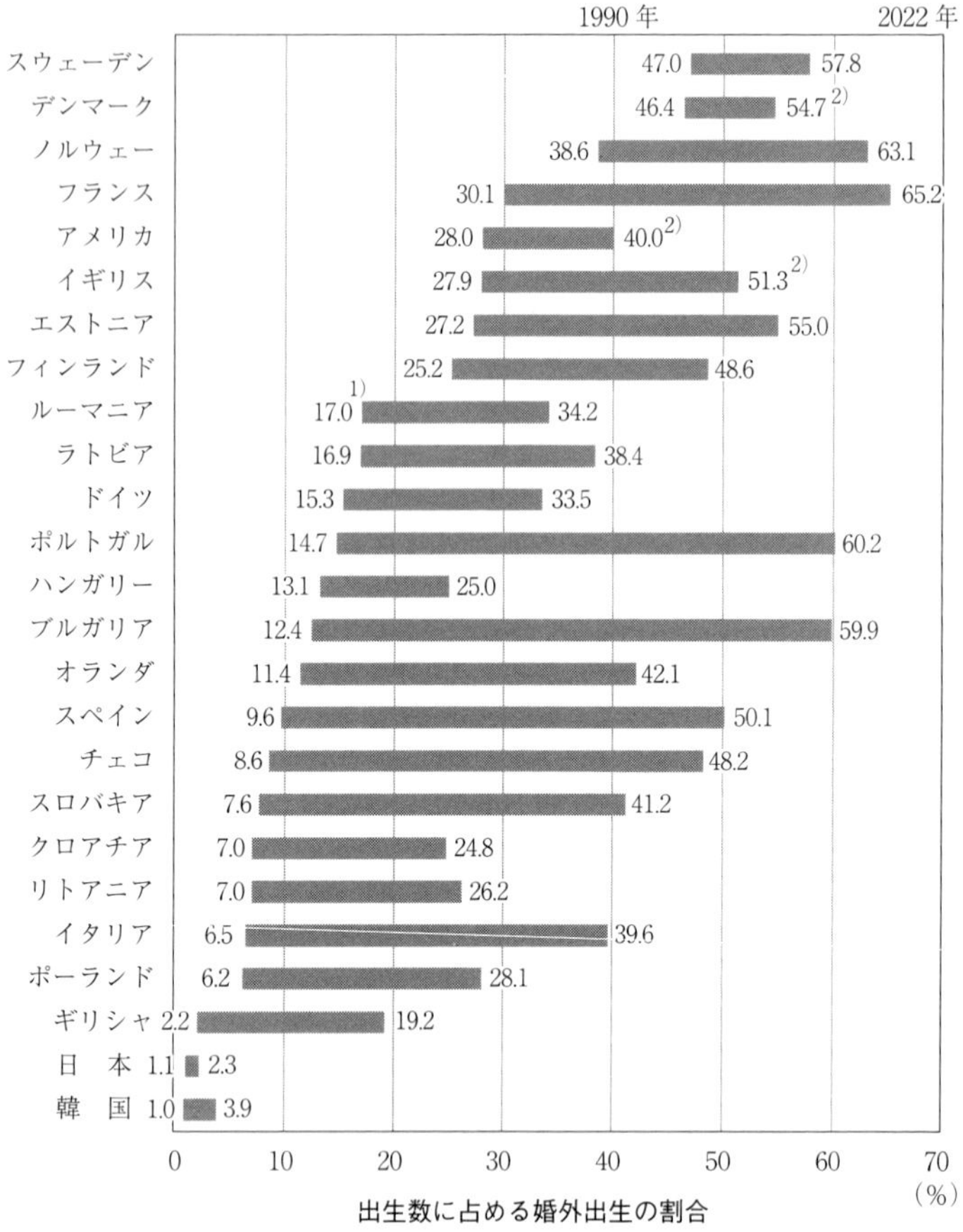

図 1-3 国別にみた，1990 年から 2022 年の間の婚外出生割合の増加

注：1）ルーマニア 1993 年の値，2）デンマーク，アメリカ，イギリス 2021 年の値.

資料：Eurostat，アメリカ NCHS，イギリス CLOSER，韓国 KOSIS，日本『人口動態統計』.

■パンデミックが教えたこと――外部不経済としての少子化

新型コロナウイルス感染症のパンデミックは、感染による被害に止まらずすべての人々の生活に大きな影響を与えた。それは私たちにいくつもの教訓と学びを残したが、ここでは少子化に関連した事象について考察してみたい[13]。

当初、政府による非常事態宣言下において行われた移動制限や都市のロックダウンなど人流の制限は、感染拡大防止に有効に働いた。しかし流行が長引くにつれ、経済活動を停止させることとの損失が深刻化し、活動再開を求める声と感染拡大防止措置との対立がしだいに表面化した。この対立は、コロナ禍という特殊な環境下における生活の豊かさの維持と人命や健康の保護との間の葛藤として捉えられるが、実はこのような葛藤の構図は平時においても広く存在している。

人々は普段、より豊かな生活を求めるための活動と、自身や家族の生命、健康を維持するための家事、育児、介護といった活動の両方に携わっている。社会においても企業のような経済活動の担い手と、医療、介護、教育、福祉など生命・健康の維持を支えるエッセンシャルワークが同時に存在する。これら二つの領域は普段バランスが保たれており、対立を意識することはないが、ひとたび災害などで多くの生命が危機に瀕すると、領域間の優先度について対立が浮き彫りになる[14]。この対立はどこから来るのだろうか。

仮に二つの領域を「経済領域」、「生命領域」と呼ぶとすると、災害時における経済領域での活動は、生命領域の側に生命・健康の損失という外部不経済を引き起こす可能性を持つことが指摘できる。ここで外部不経済とは、市場での経済活動にともなって市場外で生ずる不利益のことで、本来経済活動の主体が負うべきそのコストを他者が負担している状況を指している。工場での生産とこれにともなう公害が一例となるが、今回のケースではコロナ禍で経済活動を再開すれば、住民全体の生命と健康が脅かされ、医療費など追加の費用も発生しかねない状況のことを指している。

ここで考えたいのは、現代社会が直面している少子化という事態も、経済活動にともなって生命領域に生じた外部不経済のひとつではないかということである(15)。たとえば、就労という経済活動は、家事・育児の時間や労力と競合しているが、就労が過度に優先されれば家事・育児への時間配分が減り、子ども数が減ることになる。この場合、企業だけでなく家庭も就労を優先した分の収入が増えるのだから、一見不利益は生じていないようだが、子どもの減少は将来の労働力低下を通して社会全体に不利益を与えるし、親にとっては子どもがいれば得たであろうその後のメリットを失う。さらには生まれなかった子どもの生存の機会や権利が奪われることも不利益に含めるべきかもしれない。

問題はこれらの不利益はいずれも将来に属し、また定量化も困難で、ときに不利益が存在すること自体が気づかれていないという点である。これは地球環境問題とよく似た構図になっている。当初、経済活動にともなう環境負荷は社会のコストとして認知されていなかった。しかし、それは将来における地球環境破壊という計り知れないコストをもたらすことが後に判明した。私たちは気候変動による災害という形で、すでに毎年コストを支払いつつある。一方、人口減少・高齢化が本格化した日本では、人手不足、後継者難、消費需要の縮小、社会保障負担の増大といった過去の経済活動が少子化という外部不経済として残していった様々なコストの支払いを迫られているといえるだろう。

こうした見方にしたがえば、前節で紹介した日本、韓国などの東アジア諸国で出生率が欧米などよりも低い理由は、これらの社会で「経済領域」が過度に偏重され、「生命領域」が軽視されてきたからということになる。たとえば、日本では戦時中に人々の生命や健康を、水や空気のようにコストの無い自由財であるかのように扱う精神性が露呈したのではなかっただろうか。戦後昭和期の目覚ましい経済発展も、同様に生命領域に静かにツケを回すことで推進されてきたものであるとするなら、もはや蓄積された少子化という外部不経済の帰結、すなわち人口減少・超高齢社会というコストを誠実に支払っていくほかかない。そして今からできることは、こうした少子化発生の根源的機構を誰もが明確に認識することで、これ以上に外部不経済を積み増すことを避けることであろう。

6　おわりに

本章では、まず日本と世界の人口動向を概観し、日本は人口減少・人口高齢化において世界の先頭を歩む課題先進国、実験国家であること、しかし世界人口もまた同じ道を歩んでおり、今世紀半ばにはアフリカを除く諸国で、今世紀末にはアフリカも含めた全世界で、恒常的な人口減少時代に入る見通しであることを見た。それは産業革命に次ぐ人類史の大きな転換点である。

次にそうした人口動向の背景を理解するために、日本の出生と死亡の動向を確認した。一言で少子化といっても、その動力は時期によって異なっており、二〇一〇年代半ばまでは結婚離れを中心とする行動変容が主導したが、それ以降は将来にわたって親世代の人口減による縮小再生産の反復によって進行する。

最後に、現代社会に深刻な人口変動をもたらす出生率低下、あるいは少子化の「正体」について、俯瞰的な考察を試みた。そこでは持続可能性への接近と乖離という正反対の性格を持った二つの出生率低下が存在したことを示し、それぞれの背景について検討した。そのうえで、新型コロナ・パンデミックを経験するなかで露呈した社会の経済活動と「生命領域」の対立的関係に着目し、そこから少子化を経済活動の外部不経済、すなわち見逃され、支払われなかったコストとして理解する見方を紹介した。

少子化は一定の時間を置いて、社会に人口減少、人口高齢化の促進、持続可能性の毀損という甚大なコストをもたらす事象である。上記の見方にしたがえば、出生率が人口置換水準に届かない社会は、その分だけ深刻な外部不経済（コスト）を発生させており、将来社会にその支払いの付け回しをしていることになる。日本を含めた東アジアの国々では、一時期に目覚ましい経済発展を遂げたこと、伝統的に「生命領域」の価値が低く見られていること、世界で最も出生率水準が低いことが共通しており、そのことからは経済活動を経済学的に「不公正」に優先すること（＝市場の失敗）が少子化の根本原因であることが示唆される。

今、求められることは、第一に経済領域と生命領域の適正なバランスを実現し、これ以上将来に付け回すコストを発生させないことである。言い換えれば、経済活動にともなって生命領域に生ずる外部不経済を「内部化」することである。経済を担うエージェントもその実体は限られた生命《いのち》を持って生命《いのち》の再生産を担う人間であり、彼らがそれを全うすることを社会や企業が最大限保障することが、持続可能性を擁した正常な社会の在り方なのではないか。

【注】

(1) 日本の領域に住む外国人を含む人口。最新の統計（確定値）では、二〇二四年九月一日現在一億二三七七万八七九一人である。

(2) 本章では、日本の将来の人口についてはすべて国立社会保障・人口問題研究所「日本の将来推計人口（令和5年推計）」出生中位・死亡中位推計を用いる。

(3) 本章では、高齢とは六五歳以上とし、高齢化率は総人口に占める六五歳以上人口の割合を意味する。

(4) 出生から六五歳まで生存する確率は、一九二六―三〇年男性三三・八％、女性三九・六％に対し、一九五〇―五二年男性五五・一％、女性六二・八五％、一九七五年男性七六・八二％、女性八六・〇九％、二〇二〇年男性八九・七三％、女性九四・五八％。

(5) 労働力人口とは、一五歳以上の労働に従事する者（就業者）とその意思を持ち職を探している者（完全失業者）を合わせた人口のことである。その一五歳以上人口に占める割合を労働力率という。生産年齢人口とは違い、六五歳以上の労働力も含み、たとえば二〇二〇年では労働力人口の一四・〇％を六五歳以上が占める。

(6) 世界人口の推移において、アフリカ諸国の変化が特異的に遅いので、これを除いた世界人口のピークは二〇五四年となり、その後二一〇〇年までには一一・二％減少する（金子 2023）。

(7) たとえば米国は一九四六―一九六四年で七八三〇万人が生まれた。ヨーロッパ諸国は日本ほど明瞭ではないが、英国は一九四六―一九七一年、フランスは一九四六―一九七四年、ドイツでは一九五五―一九六九年とされることが一般的である。
(8) 詳しくみると、九〇年代後半では結婚変化の効果が大きく、二〇〇〇年代前半では夫婦の出生の控えがより大きく影響していた（金子 2004, 2010）。
(9) 第二の人口転換（Second Demographic Transition）は、一九六〇年代以降の主として西北欧でみられた人口置換水準下への出生率低下とこれをもたらした社会経済変化を体系化するレスタギとヴァン・デ・カーが提唱する概念的枠組みである（Lesthaeghe and van de Kaa 1986; Lesthaeghe 2014）。価値観の世俗化、個人主義化、女性の社会経済的地位向上、結婚・パートナシップの変化、男女関係や家族の多様化などを重視する。
(10) 「少子化」という用語は、『国民生活白書（一九九二年版）』において、出生率低下とそれにともなう子ども数の減少傾向を表す術語として用いられた日本独自の造語である。今日国内で広く用いられているが、それは出生率低下だけでなく関連する結婚、子育て環境、人口減少といった背景や影響をも含んだ包括的現象を指す言葉として用いられることが多い。複雑な現象を一言で表現できるので有用性が高く、多用される反面、望ましくない社会問題といったニュアンスや価値観をも含むため、たとえば妊娠出産の当事者層の心情に対して攻撃的な文脈もあり得るなど、使用に注意を要する場合もある。諸外国では少子化に相当する特別な単語はなく、単に「低出生率」や「出生率低下」と中立的に呼ばれていることがほとんどである。
(11) 緩少子化、超少子化は、それぞれ moderately low fertility、very low fertility の日本独自の訳し方である。
(12) 東アジアの社会において結婚は出生のゲートキーパー（門番）の役割を果たしているという指摘がある（Frejka *et al.* 2010）。
(13) 本節の考察は、日本学術会議・人口縮小社会における問題解決のための検討委員会（第二五期）において行われたコロナ・パンデミックで露呈したわが国の「いのちの再生産」システムの脆弱さに関する議論が出発点となっている（日本学術会議 2023）。
(14) 社会保障や福祉の分野では、経済と「生」または「ケア」を対比する見方はいくつか提示されている（広井 2019; 落合 2023など）。

(15) 日本学術会議の人口縮小社会における問題解決のための検討委員会（第二四期）が二〇二〇年に行った提言では、少子化を現代日本社会の「いのちの再生産」の領域の不具合として捉えている（日本学術会議 2020）。

【参考文献】

Frejka, T., G. Jones and J. Sardon 2010 "East Asian Childbearing Patterns and Policy Developments," *Population and Development Review*, 36(3): 579–606.

広井良典 2019『人口減少社会のデザイン』東洋経済新報社。

金子隆一 2004「少子化の人口学的メカニズム」大淵寛・高橋重郷編『少子化の人口学』原書房。

金子隆一 2010「わが国近年の出生率反転の要因について――出生率推計モデルを用いた期間効果分析」『人口問題研究』六六（二）、一―二五頁。

金子隆一 2017「少子化の人口学的分析――構造要因・行動要因の動向から」『統計』三月号、二―七頁。

金子隆一 2023「人口動向の新たな見通しと、それが現代社会に問うもの」『学術の動向』二六（六）、一〇―一七頁（https://www.jstage.jst.go.jp/article/tits/28/6/28_6_10/_article/-char/ja）。

国立社会保障・人口問題研究所 2023『日本の将来推計人口（令和5年推計）』人口問題研究資料第三四七号（https://www.ipss.go.jp/pp-zenkoku/j/zenkoku2023/pp2023_ReportALLc.pdf）。

Lesthaeghe, R. 2014 "The second demographic transition: A concise overview of its development," *PNAS Proceedings of the National Academy of Sciences of the United States of America*, 111(51): 18112–18115（https://doi.org/10.1073/pnas.1420441111）.

Lesthaeghe, R. and D. van de Kaa 1986 "Twee demografische transities? " *Bevolking: groeien krimp*, Deventer: Van Loghum Slaterus, pp. 9–24.

日本学術会議・人口縮小社会における問題解決のための検討委員会 2020『提言「人口縮小社会」という未来――持続可能な幸福社会をつくる』（https://www.scj.go.jp/ja/info/kohyo/pdf/kohyo-24-t296-1.pdf）。

日本学術会議・人口縮小社会における問題解決のための検討委員会 2023『報告 深化する人口縮小社会の諸課題――コロナ・パンデミックを超えて』(https://www.scj.go.jp/ja/info/kohyo/pdf/kohyo-25-h230926-1.pdf)。
落合恵美子 2023『親密圏と公共圏の社会学――ケアの20世紀体制を超えて』有斐閣。
Rindfuss, R., M. Choe and R. Brauner-Otto 2016 "The Emergence of Two Distinct Fertility Regimes in Economically Advanced Countries," *Population Research and Policy Review*, 35: 287–304.
United Nations 2022 *World Population Prospects: The 2022 Revision*, United Nations, Department of Economic and Social Affairs, Population Division, New York (https://www.un.org/development/desa/pd/content/World-Population-Prospects-2022).
United Nations 2024 *World Population Prospects: The 2024 Revision*, United Nations, Department of Economic and Social Affairs, Population Division, New York (https://population.un.org/wpp/).

2 人口縮小と時間の中で孤立する人びと

遠藤　薫

1 はじめに

知人の女性が九五歳の誕生日を迎えた。

彼女が生まれ育った家庭は、豊かとはいえず、女子の教育にも関心がなかった。

彼女の六つ違いの姉は、一六歳の時に年の離れた男性に嫁いだ。美しく、やさしい人だったが、幸薄い人生を送り、アルコール依存症になって亡くなった。

彼女はそんな家庭に反発し、一〇代で家を出て、苦学の末、看護師になった。

戦争中の病院は本当に辛かった、と彼女は一度だけ語った。「何もできないのよ。ただ誰もが苦しみながら死んでいくの。死んだ人たちはモノのように処理されて終わるの」。

戦後の混乱がまだ残るなか、当時は死病とされていた肺病患者の男性と恋に落ち、結婚した。しかし、献身的な看病の甲斐もなく、夫は数年で亡くなった。子どももいなかった。

彼女は二度と結婚することなく、定年まで四〇年以上看護の仕事を続けた。優秀な職業人だったのだろう。国立病院の看護師長を務め、一時は一〇〇人以上の部下を指揮していたという。同居していた母を看取り、父を送り、たくさんいた兄妹たちもすでに逝った。晩年は、夫が遺した郊外の瀟洒な家で、庭の草木の手入れをしながら、三匹の猫と暮らしていた。

「私は最期までこの家で一人で暮らすわよ。誰の面倒にもならないわ」。歳を重ねても頭脳は明晰で、足腰も達者だった。毎日、坂の多い街を散歩するのだと笑っていた。

そんな彼女が、コロナに倒れた。看護師なのに医者にかかるのが嫌いな人だったが、この夏はほとんどものが食べられない状態に陥った。「このままでは遺体で発見されてしまう」と決心して、タクシーで病院に行った。コロナ陽性だけでなく、全身の状態がひどく悪化していた。即入院し、絶対安静となった、

「看護師さんたちがバースデーカードをくれたの。驚いた。誕生日なんて、自分でも忘れてた。九五歳なのね。ずいぶん生きてきたものね」。すっかり弱々しくなった彼女は、少しはにかんだように微笑んだ。

彼女は誇りをもって生きてきた。人に与え、自分が人に求めることはなかった。最後まで自分の人生を自分でコントロールした。それでも、ときに、不安に怯えたり、得られなかったものを嘆いたり、見果てぬ夢を語りたいときもあったかもしれない。

自宅での生活に戻りたいという願いも空しく、彼女は三カ月ほどの入院の後亡くなった。

2　世代の推移　戦中世代・団塊の世代・団塊ジュニア世代

上記の女性（仮にAさんと呼んでおこう）は、一九二八年生まれで、終戦時には一七歳だった。彼らは戦中世代と呼ばれ、大正末期から昭和初期に生まれ、青少年期を第二次世界大戦中に過ごした。戦場から帰ってきた男性たちが結婚し、たくさんの子どもが生まれた（一九四七年の合計特殊出生率は四・五四である）。団塊の世代の親世代が彼らである。戦後の焼け跡から復興し、一九五五年から一九七三年頃までの高度成長期をになってきたのも、この戦中世代であった。彼ら／彼女らはそれ以前の世代にくらべて長い寿命を生きたが、今静かに現世から撤退しつつある。

一方で、現在に続く戦後社会において社会的注目を集めてきたのは、民主主義ネイティブであり、消費社会ネイティブであり、かつそのような時代の潮流を、「団塊」と呼ばれるほどのボリュームによって、形成してきたベビーブーマー世代であった。団塊世代は親世代にくらべて子どもの数が少なかったが、それは戦後の産児制限によるものでもあった。彼らの子世代は、団塊ジュニア世代と呼ばれる（一九七〇年の合計特殊出生率は二・一三である）。

そして今、ベビーブーマー世代も高齢世代へとさしかかっている。

図2-1からわかるように、少子化の波は、戦後間もない時期から急速に始まっており、団塊ジュニ

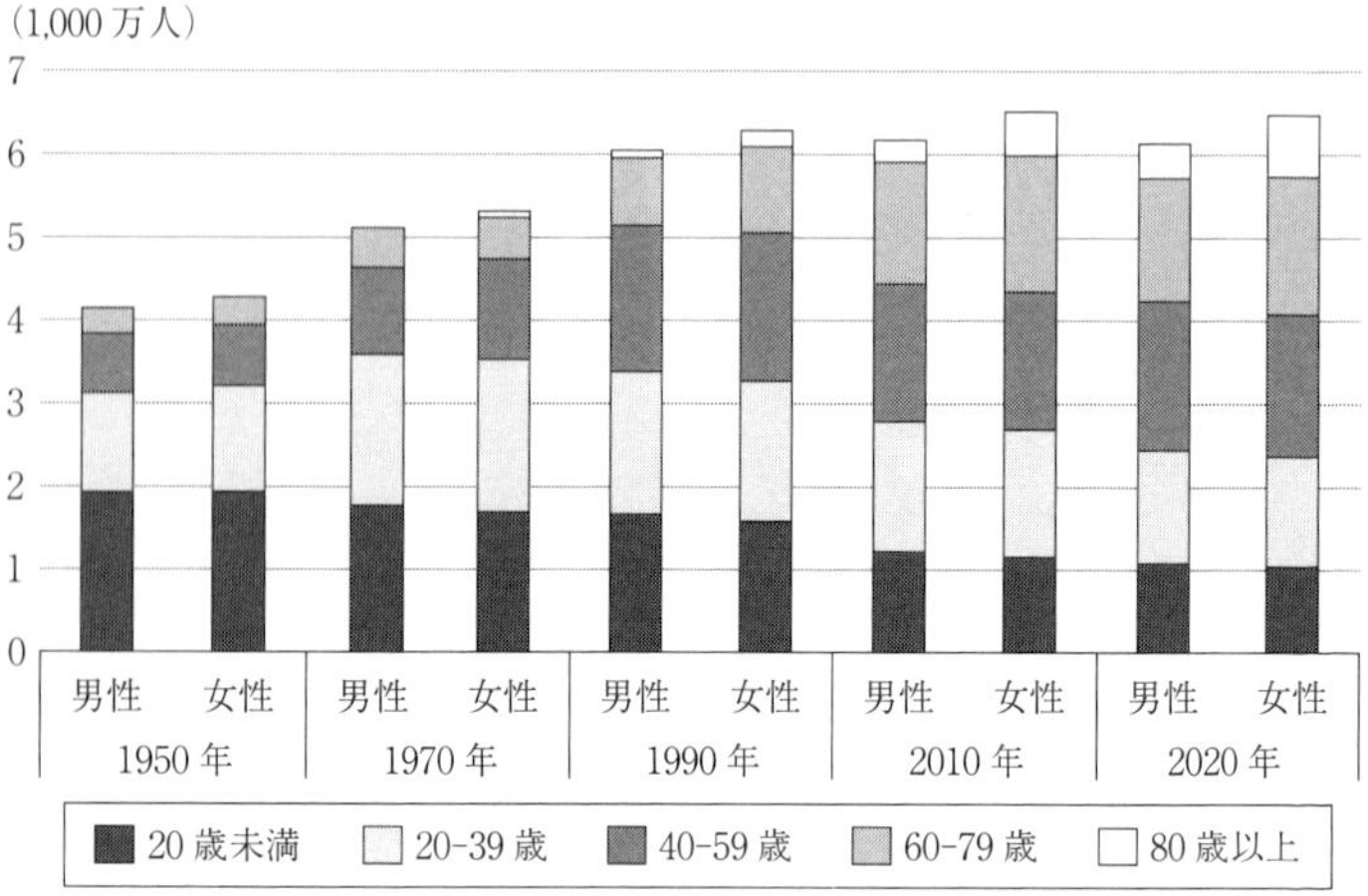

図2-1　人口構成の変化

出所：国勢調査（総務省統計局）より筆者作成.

ア世代の子世代は親世代より数的に減少し、二〇二三年の合計特殊出生率は一・二〇まで落ちている。

なぜこのような事態となるのか、本章では、世代間の関係――近代社会における時間からの疎外という観点から検討する。

3　家族の変容と〈長寿〉の意味

■家制度から核家族へ――高齢者の〈他者〉化

かつての家制度では、同居する家族・親族が総体として「家」という組織を構成しており、高齢になれば「家」のなかに「隠居」という立場が用意されると期待された。

戦後、家制度が弱体化し、直系家族による複数世代家族が一般化した。それでも、仕事をリタイアした親世代を子世代が養うのは当然と考えられた。

しかし、高度成長期、多くの若者が故郷を離れ、

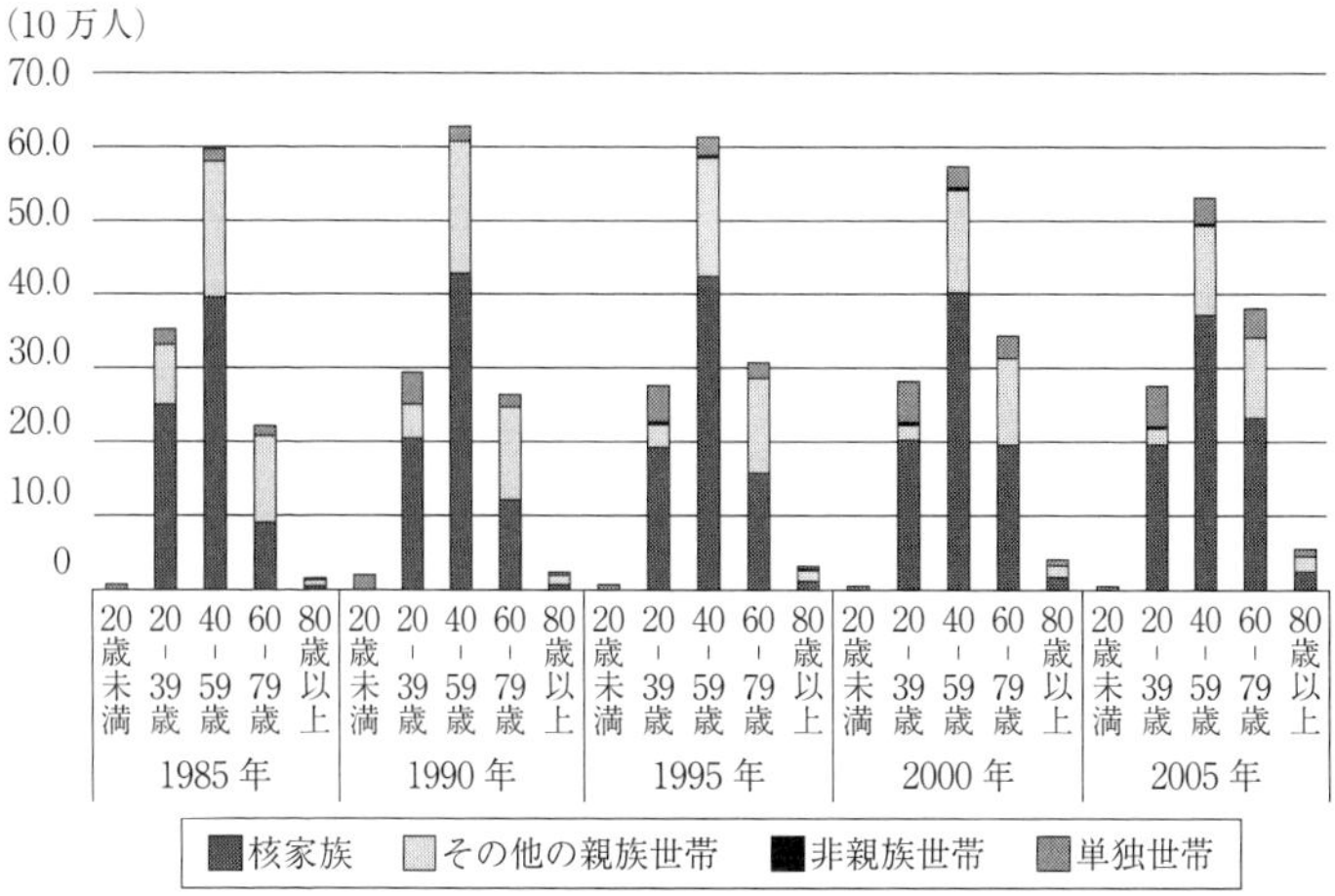

図2-2　家族形態の変化（世帯人員ベース）

出所：国勢調査（総務省統計局）より筆者作成.

地方から都市部へと移住した。

その結果、核家族化が進行し、親世代と子世代が会うのは、盆や正月の帰省時のみということも多くなった。生活感覚や生き方にもずれが生じ、「新世代」と「旧世代」の間の年齢的／空間的距離がはっきりと可視化されるようになった。

図2-2に見られるように、一九八五年には、核家族世帯人員がその他の親族世帯人員を大きく上回っている。家族において高齢者が〈他者〉化していったのである。

■介護の不安――〈高齢者〉の脅威化

一九七二年、有吉佐和子の小説『恍惚の人』（新潮社）が記録的ベストセラーとなった。この作品は、日本でいち早く老年期の認知症の問題をとりあげ、映画化、テレビドラマ化され、老人介護の問題が社会的関心を集める大きな契機となった。

高齢者に認知障害が生じやすいことは、近代になって初めて生じた事態ではないが、長期にわたる「家族」としての関わりのなかであれば、連続的な時間のなかで緩やかにそれを受け容れることも当然と考えられただろう。また、平均寿命が短い社会にあっては、認知障害を起こす以前に亡くなるものが多かったろう。

しかし、先に述べたように、平均寿命が長くなり、しかも親世代と子世代の間に、空間的／心理的懸隔がある場合、認知障害を起こした親世代を子世代が受け容れ、介護する未来は、子世代の生活を大きく揺るがすリスクとなる。『恍惚の人』はまさに、来たるべき親世代の高齢化に対する現役世代の脅威感覚を表現するものだったといえよう。

■老後の健康不安

現役世代側から見た「介護の不安」は、高齢世代側からすれば自分の身体・精神自己制御が困難になり、将来、家族の「厄介者」になるかも知れないという不安でもある。

『恍惚の人』が一つのきっかけとも言われる「ぽっくり寺」詣での流行は、その現れでもあった。「ぽっくり寺」とは、そこへ詣れば、「健康な状態のまま、ある日突然苦しまずに死ねる」という利益を得られるという寺である。「ころり観音」「ぴんぴんころり」など、同様の利益を標榜する寺社が全国に多数出現した。

それは、高齢者自身にとっても〈高齢の身体〉が他者となった状況を示している。

かつては（おそらくは稀少であるがゆえに）言祝がれた「長寿」は、「長寿リスク」と呼ばれるようになったのである。

■老後の経済不安

「長寿リスク」が語られるのは、生存寿命が延びても、健康寿命がそれに追いついていないということでもある。それは健康面だけでなく、経済的な問題でもある。

長寿を生きるには、収入が減少あるいはなくなった状況で、長期間の生活を購わなければならない。二〇一九年に金融庁の金融審議会が公表した報告書に含まれていた「老後二〇—三〇年間で約一三〇〇万円—二〇〇〇万円が不足する」との試算は大きな注目を集めた。試算の妥当性は措くとしても、すべての高齢者世帯がこれだけの資産を保有しているわけではない。総務省の家計調査報告（家計収支編）二〇二二年の結果によると、世帯主が六五歳以上の世帯における貯蓄金額の平均値は二四一四万円だが、三〇〇万円未満の世帯が全体の一四・四％を占めている。

ましてや、認知症や疾病などによる想定外の出費が必要となることも予想される。

団塊の世代が高齢化した二〇一〇年代以降では、子世代の負担を軽減する介護施設の利用が一般化した。その費用も、当事者たちにとって大きな不安となる。

■生の孤立

ここまで述べてきたように、高齢化は、高齢者にも、現役世代にも、これまでとは異なるさまざまな不安を強いる。なかでも最も大きいのは、「健康」と「経済」であろう。そして、もし問題が生じたとき、相談できる誰かがいるかいないかは、「生きやすさ」に大きく影響する。しかし、筆者の調査（**図2‐3・図2‐4**）によれば、多くの人にとって頼る相手は家族に集中している（反対にいえば、家族に頼れない人は孤立しがちということになる）。また、頼る相手が全くないとの回答が、健康問題では二〇％弱、経済問題では二〇％強いる。しかも若年層の方が相談相手がいない傾向があるのも問題である。

これと関連して、同じ調査で、「自分は孤立していると感じるか」「生きていることに意味はないと感じるか」という二つの問いの回答を集計したのが、**図2‐5・図2‐6**である。これによれば、「孤立感」は全年代を通じて三〇％弱の人が感じており、とくに男性中年層と女性若年層で高くなっている。「生の無意味感」についても、とくに男性中年層と女性若年層で高い。上記の相談相手の少なさと合わせて、生産年齢世代の孤立感の高さは問題である。

かつてあった、子世代や孫世代の悩みに、引退して客観的なまなざしをもった高齢世代が答えるというフレームが、上記「高齢者の他者化」によって成立しなくなったことの現れとも考えられるかもしれない。

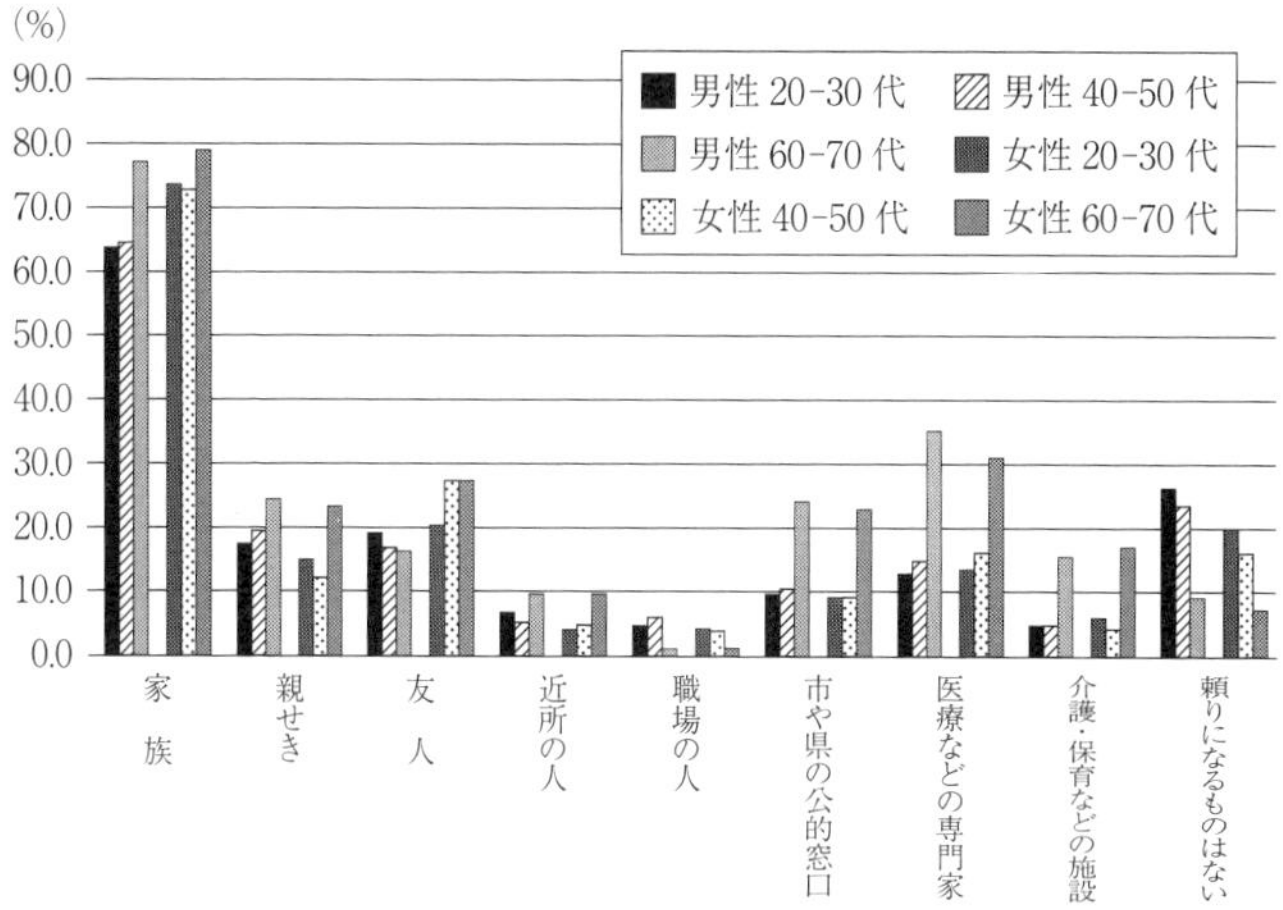

図 2-3　自分や家族の健康について相談できる相手・機関（複数回答）
（2022 年 12 月調査）

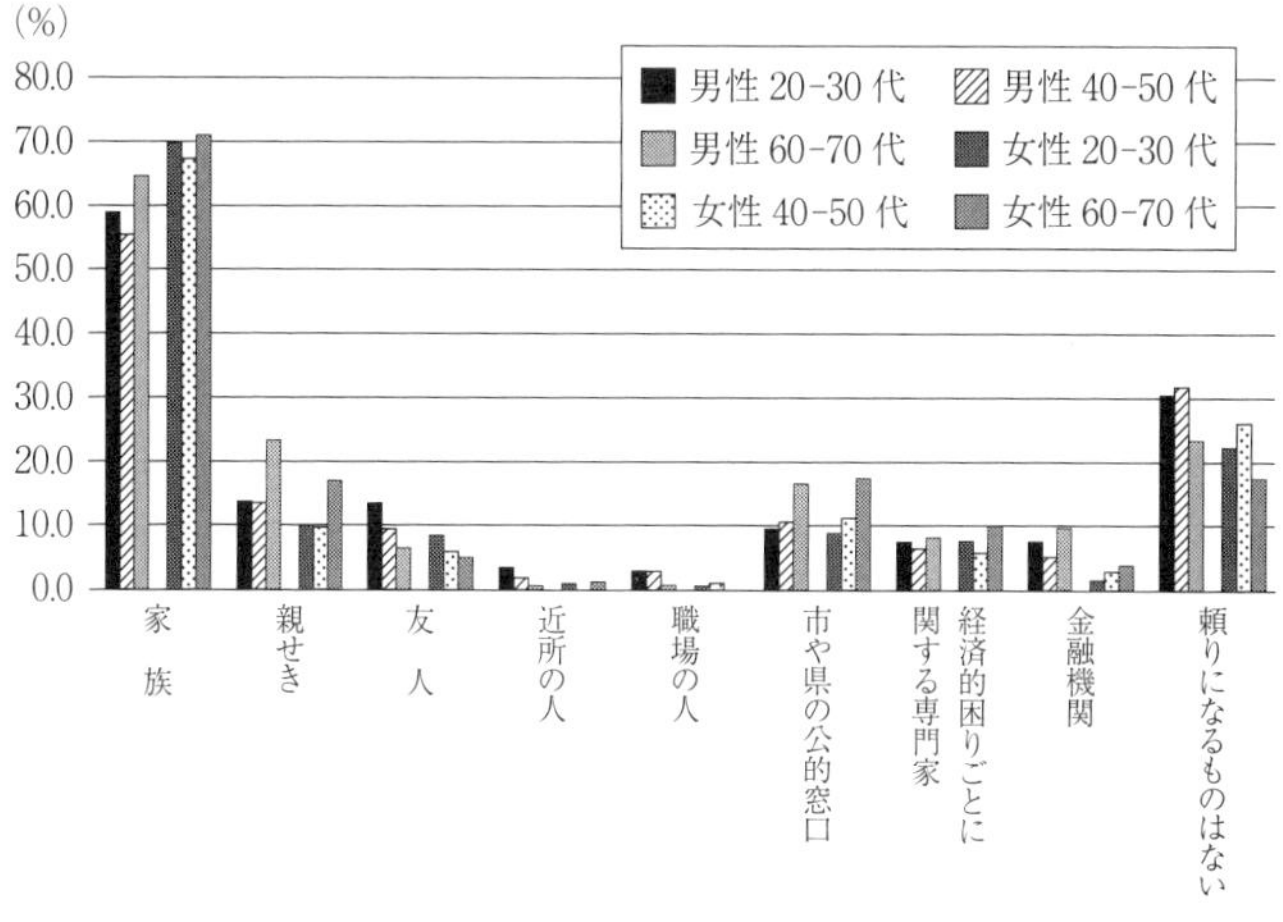

図 2-4　経済的な困りごとについて相談できる相手・機関（複数回答）
（2022 年 12 月調査）

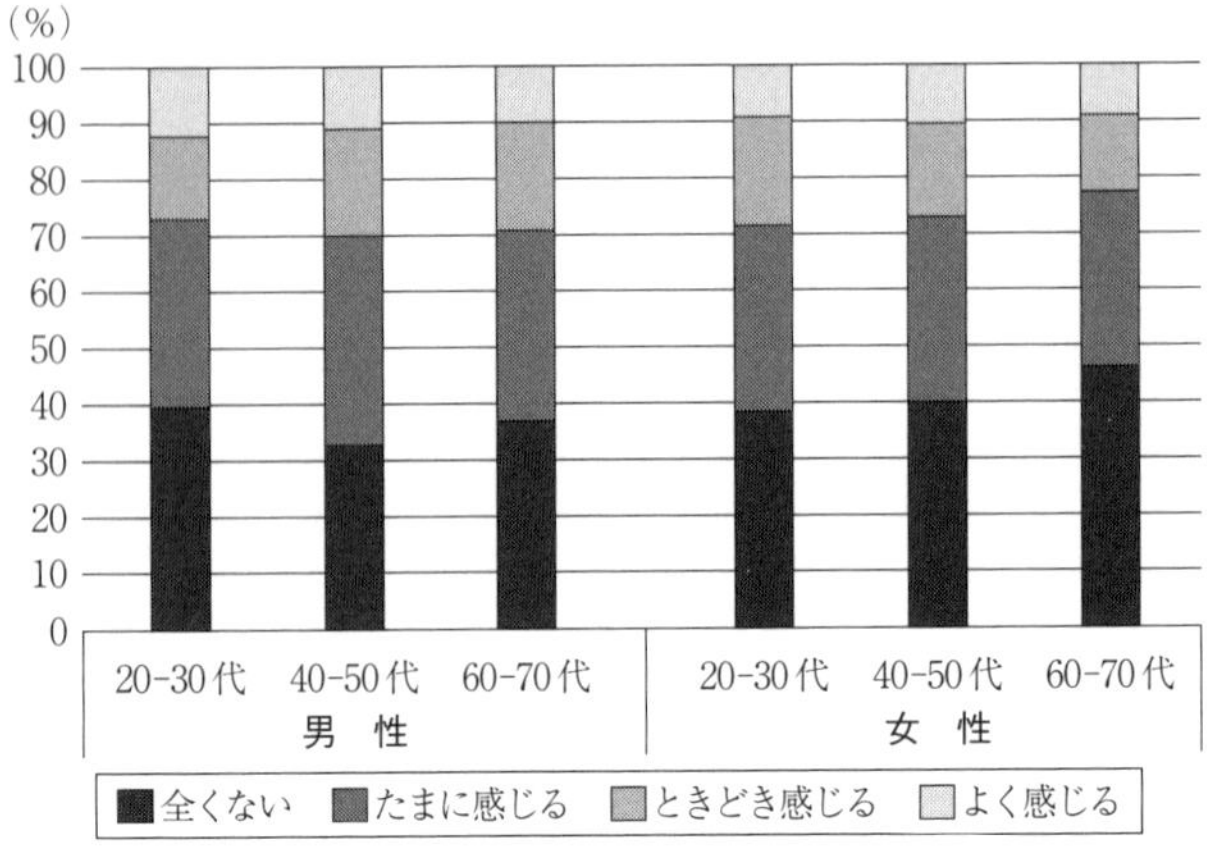

図 2-5　自分は孤立していると感じるか

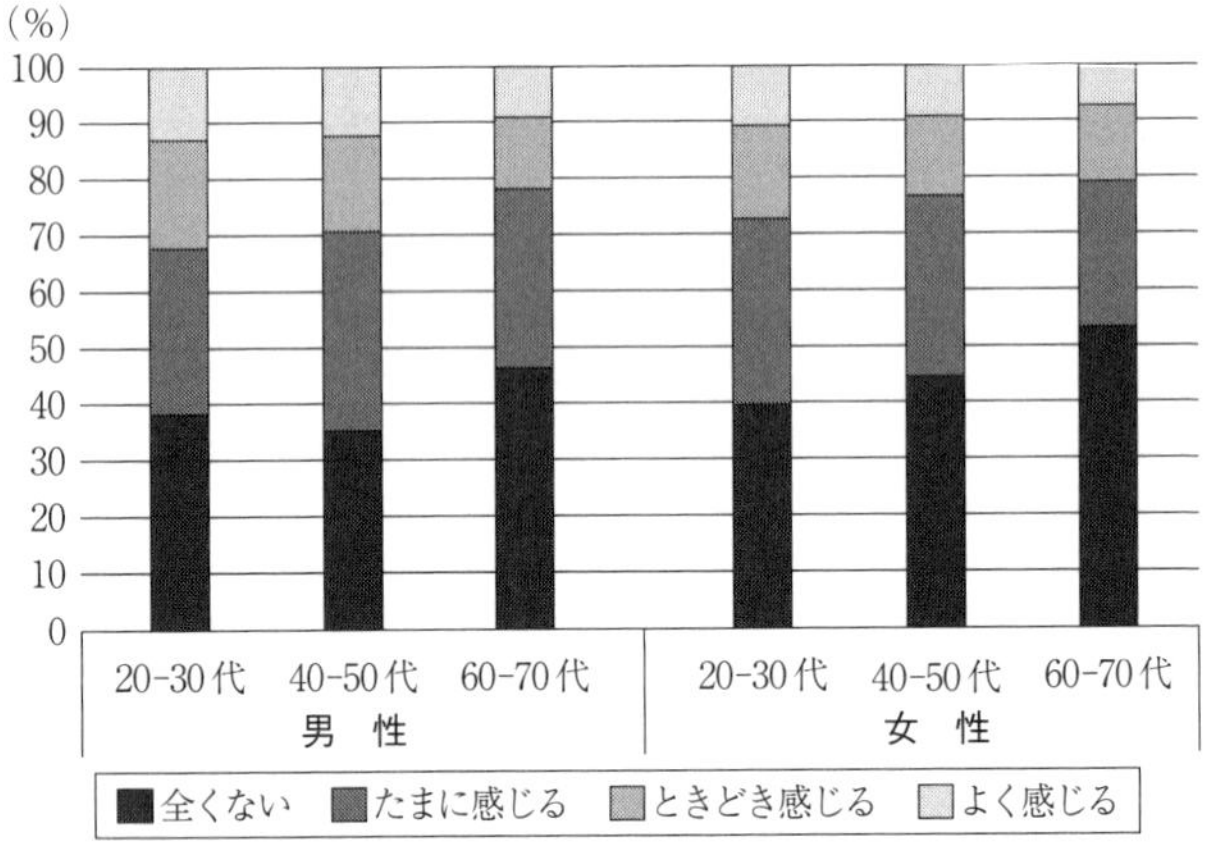

図 2-6　生きていることに意味はないと感じるか

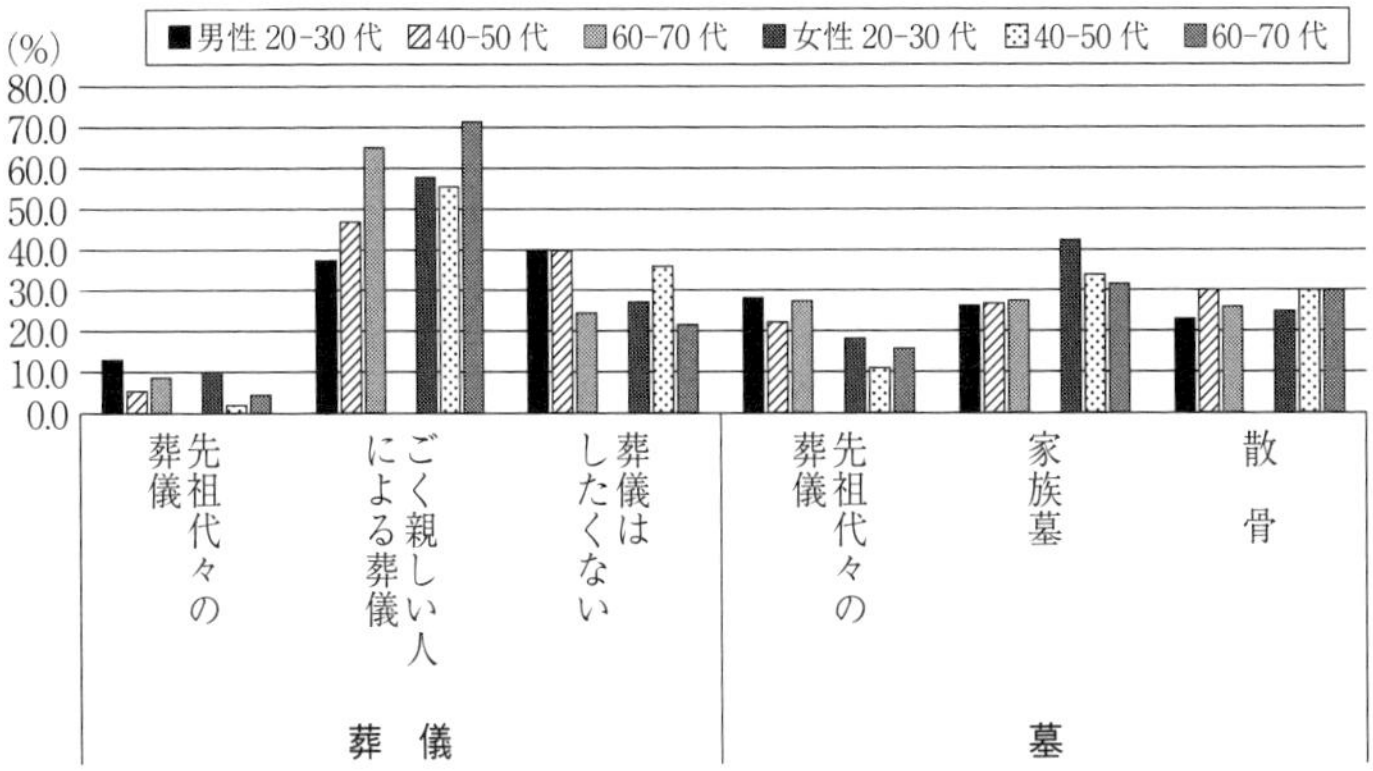

図 2-7　自分の葬儀・墓についての希望

■死の孤立

一方、二〇〇九年に『週刊朝日』で「終活」という言葉を使った連載が掲載され、その頃から「終活」という言葉が広く使われるようになった。「終活」とは、「人生の終わりのための活動」の略で、生前から自分の死について考え、その準備をすることをさす。従来は、遺言などは別として、葬儀などその他の手配は後に残る者たちに委ねるのが一般的だった。しかし、すでにみてきたように、高齢者のみ世帯、高齢者単独世帯が増えるにつれ、後を托すものがいない高齢者が増えたことがその背景にある。

二〇一〇年一月に放送されたNHKスペシャル「無縁社会――〝無縁死〟3万2千人の衝撃」は、社会的つながりが稀薄化するなかで、個人が孤立し、困っても援助を求めることができないまま、孤独に死んでいく人びとが年間三万二〇〇〇人に上るという衝撃的な内容で、大きな話題となった。

そうした状況を慮ってか、かつては共同体や家族の中に埋め込まれていた〈死〉も、個人化している。**図2-7**は、二〇二二年六月に筆者が行った調査の結果だが、葬儀については「ごく親しい人のみによる葬儀」が最も多く、若年層では「葬儀をしたくない」が高い傾向にある。また、自分の墓については、家族墓が最も多く、ついで散骨を希望するものが多い。とくに女性層では「先祖代々の墓」は好まれないようである。

4　生の優先順位とシャドウ・ワーク

■コロナ禍と生の優先順位

二〇一九年末に発生が確認されたCOVID‐19（新型コロナウイルス症候群）は、瞬く間に世界中に感染拡大し、日本も厳戒態勢に入った。

COVID‐19に対して最も脆弱なのは高齢者であるとされ、コロナ感染した高齢者は優先的に、病院に隔離された。その一方、COVID‐19の治療には、希少な施設や装置が必要であった。感染の爆発的な拡大により、病床も逼迫した。

このような状況で、「生の優先順位」が議論となった。すなわち、医療現場で、「トリアージ」（治る見込みの低い患者（高齢者など）は、貴重な医療資源を提供する優先順位を下げる）を採用すべきかという問題である。筆者が二〇二二年二月に行った調査によれば、年代、性別による微妙な違いはあるものの、全体として約四割の人が賛成した。

もできる。

■トロリー問題に見る生の優先順位

このような「生の優先順位」問題は、「トロリー問題」と呼ばれる哲学的思考実験から検討することもできる。

「トロリー問題」とは、次のような問いである。

問い：高速で疾走する路面電車（トロリー）の前方の線路上に五人の作業員が立っている。電車を止めないと五人の作業員を死なせてしまうのだが、ブレーキがきかない。唯一の代案は、待避線に路面電車を向かわせることである。ただし、その場合、待避線上にいる一人の作業員は死ぬ。どうすべきだろうか？

筆者が行った調査[1]におけるこの問いに対する回答の日米中比較を図2-8に示した。三カ国とも、五人の命を一人の命より優先している。ただし日本では「そのまま走らせる」が約一六・七％であるのに対して、アメリカでは二一・八％、中国では三〇・三％とかなりの開きがある。この結果によれば、日本において最も功利主義が強く、次にアメリカ、中国と続くことになる。日本の国民性については、一般に「集団主義」的と言われるが、それは実は「最大多数の最大幸福」という功利主義を意味することだったのかもしれない。

さてここで問いに条件を付けてみよう。本線上の五人の作業員が高齢者で補助線上の作業員は若者である、という条件である。その結果を図**2－9**に示す。日本では「そのまま走らせる」が四五・九％と大きく跳ね上がるのに対して、中国では四一・八％。アメリカでは三二・三％とそれぞれ、約一・三倍、約一・五倍にしかならない。つまり日本はアメリカや中国に比べて、高齢者より若年層の生命を重視する傾向が強いということである。就職などでも、年齢を勘案するのが当然と考える日本に対して、年齢を条件とすることは差別（エイジズム）にあたると考えるアメリカとの違いがここに現れているともいえる。

■「現役世代」と「社会の周縁としての高齢者・年少者・女性」

なぜ、高齢者の生の優先順位が軽視されるのだろうか。

近代人としての私たちは、「社会」を考えるときに、「現役世代」のまなざしで考えがちである。「現役世代」とは、「保険料を支払うことで公的年金制度を支えている、主に二〇歳から六〇歳までの世代」（デジタル大辞泉）あるいは「稼動年齢層」または「生産年齢層」（一五歳から六五歳までの年齢層）をさし、その言葉から、主として男性の正規社員がイメージされる。

西欧（そしてアメリカ）で発展した「近代」というパラダイムは、端的にいえば、世界を「合理性」のもとに整序しようとする理念の運動だったといえよう。それは同時に、かつての共同体における「死と再生の神話」が崩れ、社会のなかで「死」に対して「生」が圧倒的に優位と見なされることでもあった。いいかえれば、「死」は「生」とともに人間の実存を構成するのではなく、単に、コントロールさ

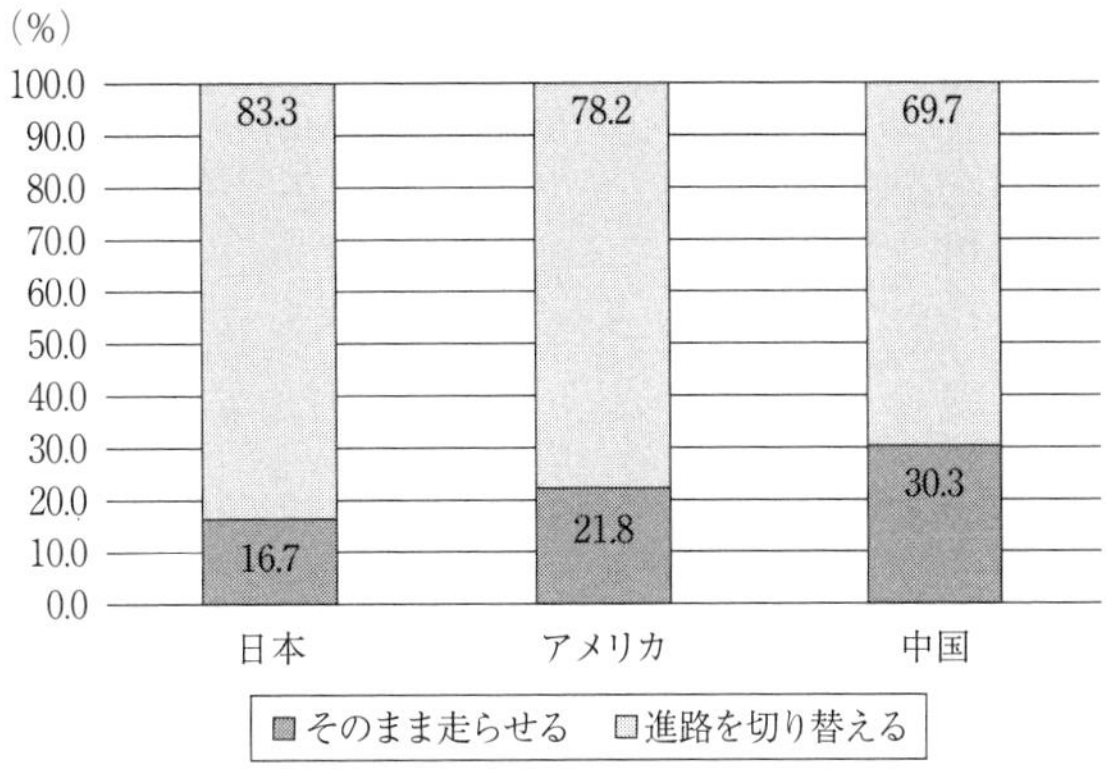

図 2-8　問いに対する回答の日米中比較

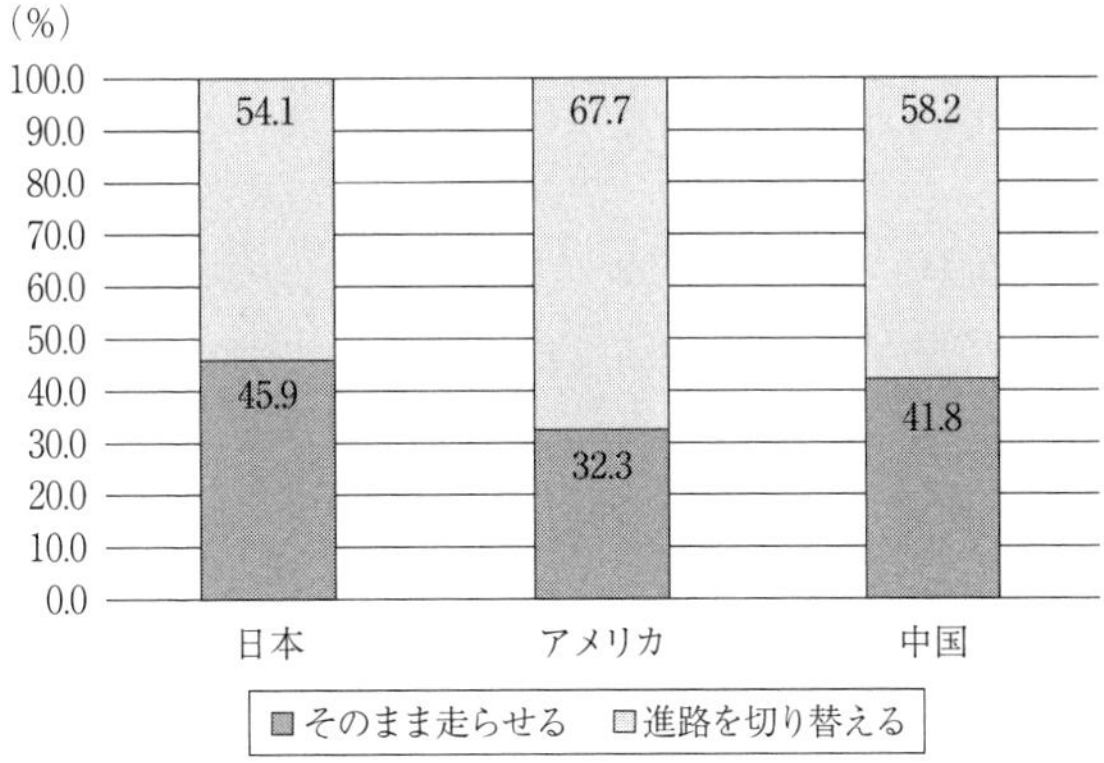

図 2-9　修正条件に対する回答の日米中比較

れ、駆逐されるべき、「問題」でしかなくなってしまった。産業革命などを画期とした機械技術の発展は、機械的合理性が生産性の向上に直結することに力を得て、労働者たちにも機械のように働くことを求める。そして、機械的合理性になじまない社会的因子は棚上げとする。

このとき、社会は「合理性」の貫徹されやすい成人男子を主たるメンバーとして構成されることになり、高齢者、子ども、女性は「劣ったもの」と見なされ、社会の周縁に追いやられる。「老化」、「死」は、単純に「望ましくないもの」「避けるべきもの」になり、家庭の奥深くに隠蔽される。子どもは単に未成熟なもの、老人は単に衰弱したもの、そして女性は、力弱く、生理的変調をきたしやすいものとして扱われる。

しかし、周縁に位置づけられる者たちにとってそれが望ましい状態でないというだけでなく、社会の高齢化が進み、非現役世代の割合が増大してくると、問題が生じてくる。『高齢社会白書』などで、毎年のように繰り返し、「現役世代一・三人で一人の高齢者を支える社会の到来」と危機意識が語られるのはそのためである。

■「現役世代」の拡張

このような危機意識を解消する一つの策として考えられるのは、「現役世代」の拡張、言いかえれば働く期間の延長である。実際、日経新聞の郵送調査によれば、「何歳まで働きたいか」という問いに対して、「七〇歳―七四歳」、「七五歳以上」という回答が年々増えており、二〇二三年秋の調査では、七〇歳以上まで働きたい人が約四割まで達している。

働く期間の延長は、個人の生活の必要でもあり、人口縮小社会の要請でもある。

人口縮小の進行とともに、日本の就業者数は今後急激に減少する。二〇二四年一月一一日に公表された「OECD対日経済審査報告書2024――労働分野に関する政策提言」(2)によれば、日本の出生率は一・三まで低下しており、政策変更がなければ、日本の人口は二〇六〇年までに約四分の一減少し、老齢依存率(3)は二〇五〇年までに七九%に達すると予測されている。そして、高齢者向けの具体策として、定年の廃止や同一労働・同一賃金の徹底、年金の受給開始年齢の引き上げを提示した。確かに、OECD加盟三八カ国のうち、企業の定年設定を許容しているのは、日本と韓国のみであり、日本企業の九四%が定年を設定しており、二〇二二年の時点で定年を「六〇歳」としている企業が七割を占める(4)。

OECDはまた、女性や外国人労働者の雇用促進、などについても提言している。これらの政策は、これまで社会の周縁に位置づけられていた人びと――高齢者、女性、外国人など多くの人びとを社会に包摂するものとして評価できる。

しかし、その一方で、これら政策があくまで社会の「生産性」という観点から推進されるならば、「差別の構造」が暗黙に維持される怖れは残る。

たとえば、女性や高齢者の非正規雇用率や賃金格差は、(OECDによる改善提言があるにもかかわらず)高い水準で推移しているのである。

■「現役世代」という幻想――シャドウ・ワークを誰が担うか

別の観点からも問題はある。かつて社会の中心をほぼ「成人男子」が占めていたことには、一種の経済的合理性にもとづいていたとの議論がある。健康で体力がある成人男子が社会的労働に専念し、彼らの妻としての女性たちは、彼らを情緒的、生活的に支え、育児を引き受けることで、社会全体での役割分担がなされ、生産性が最大化される、という議論である。この、成人男子の「合理的労働」の背後にある「シャドウ・ワーク（直接的には生産に結びつかないが、間接的に生産労働を支える、評価されない労働。イヴァン・イリイチが提示した概念。家事、介護、育児など）」を女性たちはになわざるをえない。

ここに、近代合理主義の矛盾と限界がある。

したがって、これまで社会の周縁に位置づけられていた女性や高齢者が、社会の中心に包摂されるのは望ましいことであるけれども、その一方で、これまで彼女ら／彼らがになってきた「シャドウ・ワーク」を誰が、どのようにになうのか、という問題が浮上せざるを得ない。さもなければ、これまでシャドウ・ワークを担ってきた者たちは、それに加えて、社会的労働を負うことになり、二倍の負担に耐えることとなる。そしてそれは、現在、実際に起こっていることでもある。女性たちが、シャドウ・ワークの担い手にならざるを得なくなる結婚に二の足を踏み、シャドウ・ワークとしての出産・育児に消極的となるのは、この文脈でまさに必然なのである。

ＯＥＣＤも、この問題に対する対応として、男性の育休取得の推進やワークライフバランスの改善を提言しているが、その意味を私たちは重大に受け止めるべきである。女性たちと反対の意味で、すなわち、従来の社会的労働に加えて、シャドウ・ワークの負担が増えるリスクにたじろぎ、男性たちもまた、結婚、出産、育児に消極的になっているのではないだろうか。

5 過去と未来の循環 社会の持続可能性と時間

こうしてみれば、男女いずれにせよ個人の立場で短期的合理性を考えるならば、子どもをつくることは、言いかえれば評価されないシャドウ・ワークを負担することであり、良い戦略とはいえない。「いのちの再生産」による人口の維持つまり社会の持続可能性という公共財と個人の合理性とが背反する社会的ジレンマ――「共有地の悲劇」[5]状況がここに生じているのである。

おりしも二〇二四年二月二七日、厚生労働省は、二〇二三年の出生数が七五万八六三一人で過去最少となり、婚姻数も四八万九二八一組で、戦後初めて五〇万組を割ったことを公表した。対策としては、子育て層への支援や、ジェンダー格差の解消などが挙げられているが、上記の社会的ジレンマの構図を考慮しなければ、かえって逆効果となることもありえる。

■将来世代への配慮――「現在」だけでなく、未来に続く持続可能性

経済学者でヴァパータール気候環境エネルギー研究所所長でもあるペーター・ヘニッケは『フェアな未来へ』の序文で、「果たしてこの先、世界の限られた資源のもとで、多くの人びとがまともな生活を

維持し続けて行くことは可能なのか」という問いこそが、まさに「二一世紀における重要な問題である」(Sachs and Santarius, eds. 2006: 訳 16) と指摘している。これは、前項で述べた社会的ジレンマの問題でもある。従って、個々人の(短期的)合理的選択に任せるならば、少なくともある程度の豊かさを実現した国では、人口は減り続けるだろう。

本章で検討してきたのは、「社会」を「社会」たらしめている、個々人の短期的・経済的合理性以外の要素である。それはかつてにおいては、共同体(社会)/家族のまさに「持続可能性」であったはずである。古い時代においては、それがまさに、個人の生存合理性とも結びついていた。

しかし現代においては、共同体/家族の持続可能性と個人の合理性とが分離された。そのために、他者との関わりは、むしろリスクと認識されるようになった。親や、子もまた〈他者〉化されていったのである。子どもがリスクとしての〈他者〉であるならば、誰が子どもをほしがるだろうか? 図2-10は、筆者が二〇二二年六月に行った調査で、「自分が死んでも後に残ったものを見守り続けたい」との思いと、「子どもがほしいか」に対する回答とをクロス集計したものである。子どもを〈他者〉と感じているものほど、子どもをほしいと思わない傾向がある。

ただし、本稿では論じる余裕がないが、子どもを〈他者〉と感じないことは、子どもの利害と自分の利害とを同一視することではない。哲学者ハンス・ヨナスは、「後世の者たちが幸福になる権利ではなくて、むしろその義務、つまり真に人間として存在するという義務を気遣わなければならない」(Jonas 1979: 訳 74) と論じている。

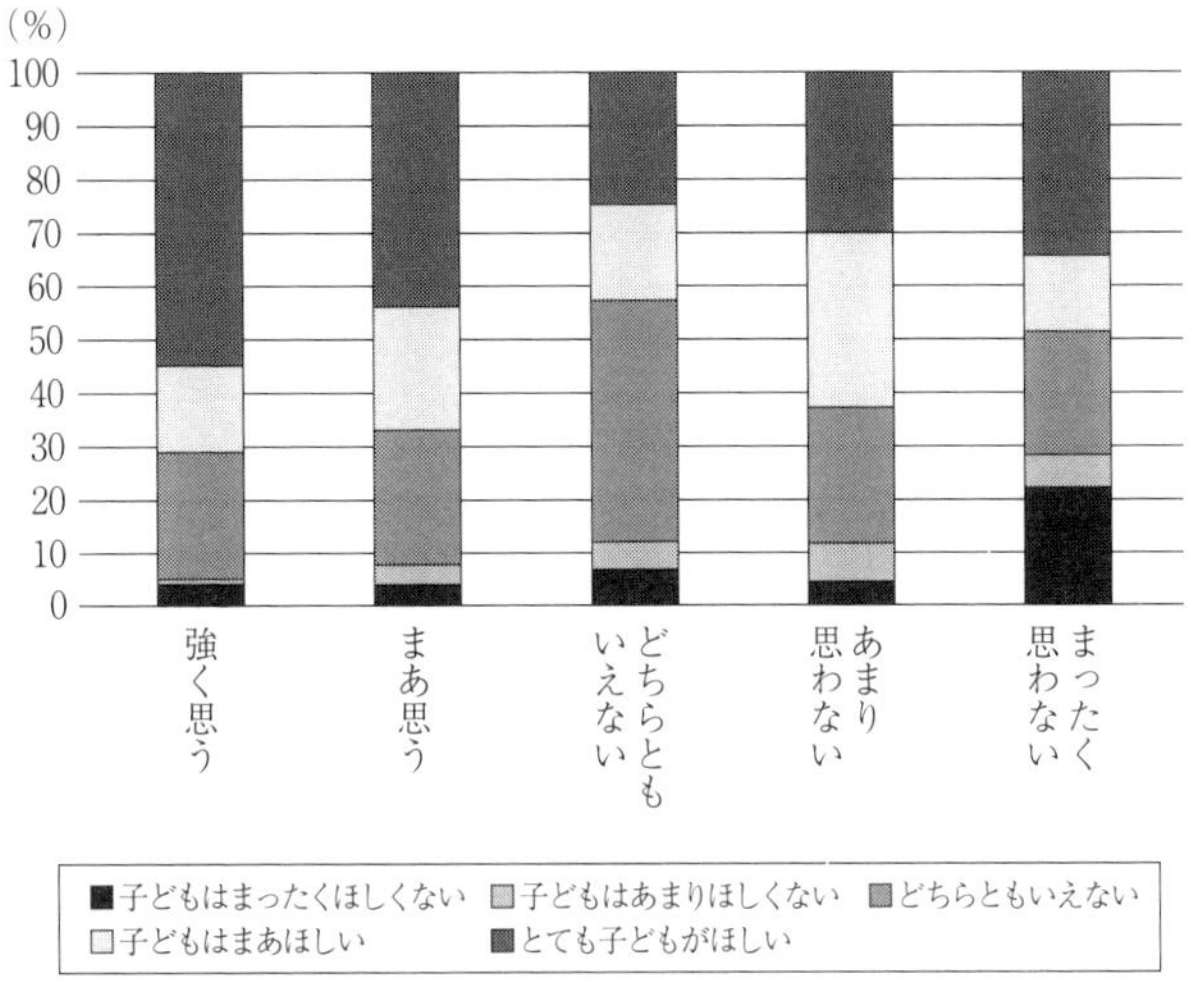

図 2-10 「自分が死んでも後に残ったものを見守り続けたい」との思いと,「子どもがほしいか」のクロス集計

■過去世代への配慮――「現在」を構成している「遺産」

現役世代と将来世代の関係だけでなく、過去世代との関係についても考える必要がある。自分たち(現役世代)にとっての過去世代は、将来世代から見た現役世代でもある。図2-11は、「自分が死んでも覚えていてほしい」との思いと、「子どもがほしいか」に対する回答とをクロス集計したものである。自分自身の実存を将来にも遺したいと感じていないものほど、子どもをほしいと思わないことが見て取れる。

一八九〇年に来日し、帰化した小泉八雲は、次のように書いている。「われわれの行為は、ことごとく、われわれの内部にある死者の行為ではないか？　われわれの衝動、われわれ

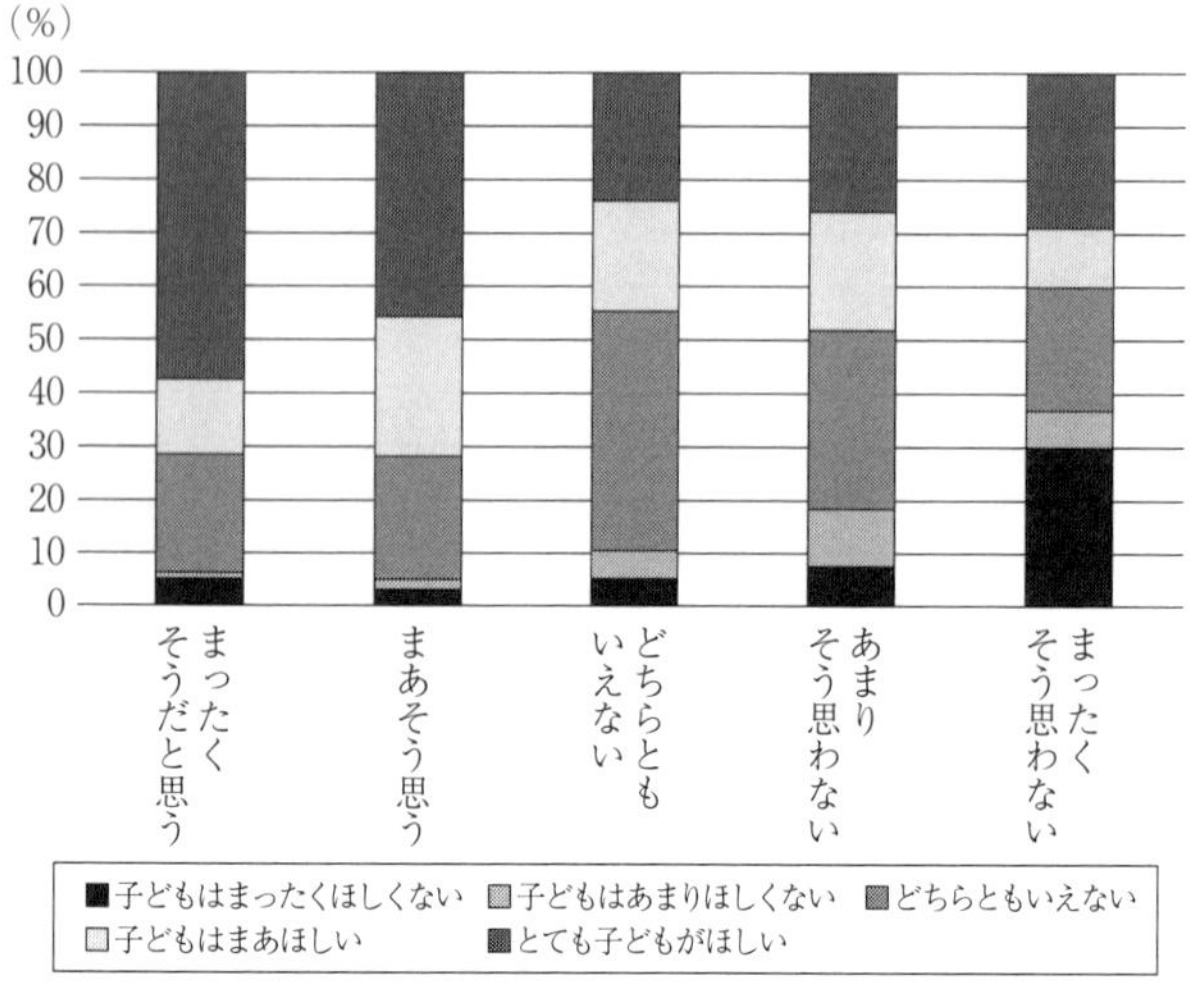

図 2-11　「自分が死んでも覚えていてほしい」との思いと，「子どもがほしいか」のクロス集計

の性向、われわれの能力、われわれの弱点、勇猛心、怯儒、——みなそれは、…（中略）…いまは世にない無尽無数の死者がつくりあげたものではないか？」（小泉 1975: 69）。

現代の私たちもまた、死者たちによって生かされている。

その一方、現代を生きているわれわれは、未来世界に生きる人びとにとっては〈死者〉たちあるいは先祖／祖先である。私たちがいま産出しつつある世界を基盤として、未来の〈生者〉たちは彼らの生活を営むことになる。

伝統的な教えによれば、私たちは「ご先祖に顔向けができない」振る舞いを慎む義務があると同時に、「ご先祖になる」よう努めなければならない（柳田 1990: 19）。生きている人間は、〈死者〉たちと未来の〈生者〉たちを媒介する者たちなのである。

科学技術によって人間を含む生物たちの生と死が大きく変化する可能性の前に立って、伝統的な死生観もまた、改めて私たちに再考を求めている。それは、ポリオワクチンの開発者であるジョナス・ソークによる「私たちは良き祖先であるだろうか」との問いとも強く共振し、ジグムント・バウマン（Bauman 2017=2018）やハルトムート・ローザ（Rosa 2005=2022）らが論ずる「時間からの疎外」の克服とも接続すると考えられるのである。

6 おわりに

本書は、すでに始まっている「人口縮小」「少子高齢化」の流れに対して、「人口増大」の方途を見いだそうというよりは、これまでとは異なる「新たな社会」状態においても、人びとがいかに幸福に生きられるかを考えようとするものである。

これを前提に、本章でみてきた問題の核心は、現代文化における、生と死の単純な分離、老いの疎外にある。そもそも、人間の社会形成の過程は、第3節で概観したように、「人間存在」の不可思議さ、そのパラドックスそのものに基盤をおいていると考えられる。したがって、このパラドックスを含んだかたちで、あらためて人間の生（死や老いや病を含めて）の全体を、文化的に再構成する必要があると思われるのである。その意味で、伝統的共同体における「死と再生のパラダイム」は、あらためて見直す価値があるだろう。

それは同時に、加齢現象をあえて忌避せず、社会を織りなす多様性の一つとして組み込んでいくことでもあるだろう。そのために都市空間や生活環境のユニバーサル・デザインはもちろん、例えば、バーチャル・リアリティ技術や、インターネットなどをいかに生活に役立てるかといったこともますます重要性をますだろう。

【注】

（1）日本調査（二〇二二年一二月実施、$N=2013$）、アメリカ調査および中国調査（二〇二三年一月実施、$N=500$）。いずれもインターネットモニター調査。

（2）https://www.oecd.org/economy/japan-economic-snapshot/.

（3）六五歳以上の人口を生産年齢人口（一五歳以上六五歳未満）で割った値。

（4）https://www.jil.go.jp/foreign/jihou/2024/02/oecd_01.html.

（5）アメリカの生物学者ギャレット・ハーディンが提示したモデル。共同体の農民たちによって牛の牧草地が共有されているとする。農民たちは利益を高めるために牛の数を増やす。しかし、全ての農民たちが牛を増やしていくと、やがて牧草は枯渇し、もはや共同体の全員が牛を飼えなくなってしまう。個人の合理性と共同体の持続可能性が矛盾することを表している。

【参考文献】

Bauman, Zygmunt 2017 *RETROTOPIA* (1st Edition), Cambridge: Polity Press Ltd.（伊藤茂訳 2018『退行の時代を生きる――人びとはなぜレトロトピアに魅せられるのか』青土社）。

遠藤薫 2014「〈生〉と〈死〉のシナジーを求めて――『高齢社会』再考」今田高俊ほか編『シナジー社会論』東京

大学出版会、一五三―一七〇頁。
遠藤薫 2022「日本社会における文化基層としての死生観とその変化――2015年／2022年意識調査結果から」『学習院大学法学会雑誌』五八巻一号（二〇二二・九）、一三一―一六〇頁。
遠藤薫 2023「AI化社会における倫理と文化的文脈――2022―2023年日米中の社会調査から」『学習院大学法学会雑誌』五九巻一号（二〇二三・九）、六三―九七頁。
Illich, Ivan 1981 *SHADOW WORK*, Marion Boyars Publishers, Ltd.（玉野井芳郎・栗原彬訳 1982『シャドウ・ワーク――生活のあり方を問う』岩波現代選書）。
Jonas, Hans 1979 *DAS PRINZIP VERANTWORTUNG*（加藤尚武監訳 2000『責任という原理――科学技術文明のための倫理学の試み』東信堂）。
小泉八雲（平井呈一訳）1975『日本瞥見記』（下）恒文社。
Rosa, Hartmut 2005 *Beschleunigung: Die Veranderung der Zeistrukturen in der Moderne*, Suhrkamp Verlag, Frankfurt am Main（出口剛司監訳 2022『加速する社会――近代における時間構造の変容』福村出版）。
Sachs, Wolfgang and Tilman Santarius, eds. 2006 *FAIR FUTURE*, Verlag C. H. Beck oHG, Nubchen（川村久美子訳 2013『フェアな未来へ――誰もが予想しながら誰も自分に責任があるとは考えない問題に私たちはどう向き合っていくべきか』新評論）。
柳田國男 1990「先祖の話」『柳田國男全集13』筑摩書房。

3 人口縮小社会における都市と地域と〈幸福〉

遠藤　薫

1 はじめに

人口縮小にかかわる大きな問題とされるのは、地域の衰亡である。

「廃墟ブーム」が話題になったのは、一九九〇年代頃からだったろうか。繁華街にシャッターを閉めた店が目立つようになり、ちょっと路地を曲がると、人の住まなくなった家屋や、雑草に埋もれた建築物に行き当たることも珍しくなくなった。継承者を失った空間の姿だった。

二〇一一年三月一一日に日本を襲った東日本大震災は、巨大自然災害の脅威をまざまざと見せつけると同時に、地域の人口問題にあらためて目を向けさせた。大震災からすでに一三年が経過した現在、被災地からの人口流出が目立ち、社会関係資本による地域の再建よりも、むしろコミュニティ自体の存立が危惧されている。

東日本大震災が直撃した三陸沿岸地域は、それ以前から過疎化、高齢化の傾向にあった。しかも、過疎地域ではなかった気仙沼市や南三陸町は震災後の二〇一四年四月に過疎地域に指定され、陸前高田市や東松島市、山元町、女川町も人口が激減している。これらの地域の多くで、六五歳以上の高齢者人口は三〇%を超えている。

それは、歴史的に繰り返し発生している危機でもあった。民俗学者の柳田國男は、一八九六年六月一五日に発生した明治三陸津波の被災地を二五年後に旅行し、その観察を「雪国の春」で次のように記している。「手短に言えば金持は貧乏した。貧乏人はなくした者を捜すと称して、毎日毎日浦から崎を歩き回り、自分の物でもないものをたくさんに拾い集めて蔵《しま》っておいた。もとの主の手にかえる場合ははなはだ少なかったそうである。回復と名づくべき事業は行われにくかった。智慧のある人は臆病になってしまったという。もとの屋敷を見捨てて高みへ上った者は、それゆえにもうよほど以前から後悔をしている。これに反してつとに経験を忘れ、またはそれよりも食うが大事だと、ずんずん浜辺近く出た者は、漁業にも商売にも大きな便宜を得ている。あるいはまた他処からやってきて、委細構わず勝手な所に住む者もあって、結局村落の形はもとのごとく、人の数も海嘯（引用者注―津波のこと）の前よりはずっと多い。一人一人の不幸を度外におけば、疵はすでにまったく癒えている」。ただし、ここで注意しなければならないのは、かつて「原地に戻ってしまった」のは、やはりそれだけの余剰人口があったから（序章参照）で、今日ではもはや戻ってくる人は少ないのである。

二〇一四年に発表された「増田レポート」は、この人口縮小の潮流を「地方消滅」という衝撃的な言

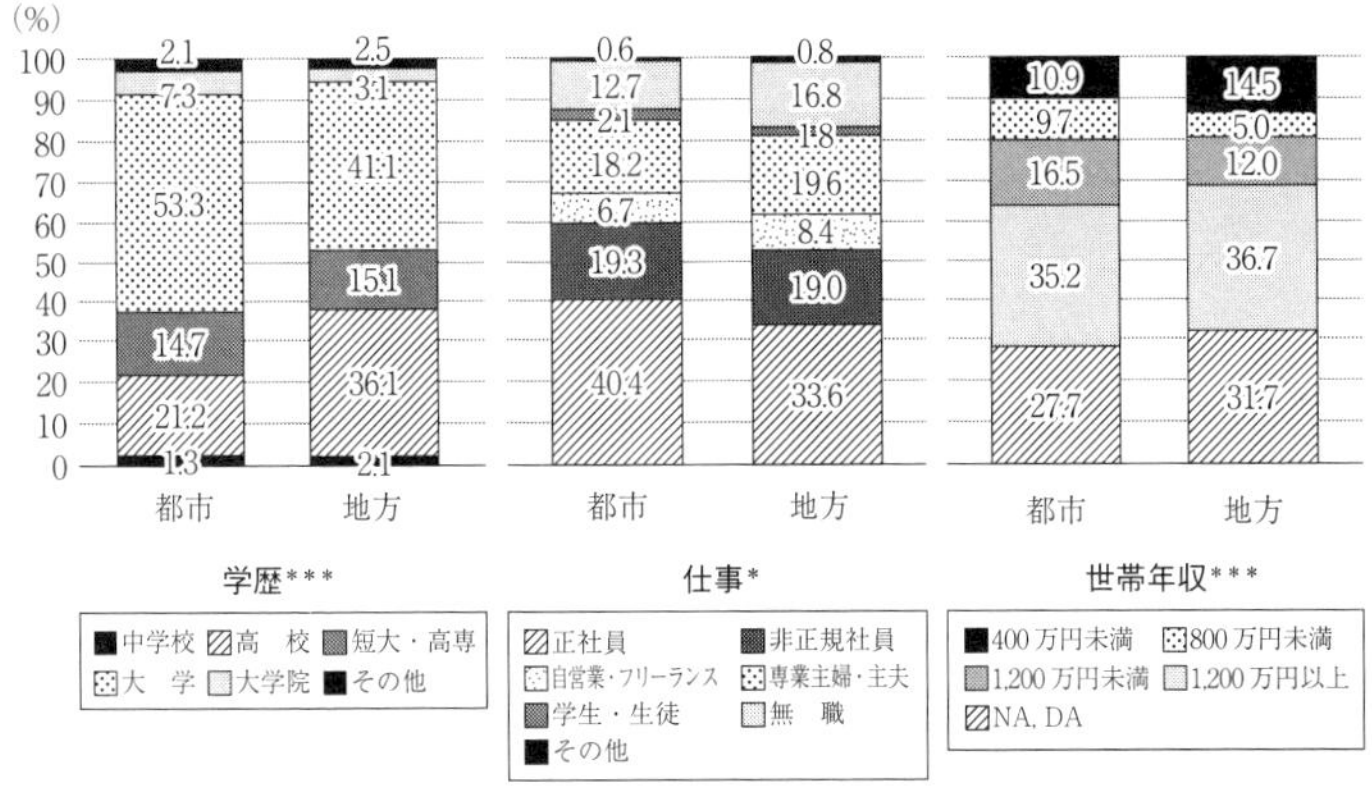

図3-1　都市／地方における学歴・仕事・世帯年収の分布

注：***：0.1％水準で有意，*：5％水準で有意．

葉で表現し、大きな話題となった。

本章では、二〇二一年一二月に筆者が行った「国民意識調査」（以下、「二〇二一年一二月調査」）から、都市部と地方部[1]における生活意識にもとづいて、人口縮小社会における「都市」と「地方」の関係について考察する。

2　都市と地方差の現在

■社会的属性

まず、現代における都市部と地方の状況の差について確認することから始めよう。

図3-1は、都市と地方それぞれにおける学歴・仕事・世帯年収分布である。学歴の分布を見ると、一般に都市部の方が高学歴者が多く、都市部では大卒以上が約六割であるのに対して、地方では約四割である。

仕事の分布では、都市部では地方に比べて正社員の割合が高い。地方からの若年層流出の一因でもあろう。反

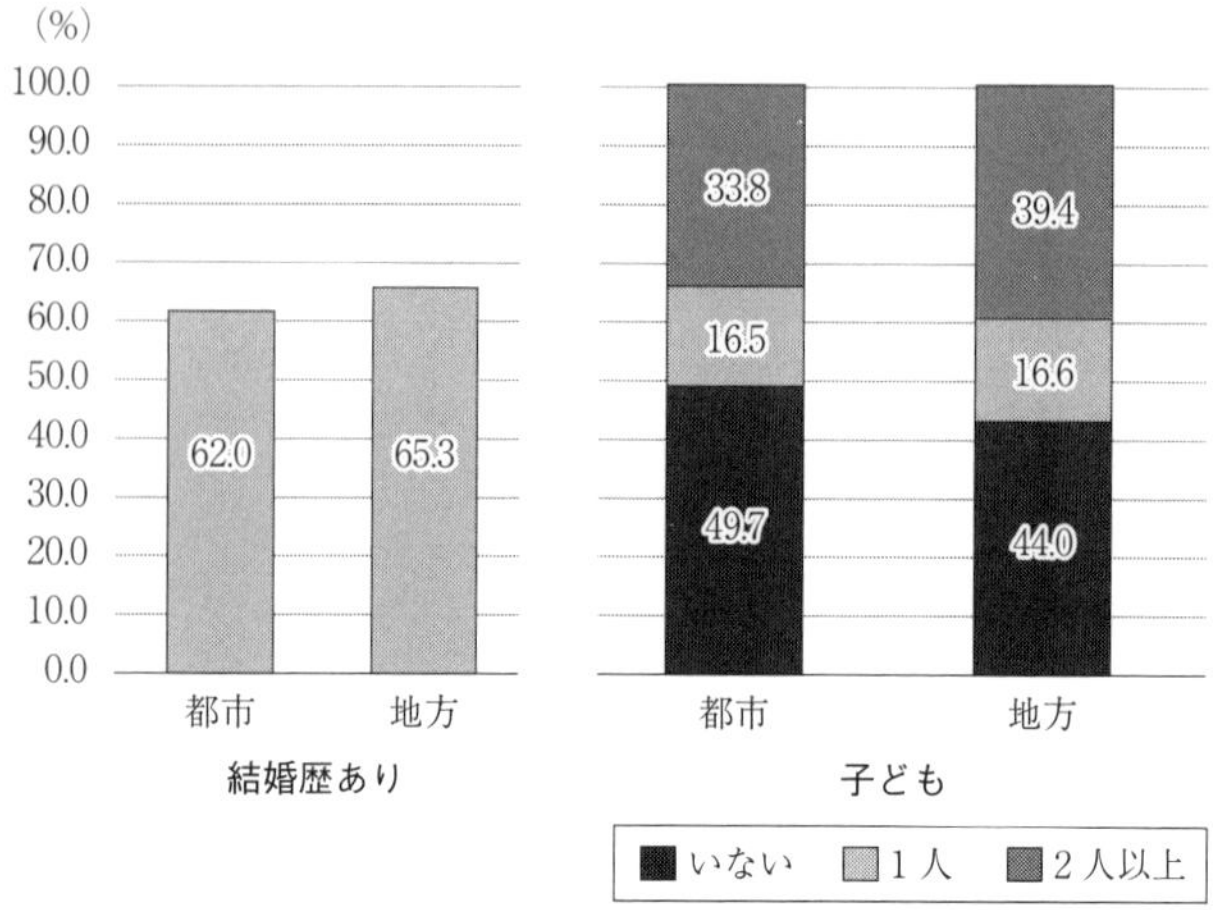

図 3-2　都市／地方における結婚歴と子どもの数

対に、地方では都市に比べて専業主婦／主夫や無職が多い。

世帯年収でみると、全体では、都市の方が地方より平均で約九〇万円高い。図示していないが、都市でも地方でも、働き盛りの中年層の平均年収が最も高く、高年齢層が最も低い。都市では高齢層の約四〇％が、地方では約五五％が、年収四〇〇万円未満の低所得層となっている。

■家　族

図3－2によると、結婚歴のあるものの割合は、都市と地方で、有意な差はない。また、子どもの数については、地方の方がやや多いようである（五％水準で統計的に有意）が僅差である。また、人口が集中している都市部で子どもの数が少ないということは、少子化動向は都市部で顕著であり、全体への影響も大きくなる。

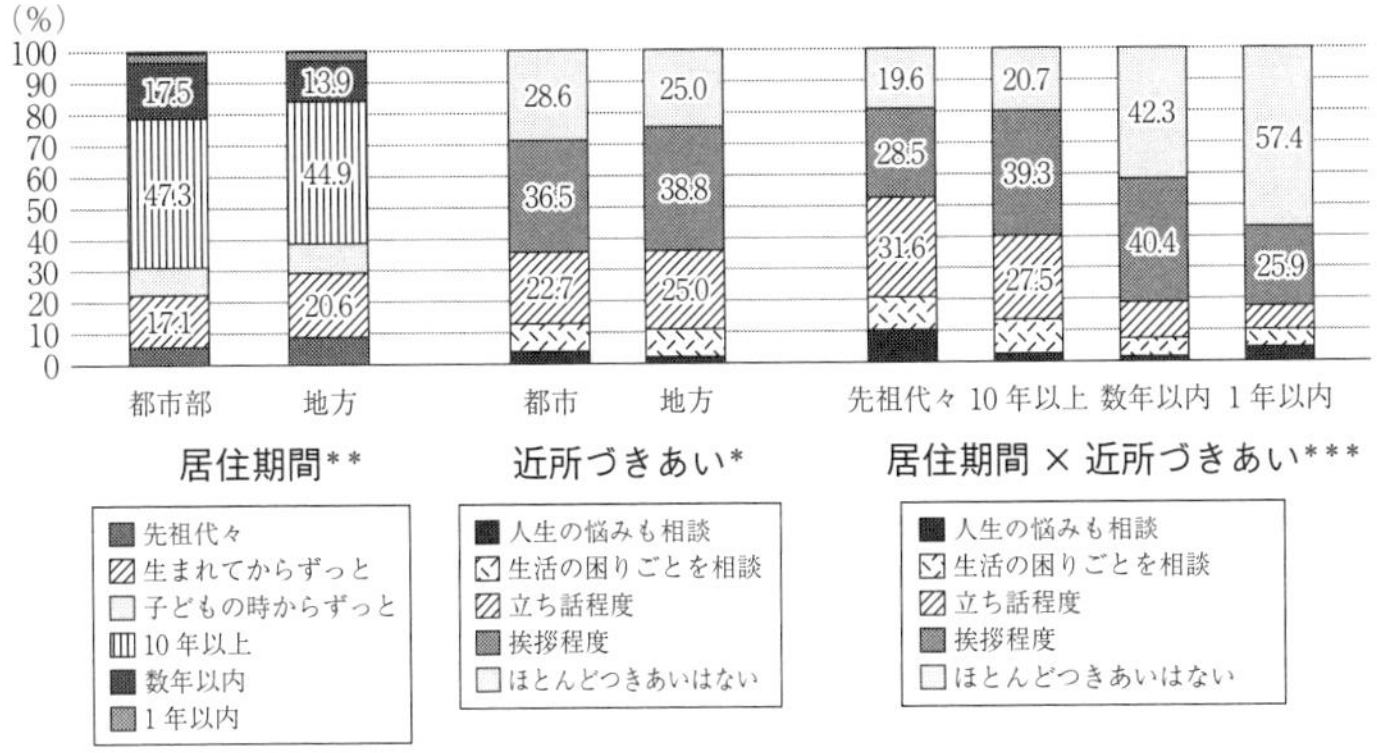

図 3-3　近所づきあい

注：***：0.1％水準で有意，**：1％水準で有意，*：5％水準で有意．

■近所づきあい

近所づきあいはどうだろうか？　図3－3によれば、一般に想像されるとおり、都市部より地方の方が若干近所づきあいの密度が高いようである。図示はしていないが、とくに若年層で近所づきあいが「全くない」割合が高いことが目を引く。都市部若年層では、「全くない」割合が三四・九％に達している。

3　地域の問題

■少子高齢化、人口縮小は実感されているか

人びとはいま自分が住んでいる地域についてどう感じているだろうか？　二〇二二年一二月調査の結果を図示した図3－4を参照しながら検討してみよう。

まず「高齢化」であるが、都市と地方の差が大変大きく、都市では約六五％が「高齢化」を感じており、地方では八

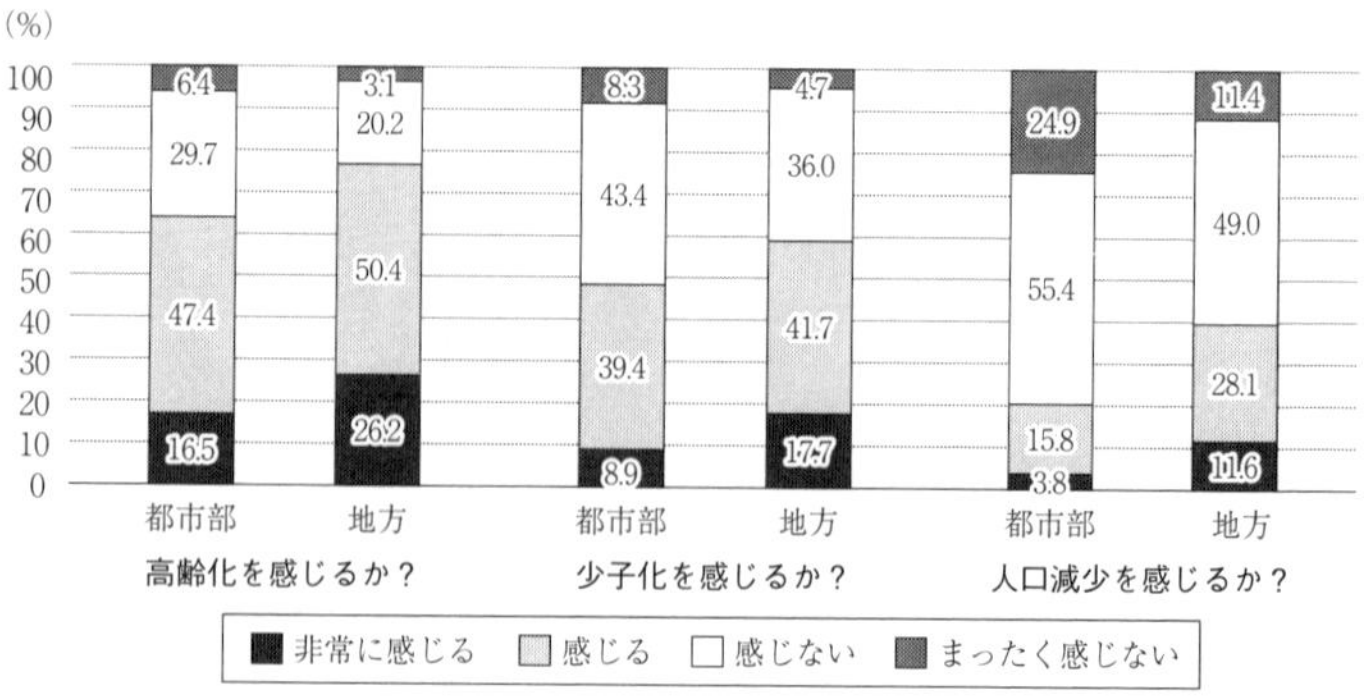

図 3-4　高齢化・少子化・人口減少を感じるか？

○％弱がそう感じている。年代別では、高い年齢層ほど「高齢化」が進んでいると感じている。

「少子化」に対する感覚も「高齢化」と同様、都市と地方の差が大きく、都市では約五○％が「少子化」を感じており、地方では約六五％がそう感じている。年代別では、高い年齢層ほど「少子化」が進んでいると感じている。高齢者の方が過去と比べて「高齢化」「少子化」を感じられているということだろう。

ところが「人口減少」については、都市と地方の差が大変大きく、全年代で都市では約二○％が感じているだけだが、地方では約四○％が感じている。年代では大きな差はない。

■住み心地のよさに対する感覚

「活気の低下」「住み心地」「住み続けたい」意向はどのように感じられているだろう。図３－５をみていただきたい。

「活気の衰退」についても、都市と地方の差が大きい。全年代で、都市では三○％弱が「活気の衰退」を感じているが、地方では五○％強がそう感じている。年代別では、高い年齢層ほど「活

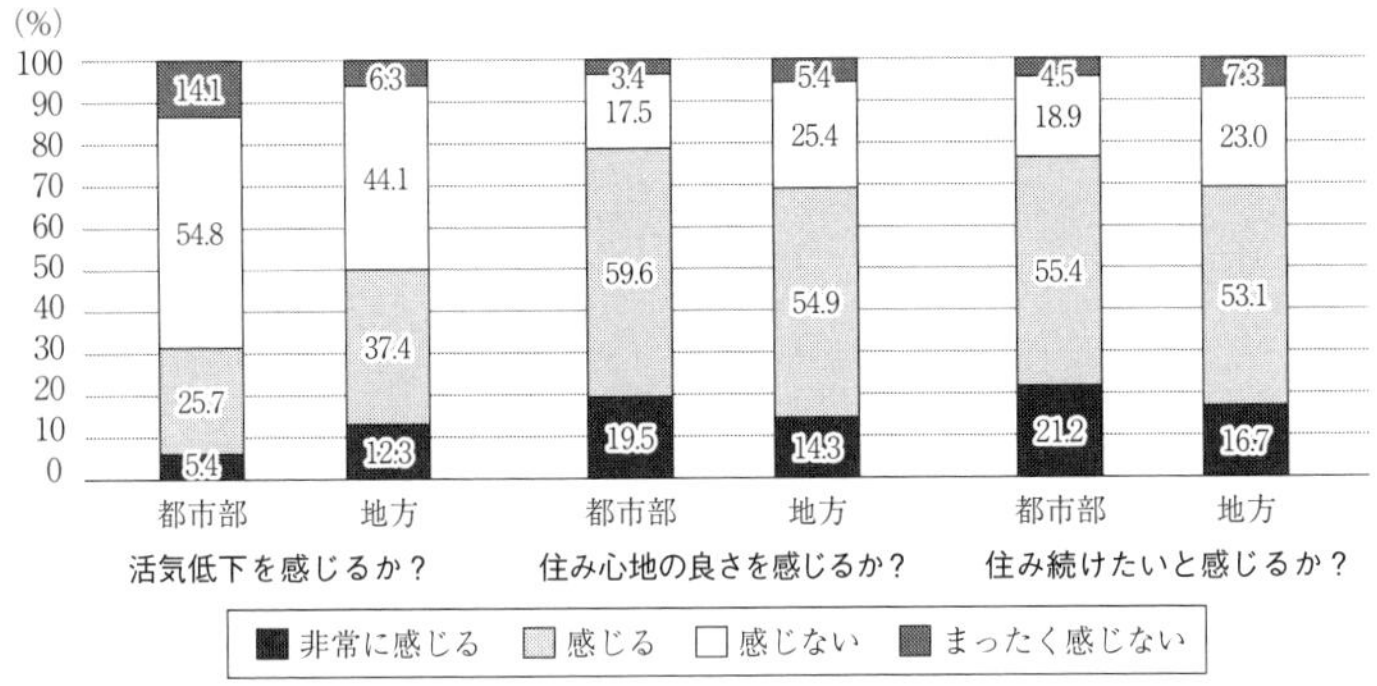

図 3-5 住んでいる地域の活気・住み心地・住み続けたさを感じるか？

気の衰退」が進んでいると感じている。

この結果を見ると、都市と地方の差はそれほど大きくなく、全年代で、都市では約七五％、地方では約七〇％が「住み心地がよい」と感じている。満足度は低くないようである。年代別では、高い年齢層ほど「住み心地がよい」と感じている。

地方若年層の「住み心地」感は約六〇％と、相対的に低い。

全年代で、都市では約七五％が「住み続けたい」と感じており、地方では約七〇％がそう感じている。年代別では高い年齢層ほど「住み続けたい」と感じている。

■人口減少と住み心地

一方これらの認識を数値尺度化して、それらの間の相関係数をみると、当たり前ではあるが、「人口減感」「高齢化感」「少子化感」「地域活気衰退感」はこれらの間で正の相関をしており、これらと「地域住み心地」「継続居住意向」は負の相関関係となっている。人口が減り、高齢化・少子化がすすみ、町に活気が感じられないようになると、住み心地は悪くなり、別の土地（おそらくは都市部）へ転居したくなるのだろう。とくに高齢化と少子化が、住み心地と転居意向に大きく影響しているのである。

■地域に必要なもの

では人びとは、現在住んでいる地域にもっと必要なものは何だと考えているだろうか？

都市部と地域の回答を比較したのが、**図3‐6**である。

最も多くの人が回答したのは、意外にも「交通の便利さ」であった。人口減少にともなう採算悪化や人材不足から公共交通の路線廃止が相次いでいることなどが、人びとの暮らしに影響を与えていると考えられる。

それに続いて、「活気、賑わい」「若者」「子ども」「経済的豊かさ」「適切な医療」「雇用」「近隣の商業施設」などが挙げられている。このうち、「若者」「子ども」は、単数選択ではそれほど選択されていないことが注意を引く。

図には示していないが、地域別年代別の「地域に必要なもの（複数回答）」によると、都市、地方いずれでも、高年齢層のニーズが大きい。興味深いのは、上記と同じく、「若者」「子ども」を望む回答が、高齢層で突出して高いことである。実際に「若者」や「子ども」を育てる側の「若年層」「中年層」では、若者や子どもを望む声はむしろ小さい。育児や教育の困難さのためだろうか。いずれにせよ、このような現状では、少子化が今後おさまるとは考えにくい。

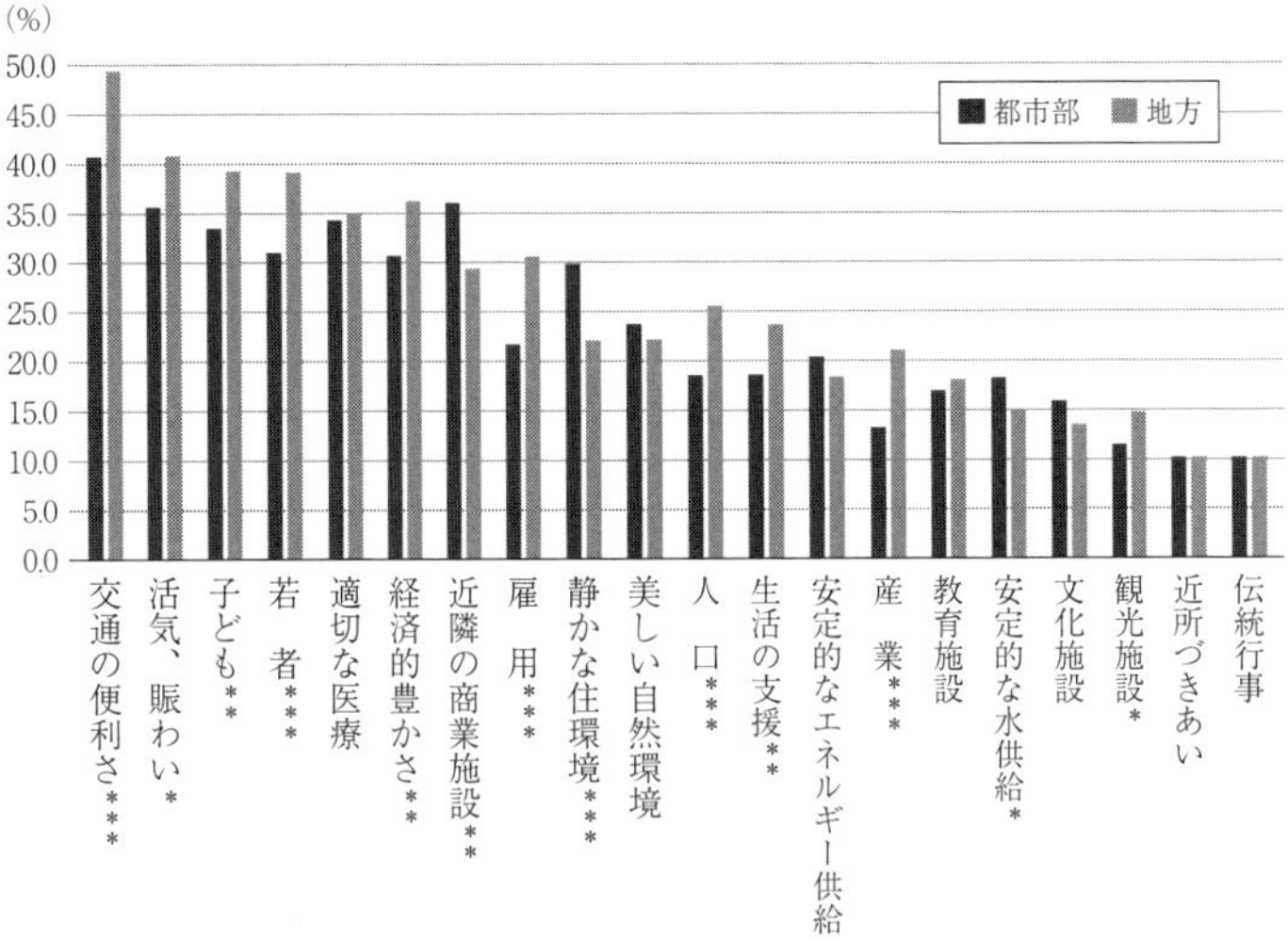

図 3-6　地域に必要なもの（複数選択，$N=2{,}103$）

注：***：0.1%水準で有意，**：1%水準で有意，*：5%水準で有意.

反対に、若年層で要望が高いのは、「雇用」である。現在の若年層が仕事の面できわめて厳しい状態に置かれていることがうかがわれる。

4　生活リスクと社会関係資本

このように人との付き合いの少ないなかで、生きていく上での悩み事（生活リスク）について、人びとはどのように対処しているのだろうか。

■困ったときに頼りにするのは

災害にあったとき頼りにする（図3-7）のは、家族、友人、親戚、近所の人、消防士や警察、自衛隊、公的窓口の順になっている。家族を頼りにする割合が突出して高いが、他の問題に比べると友人や近所の人に頼る割合も高い。

災害では、人びとが自分以外の誰かを「頼りにする」割合が高い（すなわち、「頼りになるものはいない」との回答率が低い）。とくに高齢層は援助を必要とする。図には示していないが、幸いにも高齢層は「近所の人」に頼る割合が友人や親戚と同程度ある。反対に、若年層や中年層では「近所の人」に頼る割合は相対的に低い。これは**図3-3**で見たように、日常的な近所づきあいの程度と関係しているのだろう。

自分や家族の健康上の問題について頼りにする（**図3-8**）のは、家族、親戚、友人、専門家、公的窓口の順になっている。ただし、家族を頼りにする割合だけが突出して高い。また、若年層は一般に全体として「頼りにする」割合が低く、親戚より友人を頼る気持ちが強いようである。

仕事に関する困りごとについて頼りにする（**図3-9**）のは、家族、友人、職場の人、公的窓口、親戚、専門家、の順になっている。他の問題と同様、家族を頼りにする割合だけが突出して高いが、他の問題に比べると友人に頼る割合も高い。「頼りにできるものがない」割合は、最も高い。

経済的な問題について頼りにする（**図3-10**）のは、家族、親戚、公的窓口、友人、専門家、金融機関の順になっている。ここでも、家族を頼りにする割合だけが突出して高い。「頼りにできるものがない」割合は、仕事問題に次いで高い。

■社会関係資本という概念

このように、いざとなったときや、日常的な人と人との繋がりを表す概念として近年注目を集めているのが、「社会関係資本」という概念である。

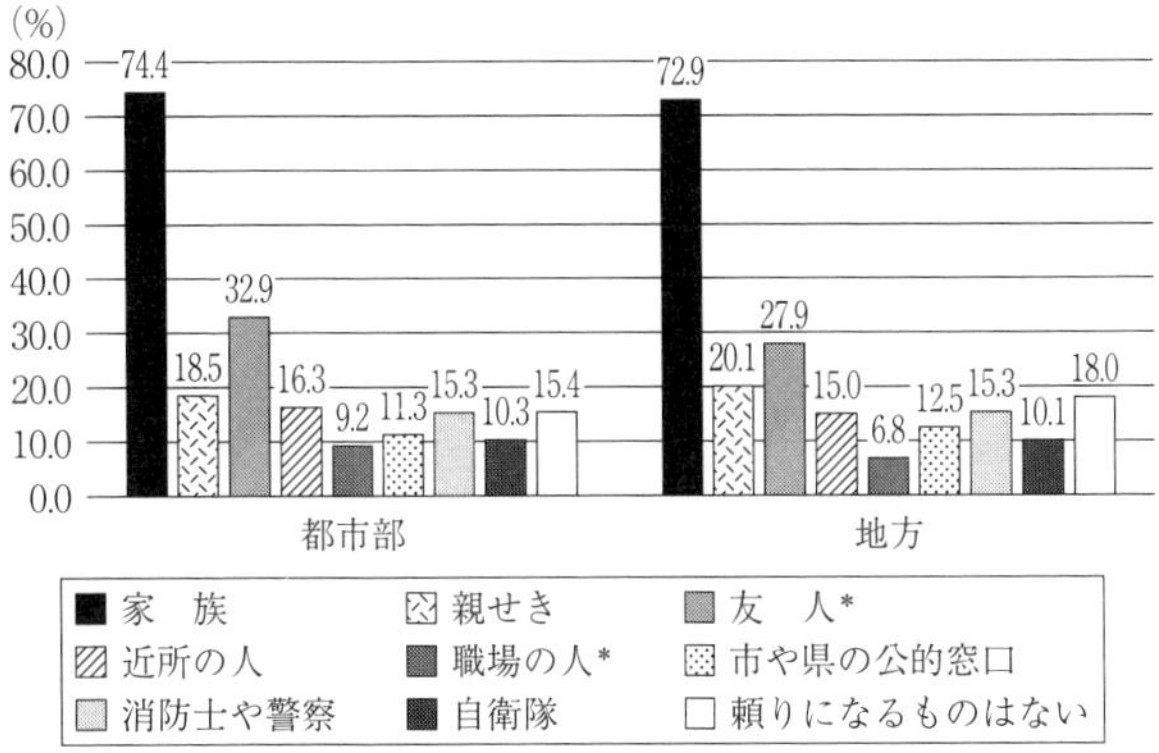

図 3-7　災害にあったとき頼りにするのは

注：*：5%水準で有意.

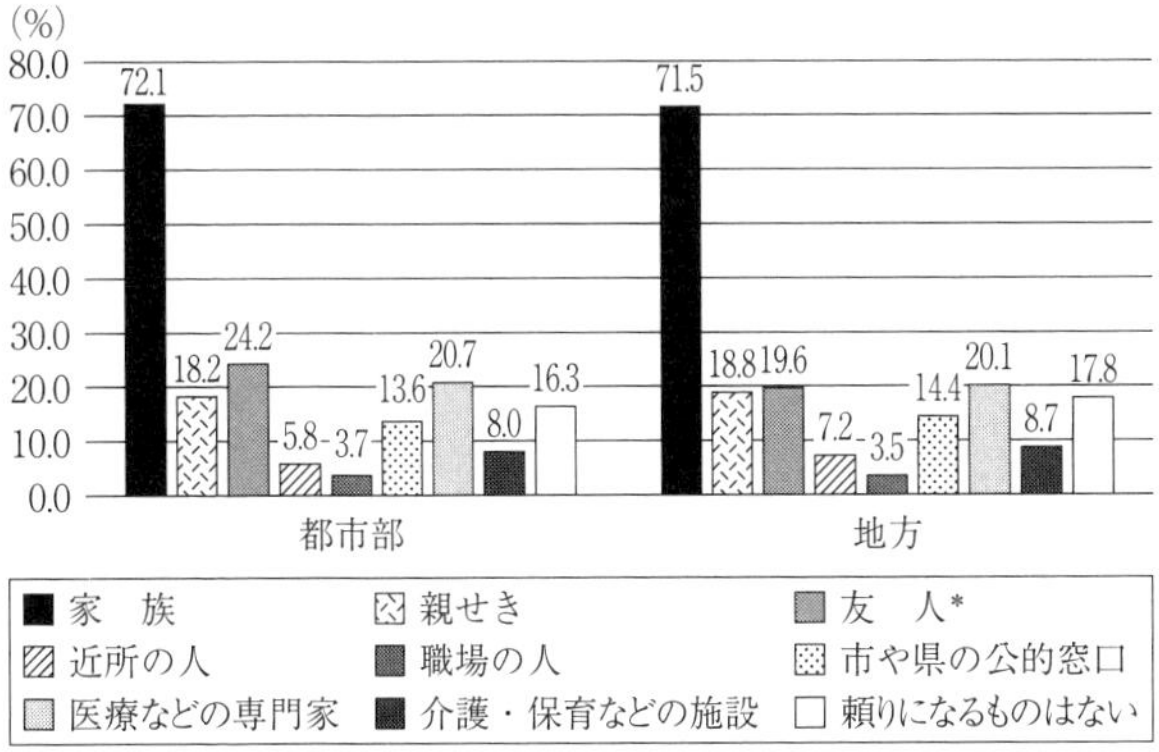

図 3-8　健康問題で頼りにするのは

注：*：5%水準で有意.

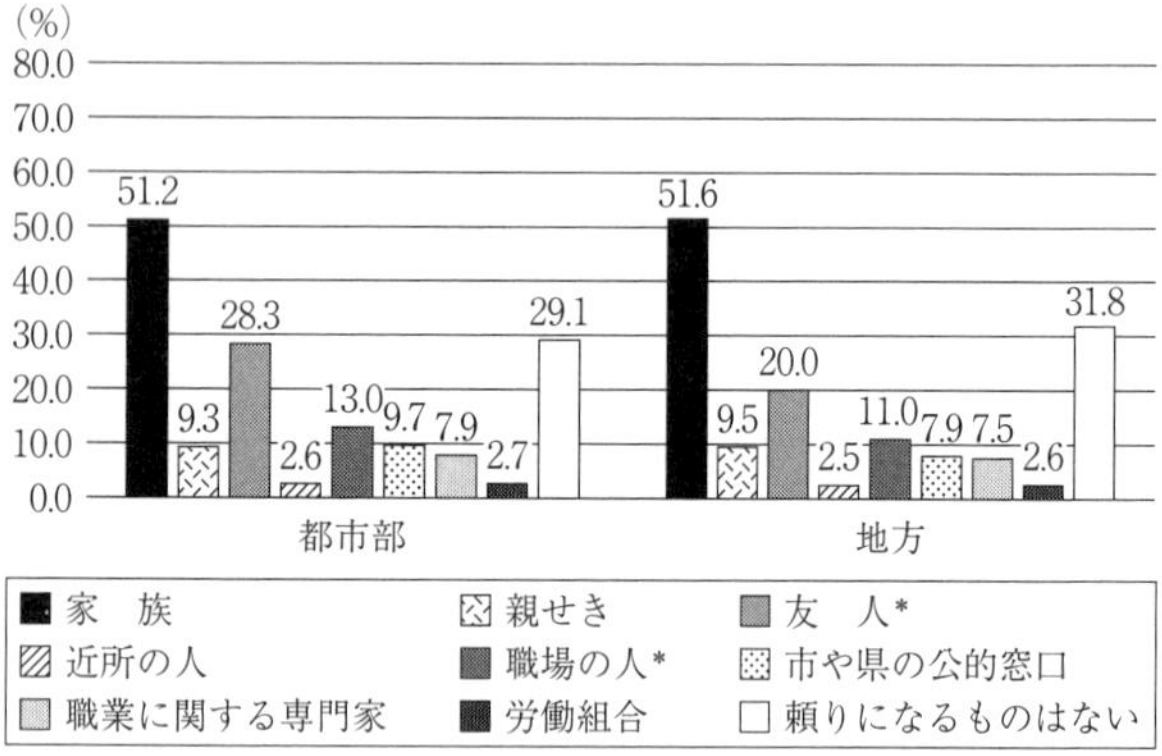

図 3-9　仕事の問題で頼りにするのは

注：*：5%水準で有意.

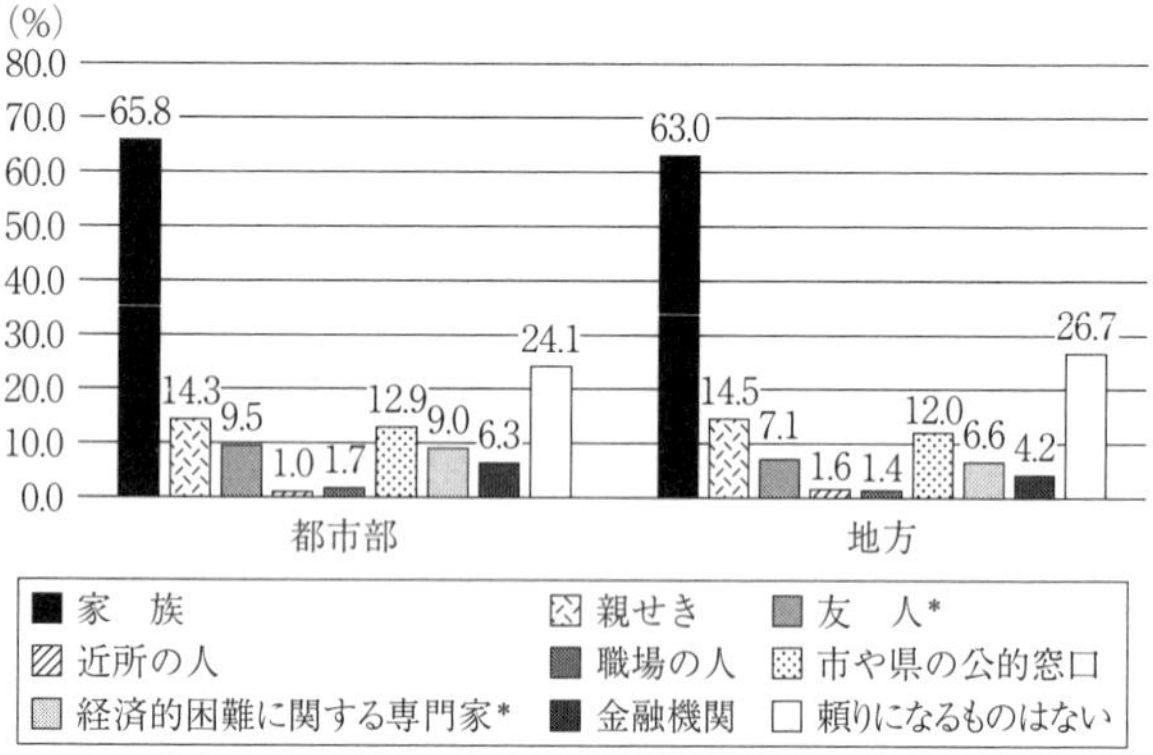

図 3-10　経済的な問題で頼りにするのは

注：*：5%水準で有意.

提唱者のL・J・ハニファンによれば、「『社会関係資本』という言葉を用いる場合、私は、『資本』という用語の通常の意味を念頭に置いているわけではなく、比喩的に念頭に置いているにすぎない。不動産とか、動産とか、現金ではなく、世の中でこれらの有形の物質を人々の日常の生活で最も意義あらしめるようなもの、すなわち、社会的な単位を構成する個々人や家族間の善意、仲間意識、同情、社会的交わりを指す言葉として用いる。……個人は、もしも一人で放っておかれたならば、社会的に無力な存在である。ある個人が隣人たちと接触を持ち、その隣人たちがさらに別の隣人たちと接触を持つならば、そこには、個々人の社会的ニーズを直ちに満たしうる、そしてまた地域社会全体の生活条件を大幅に改善するのに十分な社会的な可能性を生み出しうる、社会関係資本が蓄積されるだろう」（例えば、内閣NPOホームページ一二頁など参照（https://www.npo-homepage.go.jp/uploads/report_h14_sc_1.pdf））ということになる。

ただし、社会関係資本をどのように定量化するかについては、必ずしも定まっているわけではない。そこで本章では、上記各問題ごとに、頼る相手をいくつもっているかを、問題ごとに社会関係資本の尺度とする。そのうえで、各社会関係資本尺度の平均値をとったのが、**図3-11**である。

これによれば、一般に都市と地方の差はあまり顕著ではなく、社会関係資本（健康）と社会関係資本（災害）が二・〇前後であり、社会関係資本（経済）と社会関係資本（仕事）は一・五未満である。すなわち、前二者では家族ともう一箇所くらい頼りにできる相手がいるが、後二者は、ほぼ家族にしか頼ることができないという、きわめて人生のリスクに弱い状況が一般的であることがわかる。

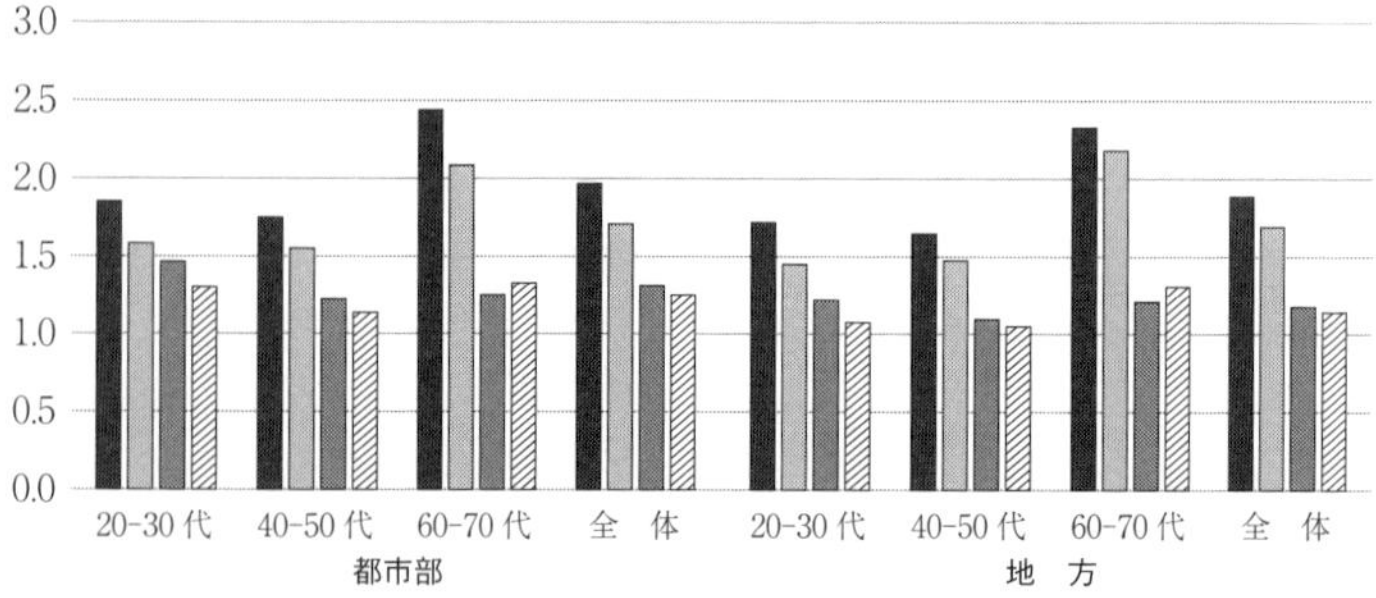

図3-11　各種社会関係資本の比較

都市と地方の違いよりも、年代による違いが大きい。とくに災害時や健康問題に関する社会関係資本は、六〇代以上の高年齢層で突出して高い。高年齢層では地縁・血縁のつながりが維持されているためだろう。反面、仕事や経済的な問題では、全体としてあまり大きな差異はない。

5　幸福な社会あるいは生き心地の良い社会

■人口縮小社会と自殺

人口縮小社会においてもそうでない社会においても、生まれてきた命を大事にすることが重要である。しかし、残念ながら、日本は自殺率の高いことでも知られている。

WHO（世界保健機関）によれば、世界各国の自殺死亡率（人口一〇万人当たりの自殺者数）を比較したところ、日本（二〇二〇年）は総数では一六・四で五位（一位は韓国の二五・七）、男性は二二・六で一〇位（一位は韓国の三五・五）、女性は一〇・五で二位（一位は韓国の一五・九）であった。日本における年齢階級別

表 3-1　年齢階級別自殺死亡率の推移

	-9 歳	10-19 歳	20-29 歳	30-39 歳	40-49 歳	50-59 歳	60-69 歳	70-79 歳	80 歳-
平成 26 年	0.0	4.6	20.8	21.2	23.0	27.1	23.9	24.7	25.5
平成 27 年	0.0	4.7	18.6	19.5	21.9	25.5	21.7	24.4	24.7
平成 28 年	0.0	4.5	17.8	18.3	19.7	23.5	19.7	21.4	21.8
平成 29 年	0.0	5.0	17.6	17.9	19.4	22.8	18.8	20.2	21.1
平成 30 年	0.0	5.3	17.0	17.6	18.6	22.3	18.2	19.8	20.8
令和元年	0.0	5.9	16.7	17.4	18.4	21.0	17.9	18.4	19.1
令和 2 年	0.0	7.0	19.8	18.4	19.5	20.5	17.8	18.6	20.0
令和 3 年	0.0	6.8	20.7	18.4	20.0	21.2	17.3	18.4	18.5
令和 4 年	0.0	7.4	19.6	18.6	21.1	23.4	18.5	18.3	20.2
令和 5 年	0.0	7.5	19.8	19.3	21.5	23.4	18.9	17.8	18.8

注：自殺死亡率は，人口 10 万人あたりの自殺者数である．
※　人口は，総務省「人口推計」による．
・令和 2 年以前の人口：「我が国の推計人口（大正 9 年～平成 12 年）」及び「長期時系列データ（平成 12 年～令和 2 年）」
・令和 3 年から令和 4 年の人口：「各年 10 月 1 日現在人口」
・令和 5 年の人口：「各月 1 日現在人口」（令和 5 年 10 月概算値）
出所：厚生労働省自殺対策推進室「令和 5 年中における自殺の状況」（2024 年）．

の自殺死亡率の推移は**表3-1**のようである。この表によれば、二〇〇〇年代半ば頃までは、二〇代の自殺率は、三〇代以上の自殺率に比べるとずっと低かった。しかし、いまや、上の年代の自殺率が低下傾向にあることもあって、二〇代以上のすべての自殺率が団子状態になってきている。特にコロナ禍は、自殺率の増加に寄与したと考えられている。

■生き心地の良いコミュニティ

自殺の問題については、多くの研究がなされているが、ここでは看護学の岡檀が『生き心地のよい町』（岡 2013）で提案した「生き心地の良さ」という指標をとりあげたい。

岡によれば、徳島県の（旧）海部町は、他の多くの地方市町村と同様、過疎、高齢化、少子化の流れのなかにある。にもかかわらず、この地では、自殺率が日本の中でもきわめて低い。それは、この町が、とても「生き心地の良い」場所であるからだと彼女はいう。彼女の分析によれば、「生き心地の良さ」を構成するのは、次のような要因であるという。

・一般的信頼（包摂性）
・社会関係資本（緩やかなつながり）
・援助希求への非抵抗感
・社会的有効性感覚
・指導者の選出基準としての問題解決能力

興味深いのは、「社会的有効性感覚」や「指導者の選出基準としての問題解決能力」という項目である。これらは、自分たちの社会は自分たちで決定できるという意識、実質的なリーダーシップを持った指導者選びを意味している。

■国連『世界幸福報告書』

一方、国連からでているジョン・ヘリウェルらの『世界幸福報告書』によると、対象となった世界一一四カ国のうち、日本は五一位であった。この報告書では、各国の幸福スコアを、ＧＤＰ、社会的支援、健康寿命、人生における選択の自由度、寛容度、信頼から構成されるものとして分析している。日本は

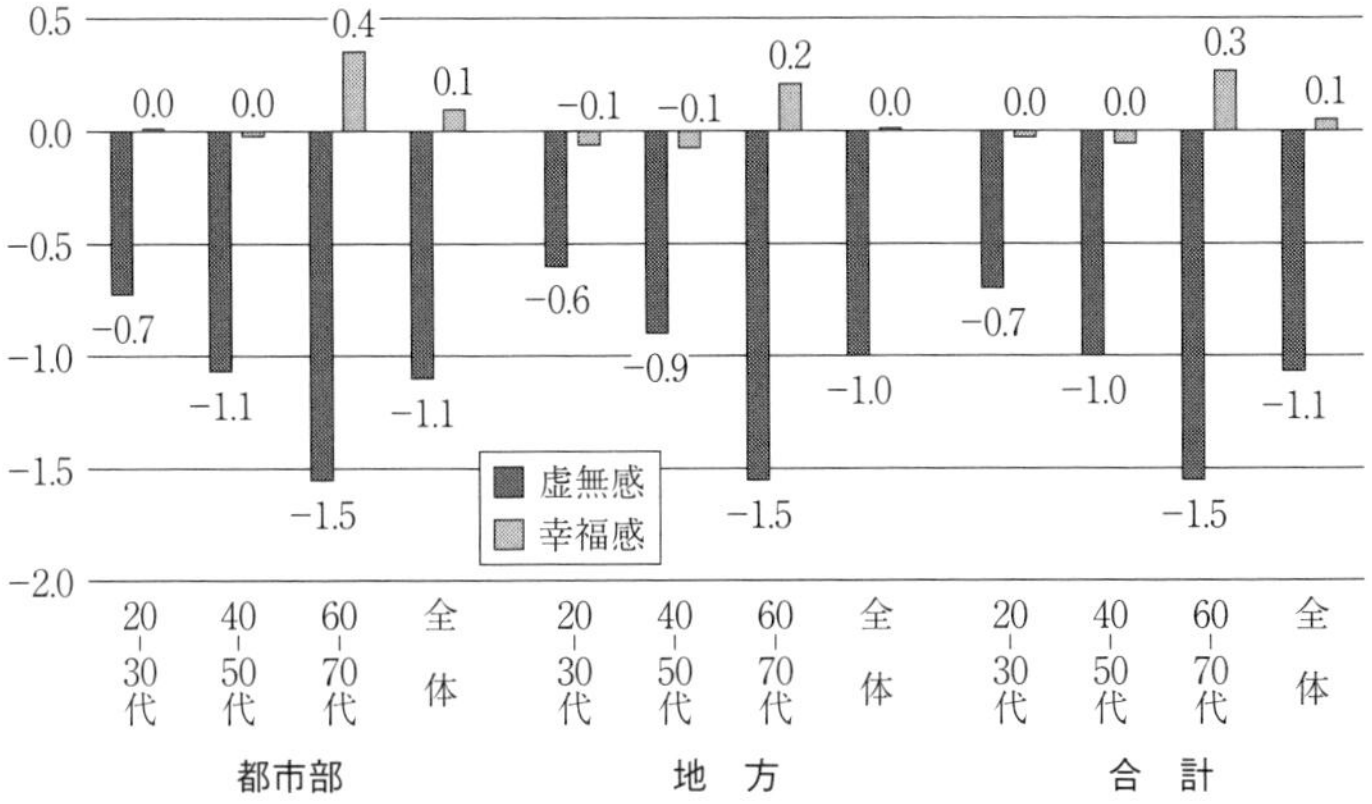

図 3-12　虚無感・幸福度の地域別年代別平均

他の国に比べて、健康寿命のスコアは高いが、人生における選択の自由度、寛容度、信頼のスコアはかなり低い。

■虚無感と幸福感

自殺は「生きる意味が見いだせない」という虚無感と関係するだろう。そして、幸福感は、虚無感とは相反する感覚と考えられる。現在の日本で、人びとは、虚無感や幸福感をどのように感じているだろうか。二〇二二年一二月調査における虚無感[2]、幸福感を数値尺度化[3]して、その平均値を示したのが、**図3-12**である。

これによれば、虚無感の感じ方は地方と都市で大きな差はない。ただし、年齢が若い層ほど虚無感を感じやすいことがわかった。一方、幸福感については、都市と地方では、都市の方が地方より幸福感が高い。また、都市でも地方でも、若年層と中年層の幸福感はほぼ同程度だが、高年層では幸福感が際だって高い。とくに地方在住の若年層における虚無感の強さと幸福感の低さが気になるところである。

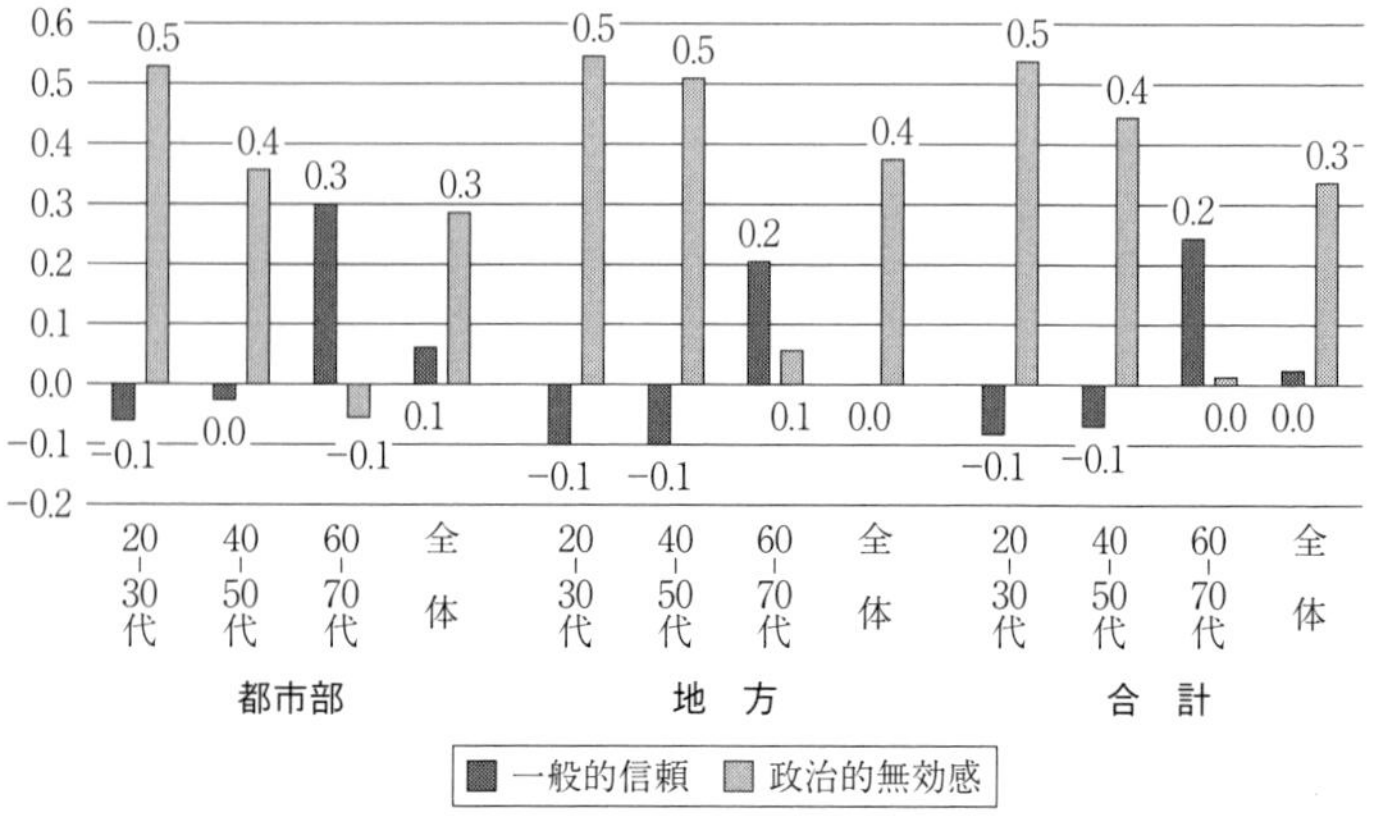

図3-13　一般的信頼・政治的無効感の地域別年代別平均

■幸福感の構成要素

『生き心地のよい町』や『世界幸福度報告書』では生き心地の良さや幸福感は社会関係資本、寛容性、政治的有効性感覚、一般的信頼などによって決定されると考えられている。

政治的有効性（無効性）感覚は、「自分のようなふつうの人間に政治を動かす力はないと思うか」、一般的信頼は「ほとんどの人は信頼できると思うか」という問いに対する答えによって尺度化される[4]。

二〇二二年一二月調査の結果を図3-13に示す。これには、高年齢層と中～若年齢層でのあまりにも対照的な感覚が現れている。高年齢層では一般的信頼も有効性感覚もかなり高いが、中～若年齢層ではかなり低いという結果が明確である。現代の若者が、強い無力感に囚われていることがうかがわれる。

以上の結果を踏まえて、幸福感尺度を、性別、年代、居住地域規模、世帯年収額、社会関係資本（全）、政治的有

表 3-2　幸福感の重回帰分析

	標準化係数	有意確率	解　釈
(定数)		0.000	
性　別	−0.114	0.000	女性の方が幸福感が高い傾向がある
年　代	−0.061	0.006	年代が高い方が幸福感が高い傾向がある
居住地域規模	−0.008	0.706	住んでいる地域の規模は幸福感にあまり影響しない
世帯年収額	−0.210	0.000	世帯年収が高い方が幸福感が高い傾向がある
社会関係資本(全)	−0.186	0.000	社会関係資本が大きい方が幸福感が高い傾向がある
政治的有効性感覚	−0.111	0.000	政治的有効性感覚が高い方が幸福感が高い傾向がある
一般的信頼	0.178	0.000	一般的信頼が高い方が幸福感が高い傾向がある

効性感覚、一般的信頼の各尺度によって重回帰分析を行った。その結果を**表3-2**に示す。これによると、地域規模以外の変数は統計的に有意な関係を示した。また、標準化係数からは、世帯年収額の影響が最も大きく、社会関係資本（全）と一般的信頼がそれに次いで影響が大きいことがわかった。

6　おわりに

以上の分析から次のようなことが浮かび上がってきた。

人口縮小は、従来、地域の過疎化、限界集落化と結びつけて考えられてきた。しかし、居住地域の規模は、「地域の住みやすさ」や「継続居住意向」（その土地に住み続けたいか）、「幸福感」などとあまり関係がない。確かに、地方からの人口流出は観察されるが、それは、地方に産業や雇用が不足しており、収入が充分に得られない、「交通の便」や「商業施設」などの生活インフラが不十分で、生活に困難をきたすことなどによると考えられる。もっとも、生活インフラの不備は、都市部でも感じられており、それが「生きづらさ」の感覚とつながり、結婚や子育てを躊躇させる一因となっている可能性もある。にもかかわらず、生活や人生の困難に遭遇したときに、相談相手が少なく、また他者を信頼（一般的信頼）したり、自分の力で社会を動かせる（政治的有効性感覚）と思いにくい状況が、とくに若年層に顕著であることは、人口問題を超えた社会的課題である。

むろんそれは若者だけでなく、すべての年代に共通する。状況を改善するには、経済を保障することは当然として、個々人が社会のなかで孤立しない仕組みを作ること、また、社会的意思決定に一般の人びとの意思がきちんと組み込まれることに、当たり前ではあるが、改めて喫緊の課題として取り組むべきであろう。

【注】

（1）都市部とは、「東京都心部」「首都圏（都心以外）」「（首都圏以外の）大都市圏」を指し、「地方」とは「地方中都市」「地方小都市」「地方の町村部」をさす。

（2）強く感じる：2、まあ感じる：1、あまり感じない：マイナス1、まったく感じないマイナス2、として数値尺度化。

（3）非常に幸福：2、幸福：1、ふつう：0、あまり幸福ではない：マイナス1、全く幸福ではない：マイナス2、として数値尺度化。

（4）まったくそう思う：5、そう思う：4、どちらともいえない：3、まあそう思う：2、まったくそう思わない：1、として数値尺度化。

【参考文献】

遠藤薫 2015「大震災後の社会における『若者』——高齢化と人口移動と『孤立貧』」『学術の動向』二〇一五年一月号、一二—一九頁。
遠藤薫 2015「何が彼らを苦しめているのか——雇用条件問題と弱者のネガティブ・ループ」『学術の動向』二〇一五年九月号、八—一三頁。
遠藤薫 2017「大震災後社会における社会関係資本を考える——人口流出と孤立貧」『横幹』第一一巻二号、九〇—九九頁。
Global Health Organization 2018 "Suicide rate estimates' crude Estimates by country," (http://apps.who.int/gho/data/view.main.MHSUICIDEv).
Hanifan, L. J. 1916 "The Rural School Community Center," *Annals of the American Academy of Political and Social Science*, 67: 130–138.
Helliwell, John F., Richard Layard and Jeffrey D. Sachs, eds. 2018 World Happiness Report 2018, SUSTAINABLE DEVELOPMENT SOLUTION.
増田寛也 2014『地方消滅』中央公論新社。
内閣府 2018『少子化社会対策白書』(https://www8.cao.go.jp/shoushi/shoushika/whitepaper/measures/w-2018/30pdfhonpen/30honpen.html)。
岡檀 2013『生き心地の良い町——この自殺率の低さには理由がある』講談社。

【付記】「国民の意識調査」(二〇一二年一二月調査)の概要

調査実施期間：二〇一二年一二月

調査対象：全国の満二〇歳以上八〇歳未満の男女
標本数：二一〇三
調査主体：遠藤薫（研究代表）
調査方法：インターネットモニター調査（二〇一〇年国勢調査に基づく県別・性別・年代別割当法）

II

人口縮小！　何が問題？　どう解決？

4 人口縮小社会をケアするのは誰か

「生」と「ケア」を正当に扱う社会理論の提案

落合恵美子

1 人口縮小社会はなぜ問題なのか

日本の人口は二〇一一年から連続して縮小し続けている。周辺の韓国では二〇二一年、中国では二〇二二年より人口縮小が開始したと見られ、ドイツ、イタリアなどのヨーロッパの低出生率国と共に人口縮小国の仲間入りをしつつある。人口縮小それ自体は問題ではない、その規模に見合った社会を作ればよいという意見もあるが、わたしは賛成できない。なぜなら人口縮小は結果であって、それに至ってしまうようなこの社会のあり方に問題は無いのかと、問い直すチャンスを放棄することになるからだ。

新型コロナウイルス感染症のパンデミックは、この問題について考えるための糸口を与えてくれた。パンデミック下でステイホームや自宅療養が広がり、人々が閉じ込められた家庭内で何が起きていたのかを明らかにするため、わたしは共同研究者たちと共に二回のウェブ調査を実施した（落合・鈴木 2021;

落合 2023b)。在宅勤務や休校になった家族の、あるいは自宅療養を余儀なくされた感染者の世話をするため、女性たちの家事・ケア負担が増え、クリニック受診や自殺が増加するほど彼女たちを苦しめた。しかしその献身に注目が集まったり、補償が行われたりすることはほぼ無かった。医療や介護などのケアワークを行うエッセンシャルワーカーに光が当たったのはよかったが、家庭内のケアワークは報道もされず感謝もされないままだった。

さらに制度の偏りも目についた。自宅療養になり仕事を休んだ人の三〇%は病気休暇を取得したが、そのケアをした人が取れる「ケア休暇」はそもそもほとんど存在しない。子どものケアをするための休暇がわずかにあるだけで、大人のケアをした場合はまったくカウントされない。その影響もあってか、自宅療養者の九一%が元の仕事に復帰しているのに対して、そのケアをした人は七一%しか復帰していない(落合 2023b)。しかも休業した飲食店などが政府から補償を受けられたのに対して、家族をケアするために仕事や収入を失った人たちへの補償は話題にもされなかった。

ケアが評価されない「シャドウワーク」であることは以前から指摘されてきたが、近頃は「ケア・ペナルティ」と言う。子育ての場合は「子育て罰」などと訳す。無償どころかケアをしたことで罰を受けるように損をさせられるという意味である。まさにその通りのメカニズムがこの社会ではたらいていることがコロナ禍で映し出された。

ここまで「ケア」という言葉の定義をせずに使ってきたが、「ケア」とは「人が生きることを支える活動」であると定義しておこう(落合 2023a: 7)。物の生産の比喩で「人間の生産」を考えると、生産に必要な工数を確保するどころか、そのために働く人たちを罰しているのだから、人口縮小という結果に至るのは当然だ。つまり人口縮小社会とは、「生」もそれを支える「ケア」も痛めつけるような、生きにくい社会なのである。経済を回すために人口縮小を食い止めるのではなく、わたしたちが生きやすい社会に生きられるように、人口縮小社会という課題に真剣に向き合わなければならない。

2 「生」と「ケア」を正当に扱う社会理論

■フェミニスト社会科学の貢献

ではどのように向き合えばいいのか。この社会が「生きること」や「ケア」を評価せず罰さえ与えるのは、そもそも「生」や「ケア」が「視えない」という認識の問題があるからだ。「生」や「ケア」を視野の外に追いやってしまっている。それは実は社会の自己像である社会科学の問題でもある。場当たり的な政策提言をするより、「生」と「ケア」を正当に扱える社会理論を提案するのが今日の社会科学者の役割だろう。

振り返ってみれば、社会科学が「生」を全く扱ってこなかったわけではない。「生」を主題とする社会科学と言えば人口学がある。数や量として抽象化されてはいるが、人の生の集積が人口現象である。一八世紀末、トマス・ロバート・マルサスが人口増加による貧困化に警鐘を鳴らしたことから、人口論は世界的に流行した。しかし産業革命による生産力の発展により心配は薄らぎ、それ以降は経済学が

「社会科学の女王」となって、人口は経済学の中のひとつの変数となってしまった感がある。

このような社会科学のあり方に疑問を呈してきたのが女性の社会科学者たちだった。女性たちが多くの時間を費やしている活動が経済学的価値を生まないとされることに納得がいかず、「家事」「再生産労働」「無償労働」「感情労働」「ケア」等々の概念を作り出して、それらを社会科学の中に位置づけるよう七転八倒してきた。フェミニスト経済学、フェミニスト福祉国家論などに代表されるフェミニスト社会科学である。その代表格の一人であるクラウディア・ゴールディンが二〇二三年のノーベル経済学賞を受賞し、ようやく公的に認知されたと言ってよいだろう。家事や育児の「ペナルティ」が男女の賃金格差を生み出しているというゴールディンの業績はフェミニスト社会科学の王道である（Goldin 2021）。

フェミニスト社会科学は、「生」と「ケア」の社会と社会科学からの排除の理由についても、目の覚めるような謎解きをしてみせた。主婦のする仕事はなぜ無価値なのかという問いを逆転させたのである。マリア・ミースは、生命の再生産に関わるような仕事、つまり出産、育児、家事などを「労働」という概念から排除し、それらを不可視にするために「主婦」という概念が発明されたとする。ミースはこの過程を「主婦化」と名付け、深い理論的意味をもたせた。「主婦化とは、そうでなければ資本家が負担しなければならないコストを外部化する手段なのである。女性の労働は空気や水のようにただで利用できる天然資源とみなされる」（Mies 1986: 110）。大気汚染などと同型的な問題としてケア問題をとらえていることがわかるだろう。環境問題と同型的なら、「ケア」を経済に内部化することで、人の「生」も含めた社会全体の再生産を可能にするという道が拓かれる。

では「生」と「ケア」を社会と社会科学に内部化するにはどうしたらよいのだろうか。そのためには「経済」の定義を変更しなくてはならないと、シルヴィア・ウォルビーは大胆な提案をする。「経済とは、人間の生活を支えるための物品やサービスの生産、消費、分配、流通に関わる関係、制度、過程のシステムである」（Walby 2009: 102）という再定義は、商品化してつけられる金銭的価値に全く触れていない。人間の生活を支えるあらゆる活動が「経済」を構成すると考えるのである。

とするなら、「経済の概念は、市場化された活動だけでなく、家事労働と国家による福祉も含むように拡張される必要がある」（Walby 2009: 102）。福祉すなわち公務労働による社会的サービスの供給も含めるのである。市場のみならず家族と国家も含めて拡張された「経済」の三セクターモデルは、福祉国家概念を拡張した「福祉レジーム」概念と期せずして重なる。三セクターの分離を前提として成り立っていた近代社会と近代社会科学が、いまやセクター間の協働や全体性を考慮せざるをえなくなったことを示している。「経済」の再定義はそれに留まらず、社会全体の捉え直しへとつながっていく。

■理論的基礎としての人口転換論

ここまで「生」と「ケア」を社会理論の内部に位置づけるためのフェミニスト社会科学の模索と到達点を紹介してきた。わたしはこれに三つの視点を付け加えることで、理論的基礎固めの方向を提案したい（落合 2023a: 10）。三つの視点とは歴史的、人口学的、そしてアジア的視点である。なかでも人口学的視点が理論的な軸となる。

歴史的視点はすでにミースの「主婦化」概念にも含まれているが、これを社会史研究から生まれた「近代家族」の誕生と終焉という家族変動論に結びつけてみよう。「近代家族」とは、結婚したら男性が稼ぎ主で女性は主婦となり子どもの養育を中心に結びついた情緒的家族を作るという、一見して当たり前の家族である。子育てを中心としたケアは家族内で主に「主婦」が行うという、セクター間およびジェンダー間の分業が確立したことで、家族の外の世界からケアが視えなくなった。社会（公的領域）の側にしてみれば、ケアは家族に「外部化」された。このような家族は普遍ではなく特定の時代に成立したものでしかないと歴史的に相対化することで、これとは違う社会への想像力を持つことができる。

この歴史的転換をとらえるための理論的基礎となるのが、人口学的視点である。人口学は人間の「生」に正面から迫る唯一の社会科学なので、理論的基礎とするにふさわしい。「産業革命」が物の生産の近代を生み出したとすると、「人口転換（demographic transition）」が人の生産の近代を開いた。人口転換論は近代社会の局面転換を説明する理論となり、またグローバル化の基礎理論ともなる。

教科書的な説明をするなら、（第一次）「人口転換」とは、高出生率・高死亡率の社会から、低出生率・低死亡率の社会への転換である。その過程でしばしば高出生率・低死亡率の時期が出現して人口が急増する。マルサスが人口の幾何級数的増加を危惧したのはまさにその時期であった。その後、彼の警告の効果もあって新マルサス主義と呼ばれた産児制限が普及し、出生率も低下して、一夫婦あたりの子ども数は約二人（人口置換水準）という時代がしばらく続いた。ヴァン・デ・カーによる模式図を図4-1として示しておこう（van de Kaa 1999）。ヴァン・デ・カーは第二次人口転換論の主唱者のひとりであ

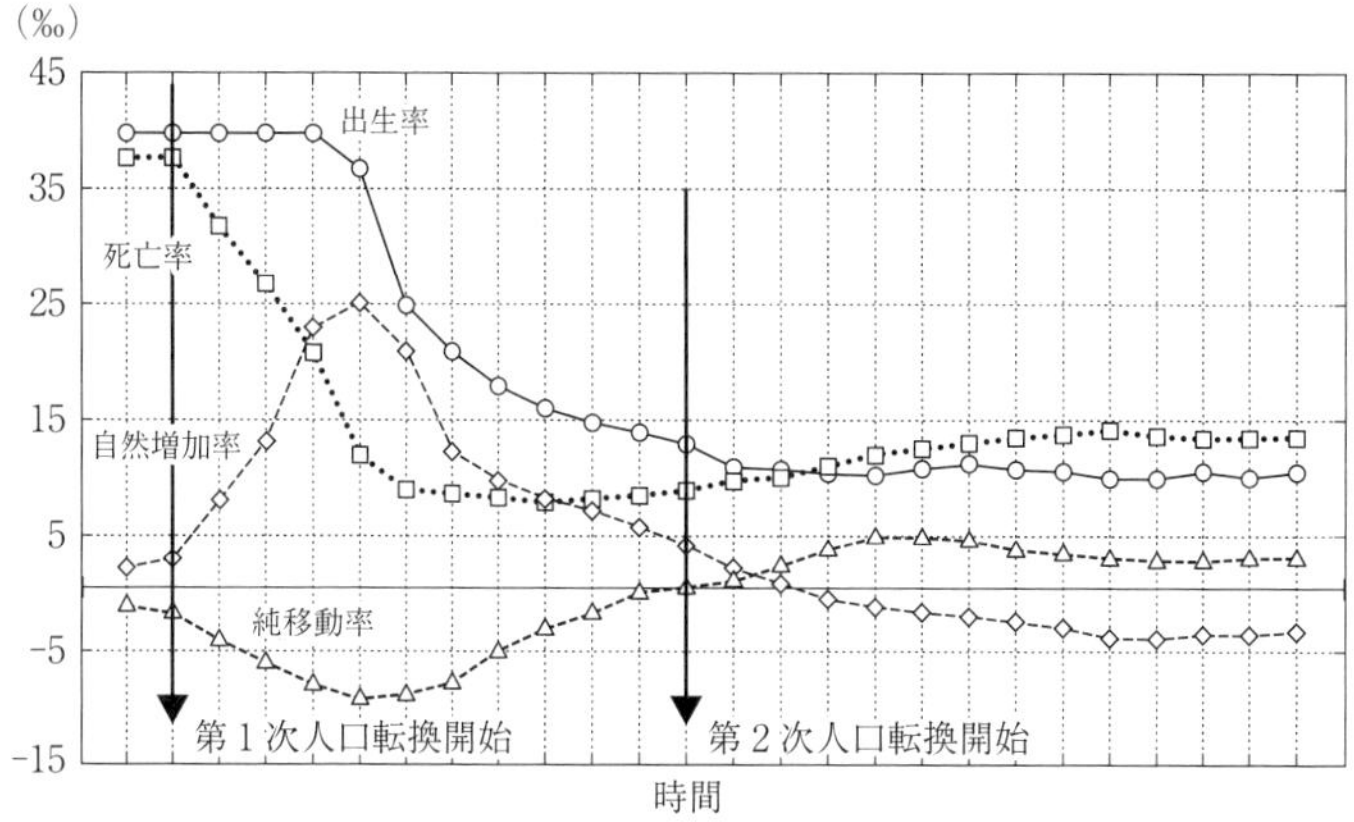

図 4-1　第 1 次および第 2 次人口転換の模式図

出所：van de Kaa (1999).

り、一九六〇年代末の北西ヨーロッパから始まったさらなる出生率低下、離婚の増加、同棲や婚外子の増加等を含む新たな人口学的転換を「第二次人口転換」と名付けた。

人口転換は家族の変化と密接に結びついている。一夫婦あたりの子ども数が約二人になり、死亡率が低下して結婚の絆が長続きするようになったことは、「近代家族」を可能にする条件であった。親たちは少数の子どもに愛情と資源をつぎ込むことができるようになった。人生の安定性と予測可能性が高まり、ライフコースも画一化して、社会成員はみな同型的な家族に暮らしているという想定が可能になった。近代家族を単位とする近代社会という、ヘーゲルが『法の哲学』(一八二一年)で描き出し、(経済学では経済主体を「家計」と呼ぶように)社会科学が暗黙の前提としている社会観に見合う社会が、実態として成立してきた。家族は社会の他のセクターから切り離され閉じた(プライベートな)集団となり、その内部は公共領域から不可視になった。こうした家族と社会の構造を崩壊させたのが、第二次人口転換であった。

■社会的再生産の二〇世紀体制

図4-2は、人口転換の不可欠の構成要素である出生率の変化を国別に示したものである（落合 2023a: 52）。ヨーロッパ諸国で出生率の第一の低下が完成したのが二〇世紀初めの一九二〇―三〇年代、半世紀の安定期を経て第二の低下が始まったのが一九七〇年頃であった。社会史では一九世紀の「近代家族」への言及が多いが、その時点の「近代家族」はヨーロッパの中産階級に出現したにすぎず、「近代家族」が大衆化して出生率などの統計に反映されるようになるには二〇世紀を待たねばならなかった。すなわち社会科学にとっては、その前提とされているような近代家族とそれを単位とする近代社会が成立した二〇世紀こそが本質的に重要な時代だった。

二〇世紀なかほどの半世紀に成立した家族・市場・国家の三セクターからなる社会体制を「二〇世紀体制」もしくは「社会的再生産の二〇世紀体制」と名付けたい（落合 2023a: 14）。近代家族という特定のあり方の家族は、フォーディズムとケインズ主義的福祉国家という特定のあり方の市場と国家と結びついて存在していたことを強調するためである。フォーディズムとケインズ主義的福祉国家がセットになって二〇世紀の先進国社会を形作っていたことは社会科学の常識だが、さらにそれに特定のタイプの家族がセットになっていたと認識することで、初めて人間の「生」を含めた社会的再生産の全体を捉え

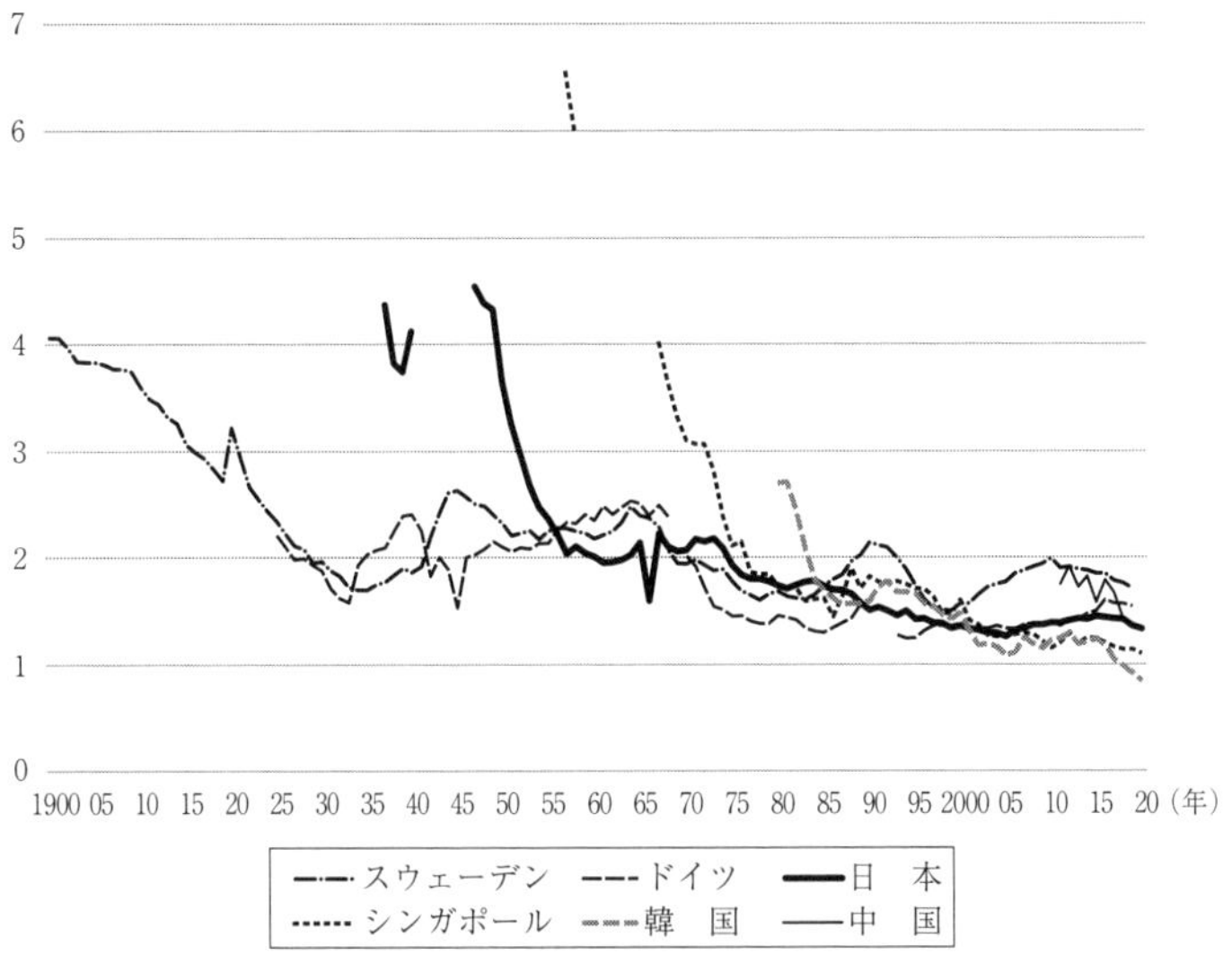

図 4-2　合計出生率（TFR）の長期的趨勢：ヨーロッパと東アジア

出所：各国政府統計より.

る枠組みとなる。

さらにウルリッヒ・ベックの用語を転用して、「二〇世紀体制」を「第一の近代」、その崩壊以降の時代を「第二の近代」と呼ぶこととしたい。第一次人口転換によって開始したのが「第一の近代」、第二次人口転換によって開始したのが「第二の近代」ということである。ベックは「第一の近代」の始期を明言しないが、このように再定義することで、その問題も解消できる。

ふたたび**図 4-2**を見れば、人口学的変容の起きた時期は地域によって大きく異なる。ヨーロッパでは半世紀続いた出生率の安定期が、日本では約二〇年、日本以外のアジア諸国では存在しない。こうした地域による違いに目を向け、特にアジアに注目するのがアジア的視点である。「二〇世紀体制」にあたる安定期が存在しない（日本以外の）アジア諸国の状況を、韓国の社会学者チャン・キョンスプに倣って「圧縮近代（compressed modernity）」と呼ぶとしよう（Chang 1999, 2013）。とすると、短いながら安定期が存在した日本の状況は「半圧縮近代（semi-compressed modernity）」として区別しておいたほうがいいだろう（落合 2023a: 49）。圧縮近代のもとでは、ヨーロッパでは異なる時期に起きた現象が同時に起きるなど複雑な社会変容が起きる（Chang 2013）。

■グローバル化と国際人口移動転換

人口転換論は国際的な人の移動を説明する理論的基礎ともなる。前出のヴァン・デ・カーは、「第一次人口転換」による人口増加が国際的な人口流出をもたらしたのに対し、「第二次人口転換」での出生率低下による人口減少は国際的な人口流入を招くというモデルを描き（図4-1参照）、これを「国際人口移動転換（international migration turnaround）」と名付けた（van de Kaa 1999）。すでに見たように人口転換の起きる時期は地域によって異なるので、世界には人口増加期の社会と人口減少期の社会が同時に存在し、前者から後者への人口移動が起きるということになる。グローバルな人の移動は経済のグローバル化から説明されることが多いが、それを可能にする人口学的条件があることに目を向ける必要がある。

ちょうど「国際人口移動転換」の時期に「国際移動の女性化」も起きたので、高齢社会へのケアワーカーの移動に注目が集まっている。家事労働者、介護労働者、看護師などの（広義の）ケアワーカーは女性が多いので、移動する人々の「女性化」が起きるのである。しかし、高齢社会が必要とするのはケアワーカーだけではない。働き盛りの人口比が縮小するのだから、あらゆる種類のワーカーが不足するのが高齢社会である。ドライバーの不足でバス路線が廃止されるというような日常生活への影響を、日本に住むわたしたちはすでに経験している。欧米圏の多くの社会ではドライバーのほとんどが移民であるように、広範な職種が移民により支えられている。

国際人口移動とは、「生」と「ケア」を扱う社会科学において、どのように位置づけられるのだろうか。移民を受け入れる側の社会にとっては、その人たちを産み育てる「ケア」の手間と費用を負担せずに育ちあがった人間を受け入れるのだから、ずいぶん〝お得〟だということを認識しておかねばならない。ちょうど「第一の近代」ではケアを家族に「外部化」したように、ケアコストを移民の出身社会に「外部化」しているとも言える。移民受け入れはコストがかかるという議論をしている人たちがいるが、ケアを視野に入れたらそのような議論がまったく的を得ていないことがわかる。

3　ケアの家族化と脱家族化

■ケアの家族化

人口転換論を理論的基礎として、第一次人口転換によって開始した「第一の近代」に「社会的再生産の二〇世紀体制」が成立し、第二次人口転換による局面転換以後の「第二の近代」にそれが崩壊したという歴史的転換を素描してきた。「生」と「ケア」に注目すると、「二〇世紀体制」において公共領域から放逐された家族に「生」と「ケア」が外部化されて不可視化され、「二〇世紀体制」の社会構造を反映した社会科学からも「生」と「ケア」が外部化され不可視化されたが、「第二の近代」にこの構造が転換して「生」と「ケア」を包摂する社会理論が要請されている、というのがわたしの歴史認識と現状認識である。

すなわち、まず起きたのは家族への「生」と「ケア」の外部化、すなわち「ケアの家族化」であった。ヨーロッパの社会史研究は、産業化以前の社会では生業と家事の区別が無く、それら全般の家政は男性家長が監督したことを明らかにした。その中には子どもの教育なども含まれた。実際の作業は男女の奉公人が分担して行った。「家事」や「ケア」と一括される活動も、それを女性に割り当てるジェンダー分業も成立していなかったのである。アジアにおけるケアの歴史のレビューからも、下男や下女の雇用がどこの社会でも普通であったこと、村や地方政府による福祉的な支援もあったこと、寺などの宗教施設や慈善団体もケア提供を行っていたこと、男性も子育てや高齢者ケアの役割を果たしていたことなどがわかる（Ochiai 2021）。「人類史を通じてケアは家族内で特に女性が提供してきた」というような記述をしばしば見かけるが、「ケアの家族化」以後の近代社会のあり方を過去に投影してしまったがゆえの誤解であることをまず確認しておきたい。

■ケアの脱家族化

そして「二〇世紀体制」が終焉した今、多くの社会で逆の動きが起きている。「ケアの脱家族化」である。第二次人口転換が起きて、家族が多様化・不安定化したばかりか、個人のライフコースも多様化して、自分の家族を作らない人も増えてきた。ほぼすべての社会成員が同型的な家族に属するという前提が揺らぎ、家族にケアを任せる「社会的再生産の二〇世紀体制」は維持できなくなった。

「ケアの家族化」が維持できなくなった理由としてもうひとつ挙げておきたい。第一次人口転換により高出生率・低死亡率の人口増加期が出現することはすでに述べた。この時代を人口ボーナス期と呼び、生産年齢人口の割合の高い人口構造が経済成長に有利であることがよく知られている。しかし家族に注目すれば、成人期にも兄弟姉妹数の多い世代が出現するのがこの時代の特徴であり、育児でも高齢者ケアでもその兄弟姉妹がサポートし合う親族ネットワーク最強の時代でもあった（落合 2019）。「ケアの家族化」が起きたが、ケアを引き受けた「家族」は実際には強力な親族ネットワークの助けを得ながらケアをしていたことを、一九六〇年代の日本の研究からも確認できる（落合 2022）。しかし一九八〇年代の日本では、子育て中の世代が低出生率・低死亡率世代に移行したため、親族ネットワークが縮小して子育ての困難が問題化するようになった。人口転換の親族ネットワークへの影響は世界的にはほとんど注目されていないが、人口学的変化が短期間に起きた「圧縮近代」のアジア諸国では、日本と同様かそれ以上の激変が静かに起きているはずだ。

では「ケアの脱家族化」とは具体的にどのようなことを意味するのだろうか。一九八〇年代の日本の子育てについての調査では、親族ネットワークの縮小を近隣ネットワークの活性化や幼稚園の二歳児クラスの設置などにより補っていることが明らかになった（落合 1989）。家族・親族以外のセクターがケアの担い手として登場してくることが、「ケアの脱家族化」の実態であると言えよう。

家族・親族以外のどのようなセクターがケアの担い手になりうるのかと考察すると、「二〇世紀体制」を構成する家族以外のセクター、すなわち国家と市場をまず想定することができる。公的保育の充実、ケアサービスの購入などである。さらに一九八〇年代の日本で観察されたようにコミュニティセクターの関与もあり得る。そこで、家族・親族、国家、市場、コミュニティの四つのセクターがケアの担い手になると想定する四セクターモデルを考えよう。国連のプロジェクトなどで使用されるケアダイアモンド（ケア四角形）図式である（落合 2023a）。このうちのどのセクターを活性化するかにより、「脱家族化」のいくつかの道が分岐する。

■脱家族化のいくつかの道

「ケアの脱家族化」のいくつかの道を考えるとき、その一つは北西ヨーロッパの道だろう。一九七〇年代に完全雇用の崩壊と雇用の流動化により男性稼ぎ主型の性別分業が維持できなくなったとき、女性の就労率が上昇し、それを制度的に支えるような家族政策やジェンダー政策が実施されていった。この時期、新自由主義が台頭して福祉削減が行われたと言われるが、それは正確ではない。むしろこの時期に福祉国家の方向が変わり、男性稼ぎ主の収入不足を補填する老齢年金や失業給付中心の旧来の政策から、保育所などのケアサービスの提供や育児休業などの時間政策など家族のケア責任を分担するような政策への転換が起きた。ケアの脱家族化である。女性の就労を支えて生産年齢人口の縮小による労働人口の減少を防ぎ、同時に出産・育児と女性の就労の両立をしやすくすることで次世代の人口減少を食い止めるという、「二〇世紀体制以後」の人口学的状況に対応する正攻法の政策である。

これに加えて、移民政策という点からも北西ヨーロッパは正攻法の対応をとった。**図4-3**は、各国の人口増加率を自然増加率と純移動率に分解し、第二次世界大戦後の三つの時期（第I期：一九五五―七〇年、第II期：一九七一―一九九〇年、第III期：一九九一―二〇一〇年）での変化を示している。第二次人口転換が起きた第II期には（人口の年齢構造が他と大きく異なる日本と韓国を除いて）軒並み自然増加率が低下したが、第III期には純移動率を上昇させることで人口増加率を保った国が多い。家族政策やジェンダー政策は自然増加率を上昇させる効果があるとされるが、それだけで人口増加率低下を食い止めるのは難しい。

では他の地域はどのような道をとったのだろうか。北西ヨーロッパでの脱家族化が政策的に推進されたのと対照的に、米国では市場による脱家族化が優位していた。（しばしば外国人の）ケアワーカーの雇用による解決といったものである。ヨーロッパでも南ヨーロッパのように福祉国家がそれほど発達していない地域では、この方向が目立った。さらにシンガポールなどのアジア諸国でも同様であった。ケアダイアモンド図式を用いるなら、北西ヨーロッパ型と米国・南欧・アジア型の脱家族化を**図4-4**のように描き分けることができるだろう。「国家による脱家族化」と「市場による脱家族化」と呼ぶことが

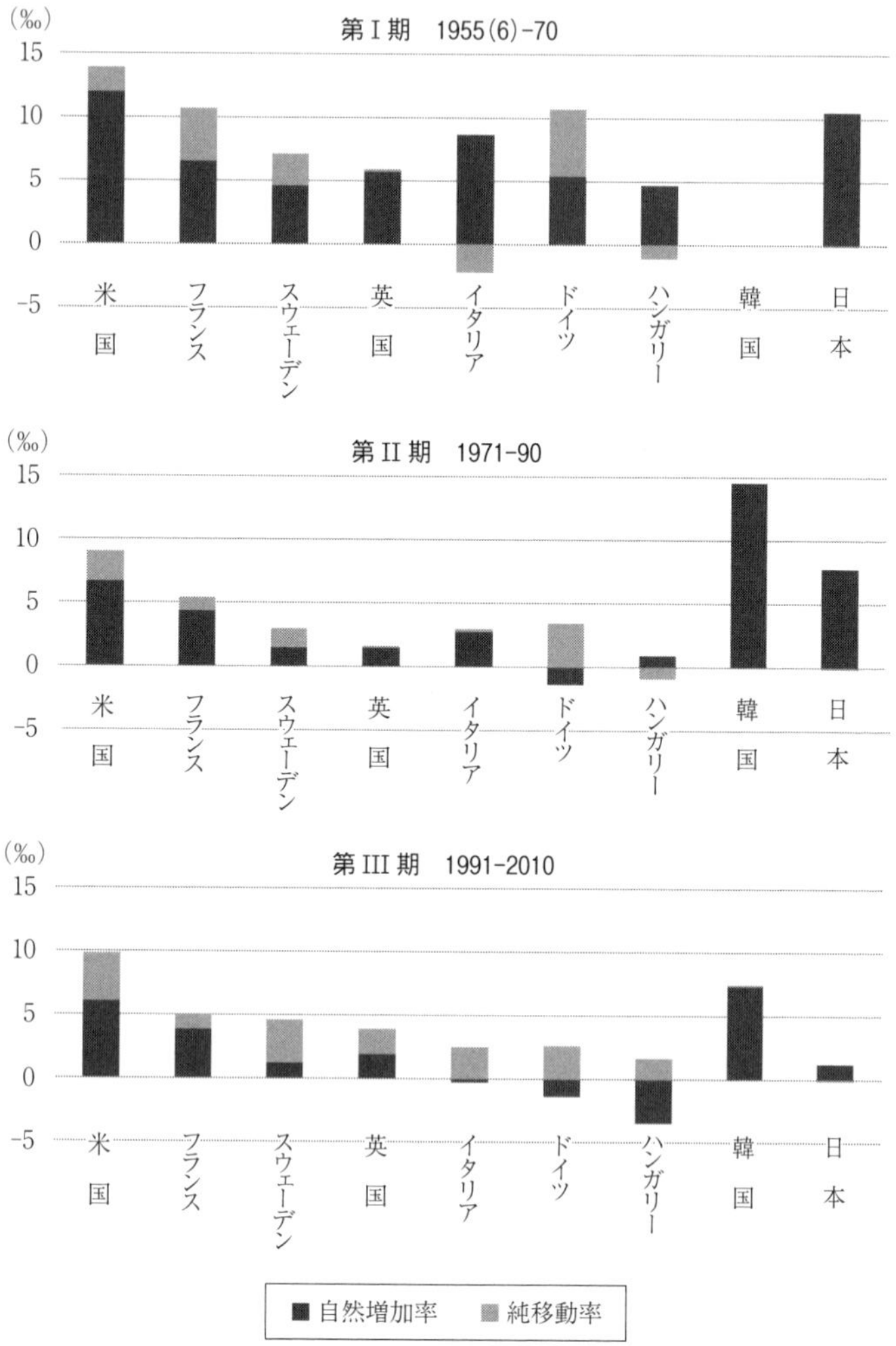

図 4-3　自然増加率・純移動率・人口増加率の推移

注：人口増加率は前二者の合計（両者がプラスの場合はバーの高さの和，一方がマイナスの場合はバーの高さの差として示される）．

出所：落合（2023a）図 10-11，OECD 統計より作成．

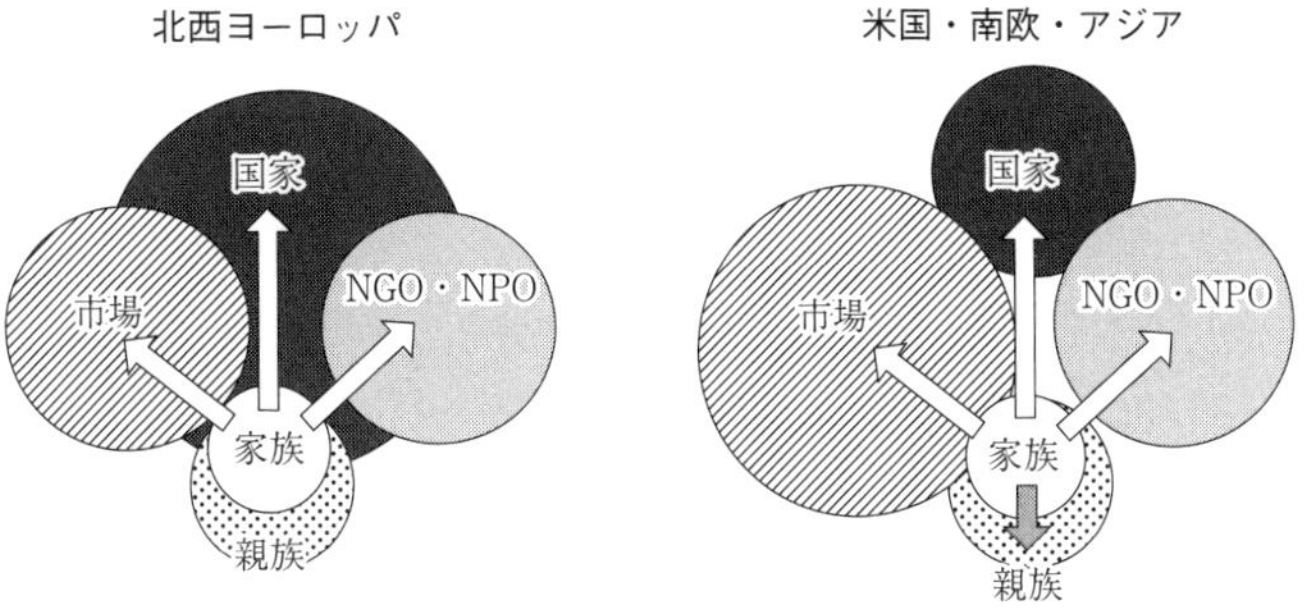

図 4-4　ケアの脱家族化の２つの道

出所：落合（2023a）図 10-6，図 10-7 をもとに作成．

できよう。

それならこれらの道のどちらを選択してもよいのかということになりそうだが、「市場による脱家族化」ではケアサービスを購入する費用は家族負担であるため、コスト面の脱家族化は伴わない。南欧や東アジア地域での超低出生率はそれが一因と考えられる。この道を選択した国のうちでは米国が例外的に高い出生率と自然増加率を示しているが、多くの移民が流入してくる米国と、定住型の移民受け入れを厳しく制限している東アジア諸国との違いなどを検討する余地がある。

日本はこれらの二つの道の間で、中途半端な位置にある。北西ヨーロッパのように家族政策・ジェンダー政策の思い切った転換ができたわけではなく、ケアの市場化を支える外国人労働者の受入れにも慎重である。半圧縮近代で曲りなりにも確立できた近代家族を単位とする近代社会に固執しているようでもある。

二〇一〇年代以降、東アジア諸社会は日本を下回る低出生率に苦しみ、若い世代の結婚離れも進み、その中で政策的な分岐も明らかになってきた。その中で日本、韓国、台湾は北西ヨーロッパ型を手本とするグループを形成し、ある程度の福祉国家建設を進めている。しかし、最も手厚い育児支援政策を実施している韓国において出生率が最低レベルを更新していることは、狭い意味での育児支援では足らず、住宅費や教育費負担の軽減を含めた全般的な生きやすさの追求が必要であることを示唆している。

4 生きやすい社会が持続可能な社会

「生」や「ケア」を評価せずに罰を与える社会の仕組みを是正するには、「生」と「ケア」を正当に扱う社会理論が必要である。本章では人口転換論を理論的基礎として、「社会的再生産の二〇世紀体制」の成立と崩壊、それに伴う「ケアの家族化」と「ケアの脱家族化」が起きるという理論的枠組みを提案した。現在は「ケアの脱家族化」、すなわちこれまで家族に集中してきたケア負担を国家、市場、コミュニティなどのさまざまなセクターが分担する仕組みを作ることが課題である。

「ケアの脱家族化」にはいくつもの道がある。ただし「市場による脱家族化」のみでは費用負担が家族に残ることから、「国家による脱家族化」という福祉国家的方策を組み合わせることが必要であろう。また、狭い意味の育児支援などでは足らず、教育・住宅・医療を含めた一般的な福祉環境、ワークライフバランスや育児介護休業・ケア休暇などの時間政策と労働政策、そして公私にわたるジェンダー平等など、広範囲の制度がかかわっている。生きやすいと感じられる社会が人間が持続可能な社会なのだということを判断基準に、日常生活の隅々にはたらく制度や慣行の全般的な見直しを進めることが、「生」と「ケア」の社会への再包摂につながるだろう。

【参考文献】

Chang, Kyung-Sup 1999 "Compressed Modernity and Its Discontents: South Korean Society in Transition," *Economy and Society*, 28-1: 30-55.

Chang Kyung-Sup（張慶燮、チャン・キョンスプ）2013「個人主義なき個人化——『圧縮された近代』と東アジアの曖昧な家族危機」（柴田悠訳）落合恵美子編『親密圏と公共圏の再編成——アジア近代からの問い』京都大学学術出版会。

Goldin, Claudia 2021 *Career and Family: Women's Century-Long Journey to Equality*, Princeton University Press（鹿田昌美訳 2023『なぜ男女の賃金に格差があるのか——女性の生き方の経済学』慶應義塾大学出版会）。

Mies, Maria 1986 *Patriarchy and Accumulation on a World Scale: Women in the International Division of Labour*, London and New York: Zed Books（奥田暁子訳 1997『国際分業と女性』日本経済評論社）。

落合恵美子 2019『21世紀家族へ——家族の戦後体制の見かた・超えかた』［第4版］有斐閣。

Ochiai, Emiko 2021 "Introduction: Care and Familialism Reconsidered," in Ochiai and Uberoi eds., *Asian Families and Intimacies*, Sage.

落合恵美子 2022『近代家族とフェミニズム』［増補新版］勁草書房。

落合恵美子 2023a『親密圏と公共圏の社会学——ケアの20世紀体制を超えて』有斐閣。

落合恵美子 2023b「Caring Society——生を包摂する社会と社会科学」『フォーラム現代社会学』二二、七九—九五頁。

落合恵美子・鈴木七海 2021「COVID-19 緊急事態宣言下における在宅勤務の実態調査——家族およびジェンダ

ーへの効果を中心に」『京都社会学年報』一八、一―一三頁。
van de Kaa, Dirk J. 1999 "Europe and Its Population: The Long View," in van de Kaa *et al.* eds., *European Populations: Unity in Diversity*, Kluwer Academic Publishers.
Walby, Sylvia 2009 *Globalization and Inequalities*, Los Angeles: Sage.

5 このままでは衰滅する

大沢 真理

1 本章の課題

私は、生活保障システムの比較研究を専門としている。

日々の暮らしやいのちを次世代につなぐ営み——いのちの再生産は、官民の制度慣行がかみあうなかで、なりたっている。「官」としては、税・社会保障や労働市場規制などの政府の制度政策、「民」においては、企業の雇用慣行や家族・近隣の助けあい、非営利協同組織の活動などである。生活保障システムは、それをシステムとして捉えるアプローチである。政府の政策や制度がシステムの一環であることから、いのちの再生産がなりたつ基礎的な単位としては主権国家を想定している。

もちろん、諸制度や慣行がかみあわず、すくなからぬ人びとの生活が脅かされる国や時代もある。平常の時期にはかみあって相応に機能していても、急激なショック（大凶作や災害、大規模な武力紛争、疫病や経済危機）を受け止めきれない場合もある。ショックというほどの事象がなくても、日々の生活にゆとりがなく、将来への不安から子どもを産み育てるどころではなくなり、社会がいわば静かに衰滅していくケースも考えられる。

昨今の日本は、そうした衰滅への静かな道行きを速めているのではないかと、私は危惧している。日本の出生率が世界的に最低の部類にあることは周知である。先進国クラブともいわれる経済協力開発機構（ＯＥＣＤ）では、メンバー国が四〇近くなったが、そのなかで日本の貧困率が有数に高いことも、広く知られるようになった。直近のＯＥＣＤ統計で日本の貧困率の高さを年齢グループ別に見ると、一八歳未満の子どもで一一番目、現役層で八番目、また六五歳以上の高齢層で一二番目である。とくに一八―二五歳の青年では七番目に高い。つまり他国との比較で日本では、現役層のなかでも青年の貧困率が高い。それが少子化の背景事情でもある。

なお再生産が課題となる「いのち」は、人類の生命・健康に限られないということが、近年強く意識されている。「気候危機」や「生物多様性危機」などの呼びかけのもとに、国境をまたぐ取組が推進されるようになった。地球はもとより有限であり（「惑星の限界（Planetary Boundary）」）、人類が必要とする食料はじめ原材料の多くは、植物の種子（穀物・果実）や遺骸（木材）、動物の遺骸である。鉱物や土壌を採取し道具に加工するには、樹木の死骸（薪炭）を大量に必要とした。利用できる物量は、それらの動植物の繁殖力（再生産力）、および採集や狩猟をおこなう人間の労働力に、依存する。人間による廃棄物が自然の再生力や浄化力を越えれば、汚染・環境破壊により、動植物が繁殖できないだけでなく、直接に有害となる。本章では、そうした「惑星限界」の問題にも目を配りつつ、人間のいのちと社会の再生産の領域を検討しよう。

現代のいわゆる先進諸国では、税・社会保障により所得が再分配され、他方で最低賃金制度や労働時間の制限、そして雇用差別の禁止など、労働市場もさまざまに規制される(規制された分配)。これらの政策は、大学の科目などでは「社会政策」(ドイツ語でSozialpolitik、英語でsocial policy)と呼ばれてきた。

政府はいかにして、社会政策などつうじて生活保障システムの一端を担うことになり、実際にいかに担っているのだろうか。その経過を第2節でたどろう。そして、第3節では、日本政府の政策が、諸国と対比して、どのように機能しているか、貧困と保健医療という課題にそくして検討する。日本での貧困の広がりや、若者層の貧困を背景とする少子化=人口減少にかんがみれば、日本の生活保障システムが、深刻な機能不全を呈していることは否定しようがない。それだけでなく以下では、政府の社会政策が、問題を軽減するどころか悪化させてきたという憂鬱な経過を、直視しなければならない。

2 政府による生活保障の取り組み(1)

■イギリス救貧法の展開

政府が生活保障システムの一端を担うようになったのは、生活困窮者も含めて参政権をもつまでに民主制が発展したことの賜物だろうか。私は、近代イギリスの生活困窮者対策である「救貧法」の研究をおこなったことがあり（大沢 1986）、ここでもイギリスの例をたどってみたい。

イギリスで「救貧法」の前身が制定されたのは一六世紀の前半である。エリザベス一世の治世四三年にあたる一六〇一年には、地方税を財源とする制度として体系化された。民主制とはほど遠い体制のもとであり、貧困に対応する役割を担う政府は近代以前から存在したのである。

エリザベス救貧法の主な規定は、つぎのようなものだった。第一に対象と方法は、①就労：親が扶養できない児童や、生計をえるための生業を欠く人びとを、就労させる。就労させるために適宜、繊維・鉄などの原材料を調達し、児童は「徒弟」に出すことができる、②救済：老齢・盲目等で労働できない者に「必要な救済」を与える。第二に行政担当者とその責務の概略は、各「教区」の「教会委員」および有力な戸主が、年々、「治安判事」によって「貧民監督官」に任命され、上記の就労や救済の措置をとり、必要な費用を教区の住民や土地家屋の占有者に課税・徴収する、というものだった（大沢 1986: 第1章）。これはイギリスにおける地方税制の始まりでもあった。

封建制のもとでの労働力人口は、領主などの家事使用人や手工業職人をのぞいて、基本的に「農奴」（「隷農」という用語もある）であり、農奴は土地（森林を含む）・家畜とともに領主の資産だった。職業や居住場所を選択する自由はなく、労働力も土地も商品化されていなかったのである。農奴が貧窮により衰弱して労働に支障をきたしたり、浮浪者や乞食として流出したりすると、領主経済は成り立たない。窮迫ゆえの窃盗や強盗もおこり、治安も悪化する。エリザベス一世の父ヘンリー八世は、——離婚したいがために――ローマカトリック教会から離脱してイングランド国教会を樹立し（一五三四年）、修道院を廃止してその資産を没収した。そのため、修道院が担っていた慈善（孤児や孤老の受け入れ、医療の提供など）をあてにできなくなったことも、救貧法制定の背景とされる。

一八世紀末から綿工業に牽引されて工場が登場しても、労働力人口の大きな部分は、家事使用人や農業労働者だった。一八世紀後半からのイギリス農業は、大土地所有者（主として貴族）から農場経営者が借地し、農業労働者を雇用して営まれた。なお家事使用人ではもちろん、農業労働者でも女性が相当の割合を占める。雇用主にとっては、代替の労働力が豊富であれば、現に雇っている労働者がその労働条件（賃金や労働時間）によって、日々の暮らしを賄い次世代を養育できるかどうかを、顧慮する必要はない（使い潰してもよい）。不要な時は解雇すればすみ、解雇後の労働者の生活は関心の外にある。

とはいえ借地農場経営者にとって、農繁期（とくに収穫期）の労働力の確保は切実で、農閑期にも農業労働者の生計が維持されることは関心事だった。毛織物のような副業や、救貧法による賃金補助には、農閑期の生計維持の役割があった。上記のようにエリザベス救貧法では、労働能力者は「就労」させることになっていたが、実際に原材料を用意して就労させる措置は、さほど一般的ではなかった。一八世紀末には、パン価格と家族数に応じて最低生活費を設定し、実際の稼得がこの額に不足する分を、公的救済として補助するようなしくみが、治安判事の四季裁判所によっていくつかの県に設定された。そうしたしくみは、一七九五年にその設定をおこなった四季裁判所の開催地名をとって、「スピーナムランド制度」と呼ばれるようになった（大沢 1986: 52–53）。

産業資本主義の確立にともない、一八三四年に救貧法は大きく改正される。一八三四年「新救貧法」では、労働能力をもつ男性とその家族（妻と未成年子）について、「ワークハウス」と呼ばれる施設に入所することを条件に、公的救済が与えられることになった。しかもその処遇は、最下層の自立的労働者よりも「劣等」でなければならない、とされた。このような「一八三四年原則」は、労働能力者への公的救済を事実上廃止したと理解されることが多かった。日々の生計維持も次世代養育も「自助」でまかなうべきであるとして、雇用主たちも国家も責任をもたないことになった、というわけである。

■ポラニーの警鐘と新救貧法

資本主義がいわばむきだしでは、人間も自然も食い潰されかねず、企業家も景気の周期ごとに破産を免れない。そう警鐘を鳴らしたのは、ハンガリー系の社会科学者カール・ポラニーの一九四四年の著書『大転換――現代の政治的経済的起源』（原書名）である。ポラニーはイギリスをへてアメリカにわたり、イギリスの歴史を主な素材として第二次大戦中に同書を執筆し、のちに経済人類学のパイオニアとなった。同書は、新救貧法がむきだしの資本主義の象徴であると位置づけていた。ポラニーの理論は、現代の福祉国家の理解にも影響を及ぼしている。

ポラニーによれば、労働、土地、および貨幣は、他の原材料によって生産することができないという意味で「本源的な生産要素」であり、商品に擬制されるものの本来は商品たりえない。にもかかわらず、一八三〇年代のイギリスでは、あらゆる生産要素が市場化されようとし、しかもそれらの市場を規制したり統制したりする政策が撤廃されていった。そして新救貧法が、上記の原則を課すことで、貧民の「生存権」を廃止した、という。しかし、本源的生産要素を市場メカニズムに委ねれば、人間も自然も破壊される（「悪魔のひき臼」）。人間は「悪徳、堕落、犯罪、飢餓」により死滅し、自然は汚染され食料・原料の生産力は破壊される。そして貨幣の市場化は周期的恐慌を起こす。そのため、「社会の自己防衛」として工場立法や土地立法、貨幣制度の管理が生み出され、政治運動も労働運動も出現した（ポラニー 1957=1975: 96–98, 110）。

ポラニーの議論は、デンマーク出身の社会学者イェスタ・エスピン＝アンデルセンに引き継がれ、「脱商品化」という概念をつうじて、一九九〇年代以降に福祉国家／レジームの比較研究が発展する起点となった。「脱商品化」とは、「個人（と家族）が市場に依存することなく所得を確保し消費できる」度合を示し、福祉国家のタイプの違いを表すとされた。エスピン＝アンデルセンは、ポラニーを援用しつつ、スピーナムランド制度については労働力が純粋な商品に転換されることを禁じる措置（「前商品化」）、新救貧法については、福祉の分配にたいする「市場の覇権」を確立するようにデザインされた積極的社会政策、と特徴づけている（Esping-Andersen 1990: 3, 36–37; 大沢 2013: 63, 96）。ポラニーやエスピン＝アンデルセンが言及したことによって、イングランドの田舎町は社会史や社会政策史に不朽の名を刻んだ。

しかし、すこし考えれば明らかなように、スピーナムランド制度は労働力の商品化を禁じてはいない。労働者は労働市場に中途半端に、あるいは生計を賄えないような低賃金で参入しているのである。稼得が最低生活費に不足する分の補助とは、もとより「部分的な救済」であって、救済されたはずの労働者の雇い主への補助金となりがちである。一八三四年の改正では、部分的救済がなによりも問題視された。救貧法を廃止してボランタリーな慈善に任せるという選択肢もあったなかで、廃止せずに労働能力者に「一八三四年原則」を課して、公的救済制度を存続させた。それは、まず略奪や物乞いの制裁に正統性をもたせるためだったが、同法の施行過程で、労働能力者（家族）の救済も、「劣等」であるにしても「部分的」ではなく、「充分」なものであるべきことが強調された。

「充分」とは最低生活を保障するという意味である。労働能力者（および妻と未成年子）は労働市場はじめ商品市場から物理的に遮断され、行動の自由がないもとで食・住・衣の最低限を保障される。これはエスピン＝アンデルセンの「脱商品化」にたいして、あたかも鏡像のような脱商品化である。なお緊急救済や医療救済には一八三四年原則は適用されず、ワークハウスからはいつでも自由に退所できる。そして、困窮者には公的救済にたいする「権原（right of the poor to relief）」があることが承認されていった（大沢 1986）。

■総力戦と社会権

私は、新救貧法の施行過程で承認された救済への権原が、現代の生存権の淵源だったと述べるつもりはない。一八三二年の議会改革法（第一次）は、従来は地主階級男性に限られていた選挙権を、産業資本家や借地農場経営者などの中産階級男性に拡大し、同時に救貧法の救済を受ける者を選挙権欠格とした。一九世紀後半の議会改革が、この選挙権欠格条項を温存しながら労働者階級男性へと選挙権を拡大したことで、市民権と被救済権原との対立が鋭くなった。

市民的社会権の確立にとっては、第一次世界大戦という総力戦が契機だった。総力戦では国民を広く兵士や労働者（女性も）として動員するため、いわばその見返りとして、被救済者の選挙権欠格条項が廃止され（一九一八年議会改革）、選挙権が拡大された（一九一八年に二一歳以上男性、三〇歳以上女性。一九二八年に二一歳以上男女）。

第一次大戦の講和条約（ベルサイユ条約）中の国際労働規約により、国際的な労働基準の確立を使命として国際労働機関（ＩＬＯ）が一九一九年に発足した。同年にワシントンＤＣで第一回国際労働会議が開かれ、そこで採択された条約は、工業の労働時間、失業、母性保護、女性の夜業、工業に従事する最低年齢と若年者の夜業の六つである（ＩＬＯ駐日事務所ＨＰ：ＩＬＯの歴史）。ＩＬＯは第二次世界大戦末期には、「労働は商品ではない」を第一原則とする「国際労働機関の目的にかんする宣言（フィラデルフィア宣言）」を採択した。同宣言の第二条は、すべての人が、人種、信条または性別によらず、物質的福祉と精神的発展を追求する権利をもつと謳っている。

戦後の資本主義諸国は、ソビエト連邦をはじめとする社会主義体制との体制間競争のためにも、恐慌などによる多数の破産や大量失業の発生を防止しつつ、老後や傷病時の生活を保障する福祉国家の充実に努めた。もちろんエスピン＝アンデルセンがタイプを識別したように、福祉国家は一様ではなく、貧困や格差などの程度にも、国によって相当の差があった。では、一九九一年のソ連崩壊以来、資本主義諸国の政府は、生活保障システムを担う役割を継続する必要はなくなったのだろうか？　社会保障給付の規模（総額の対GDP比）などを見ると、一九九〇年代以降、政府が生活保障システムから一様に撤退しているとは考えられない。そのなかで日本がどのような位置を占めるかを、次節で整理しよう。

グローバルに視野を広げても、極端な貧困層は減少しつつあり（Summer 2016）、ポラニーが危惧した労働力の市場化による人類の死滅は、生じていない。ポラニーの警鐘が奏功したというべきだろうか。とはいえ最近では、ロシアのウクライナ侵攻やガザ地区でのイスラエルの武力行使などにより、紛争難民が増え、さらに大規模な戦争が人類の存亡にかかわる恐れも否定できない。

■地球の持続可能性

人類の存否はともかく、産業化による自然の破壊についてはポラニーの指摘が妥当し、人類を含む地球上の生命総体が脅かされるに至っている。もっともポラニーは、風景や河川の汚染をあげたものの、森林資源の枯渇は指摘していない。

経済史家の小野塚知二が強調するように、一九世紀に至るまで、農業にとってはもちろん、土木・建築・造船や機械製造・製鉄にとって、森林資源が本源的な要素だった。一八世紀のイギリスでは、製鉄に使う薪炭として短期間に森林が伐採されてしまった。そのイギリスに始まる近現代の産業文明は、森林資源を使いつくしたにもかかわらず滅亡していない人類史上唯一の文明である。近代産業文明の継続的な成長を可能にしたのは、化石燃料の使用、製鋼技術の革新、化学肥料の発明などによる「原料革命」だった。現状、エネルギー面での化石資源の使用は二酸化炭素排出の七五％を占め、残り二五％が原料としての使用から排出される。現時点で、エネルギー面での化石資源依存からは脱却できる展望があるが、原料における化石資源依存から「卒業」する可能性はほとんどない（小野塚 2023: 111-114）。

化石資源の使用による環境変化は、地球という「惑星の限界」に達した。国際連合事務総長のアントニオ・グテーレスは、二〇二三年七月二七日の記者会見で、「地球沸騰化（global boiling）」という言葉で危機感を表明した。「温暖化（warming）」の概念では文字どおり〝生ぬるい〟のであり、各国の対策の加速が必要だ。エネルギーを一〇〇％再生可能エネルギーに転換しても、原料使用による二五％分の排出が残る。

国連は一九九二年に「気候変動にかんする国連枠組み条約（地球温暖化防止条約）」を作成し、同年の初の「地球サミット」で同条約を採択した。同サミットでは、二一世紀に向けての行動計画「アジェンダ21」および「森林原則声明」が採択され、「生物多様性条約」の調印が開始された。アジェンダ21の第二四章では、女性の環境保全の知識を生かすために、環境政策と開発政策におけるジェンダーの平等と公正が必要であると明記している（田中 1994; 萩原 2002）。そして一九九五年から、地球温暖化防止条約の締結国会議（ＣＯＰ）が毎年開催されてきた。

3　生活保障システムの機能　SDGsにてらして日本は

■SDGs達成度の国際的な評価

SDGsとSDSNによる評価　二〇一五年には、国連が二〇三〇年までの「持続可能な開発目標（SDGs）」を合意した。SDGsは「誰一人取り残さない」を標語とし、その第一目標は貧困をなくすことである。第一目標のターゲット1は「極端な貧困」を撲滅することを掲げ、「極端な貧困」は一日あたりの生計が一・二五アメリカドルに満たないことと定義された。ターゲット2は、国内定義による「あらゆる次元における貧困」者の比率を、二〇三〇年までにすくなくとも半減することを、国連加盟国のすべてに（日本を含めて）求める。途上国でも先進国でも、貧困者の多数は女性と女児である。またSDGsの第5目標はジェンダー平等であり、第13―15目標は、それぞれ、気候変動への緊急対策、海洋とその資源の持続、森林と生物多様性の持続であるが、グテーレス事務総長は、対策が生ぬるいと危機感をあらわにしたのである。

SDGsの前文は、一七の目標と一六九のターゲットが、「すべての人々の人権を実現し、ジェンダー平等とすべての女性と女児のエンパワーメントを達成することを目指す」と、宣言する（前文第三段落）。いのちの再生産の条件を整え、人間の総合的な能力・知識を高度化し、人類とともに地球の持続可能性を図る国内・国際の取組において、女性差別の撤廃、ジェンダー平等の確立は、カナメの位置を

表 5-1　SDGs 達成度，日本のスコアとランク

年	2016	2017	2018	2019	2020	2021	2022	2023	2024
スコア	75	80.2	78.5	78.9	79.1	79.8	79.6	79.4	79.9
ランク／総数	18/149	11/157	15/156	15/162	17/166	18/165	19/163	21/166	18/167

出所：https://sdgtransformationcenter.org/online-libraly に掲載の Sustainable Development Report 各年版より作成.

占めている。

では、SDGsにてらして日本の状況はどうなっているだろうか。諸国がSDGsを達成した度合について測定する試みとしては、国連NPOの「持続可能な開発ソリューション・ネットワーク（SDSN）」が、国連加盟国一九五カ国のうちデータがとれる一五〇カ国以上について、『持続可能な開発報告』を二〇一六年から毎年公表しており、しばしば引用されている。またOECDも、日本を含むメンバー国がSDGsを達成した度合を測定して公表してきた。前者の『持続可能な開発報告』の著者は、国際経済学者のジェフリー・サックスらであり、サックスはSDSNの会長でもある。SDSNの報告書は、各国の達成度を一〇〇点法で評価し、目標やターゲットごとの達成度を合計したうえで、国のランク付けもおこなっている（SDGトランスフォーメーション・センターのサイトに掲載されている。https://sdgtransformationcenter.org/online-library）。

二〇一六年以来の日本の評点（スコア）とランクは**表5-1**のとおりである。二〇一八年以降、評点は上昇しているが（二二年、二三年は低下）、ランクは下がり気味である（評価を受けた国の総数は年によって異なる）。日本は他の諸国の取組と達成に「取り残されて」いるのである。二〇二四年報告で日本の目標別の評点を見ると、目標5（ジェンダー平等）が最も低く、ついで低い順に目標14（水中の生命）、目標15（陸の生命）、目標12（責任ある消費と生産）、目標2（飢餓の撲滅）、目標7（エネルギー）、目標13（気候変動への対策）が低い。

また全体としては達成に近い（「課題が残っている」）とされる目標でも、「深刻な課題がある」と評定されている指標がある。たとえば目標1（貧困の撲滅）のうち、三番目の可処分所得レベルの貧困率で、二〇一八年の日本の数値は一五・七％と表示されている[2]。また、目標10（不平等の削減）は、全体として「重要な課題がある」判定であり、三つの指標のうち一番目のジニ係数は「課題が残っている」判定、二番目（パルマ指数）と三番目（六六歳以上高齢者の貧困率）は、「重要な課題がある」判定だった。いっぽう目標としての評価が最低の目標5（ジェンダー平等）では、五つの指標のうち四番目（国会議員の女性比率）と五番目（ジェンダー賃金格差）が、「深刻な課題がある」判定、一番目の「家族計画の需要が現代的方法で充足されている（一五―四九歳女性での比率）」が、「重要な課題がある」判定である（Sachs *et al.* 2024: 252-253）。

いくつかの指標の内容　「可処分所得」とは、当初所得から税・社会保険料を差し引いて社会保障現金給付を加えた所得である。所得や支出にかんする統計は、通常世帯単位で収集されており、比較のためには所得を世帯員の人数により均す必要がある。ＯＥＣＤ諸国では世帯員数の平方根で割る（「等価」にするという）ことで、世帯規模を均しており、その中央値をとって、中央値の五〇％に満たない低所得が「相対的貧困」の水準とされている（四〇％や六〇％のレベルも参照される）。相対的貧困の水準に満たない低所得世帯の人口の比率が、相対的貧困率である。

「ジニ係数」は、イタリアの統計学者コンラッド・ジニによって一九三六年に考案された。所得が完全に平等に分配されている場合に比べて、どれだけ分配が偏っているかを数値として示すものであり、完全平等であればゼロ、完全不平等（社会の総所得を一人が独占）であればほぼ一となる。ジニ係数は、中所得層における所得分布の変化に比較的敏感である。いっぽう「パルマ指数」は、ケンブリッジ大学のホセ＝ガブリエル・パルマが考案したもので、パルマ比率とも呼ばれる。所得分布の上位一〇％の所得構成比（取り分）を下位四〇％の所得構成比で除した数値である。この比率は上下の所得取り分の変化に敏感な点で、ジニ係数に勝り、広く使われるようになっている（駒村 2018: 203-204）。

目標1（貧困撲滅）の一番目と二番目の指標は、ターゲット1（極端な貧困）にあたるものである。三番目の相対的貧困率は、ターゲット2の達成を測るものだろう。ただし、上記のようにターゲット2は、国内定義による「あらゆる次元における貧困」者の比率を半減することを求めている。金銭所得以外の諸次元の貧困は、「多次元的貧困」とも呼ばれ、国連開発計画（ＵＮＤＰ）およびオックスフォード貧困・人間開発イニシアティブ（ＯＰＨＩ）により測定されている。二〇一〇年代半ばには三つの次元の合計一〇の指標で捉えられていた。三つの次元とは健康、教育、生活水準であり、指標は、①健康の次元：栄養不良、子どもの死亡、②教育の次元：五年間の学校教育、学齢期の子どもが八年生までの課程に在籍していないこと、③生活水準の次元：電気供給、戸別の衛生設備、安全な飲料水へのアクセス、床材、炊事燃料、資産（ラジオ、テレビ、自転車、モーターバイク、冷蔵庫のうち一つ以上、自動車・

トラック）の欠如である（Summer 2016: 38)。

これらのうち①と②はＳＤＧｓに含まれており、③のうち安全な飲料水へのアクセスと戸別の衛生設備もＳＤＧｓに含まれている。逆にいうと、③のトイレ以外の生活インフラと家財道具について、ＳＤＧｓはカバーしていない。以上から、ＳＤＧｓの目標1のターゲット1および2が、金銭貧困に注目していることは、不適切ではない。

OECDによる達成度の測定——日本とOECD平均　いっぽうＯＥＣＤは、二〇一六年七月にＳＤＧｓ達成度にかんするパイロット調査の結果を報告して以来（OECD 2017: 9）、現在までに三度報告書を公表している。日本が登場するのは二〇一九年報告からである。報告書の国別プロフィールは、当該国の各ターゲットの達成度について、カラフルで印象的な図を掲載している。二〇一九年報告の日本の図を見ると、目標別では、目標1の貧困撲滅、目標5のジェンダー平等、目標10の不平等削減において、達成までの距離が大きいターゲットがあることが見てとれる（OECD 2019: Fig. 2.35)。図にスターリンクで添えられたエクセルのデータ表を見ると、日本の相対的（所得）貧困率は二〇一五年に一五・七％であり、到達目標値までの「距離」を調整した数値は二・六八とされる。[3] ＯＥＣＤの平均の距離は二・三二であるので、日本は平均に届いていない。日本の距離をＯＥＣＤの平均距離で割ると、一・一五倍である。ＳＤＳＮ報告書とＯＥＣＤ報告書で示された貧困率は、ＯＥＣＤに報告されている日本の国民生活基礎調査による数値と考えられる。

二〇二二年報告では、SDG1・2の達成までの日本の距離は二・四五となり、一見進捗したようだが、OECDの平均距離は一・四一なので、日本の距離はOECD平均の一・七四倍と、この間に劣後したことが分かる。このように二〇一九年報告と二二年報告のあいだで日本が「劣後」したと考えられるターゲットとして、1・2のほかに、4・5（教育の社会経済的な均等指標）、5・4（アンペイドワークのジェンダー格差）、5・5（国会議員の女性比率）、などが目立つ。また目標3（保健医療）は、全体として達成したと評価されているものの、3・3として新たに「感染症」が測定されており[4]、日本の距離はOECD平均の一・三八倍である（OECD 2022: Key Findings by Country, Japan）。

OECDの二〇二二年報告について日本政府は、SDGs推進本部による「持続可能な開発目標（SDGs）実施指針」の二〇二三年一二月改訂版で言及している。すなわち目標8（経済成長と雇用）および目標9（インフラ、産業化、イノベーション）で進展したものの、目標5（ジェンダー平等）および目標10（不平等）で、「課題がある」と指摘されている、と紹介する。同時に、SDGs推進円卓会議の民間構成員が作成した政府への提言では、貧困、ジェンダー、人権において「課題がある」と指摘されたことを認める。そして指針の重点事項②「『誰一人取り残さない』包摂社会の構築」では、「貧困や格差の拡大・固定化による社会の分断を回避し」、と述べる（SDGs推進本部 2023b: 3, 5）。しかしこの実施指針にも、二三年三月に改訂されたSDGsアクションプランにも、「貧困や格差の拡大・固定化」をいかに把握し、どこまで「回避」するのかには、触れていない（SDGs推進本部 2023a）。

以下では、貧困削減と感染症への対応について、やや長期にわたる日本政府の対応を見よう[5]。

■日本政府の対応

貧困を把握しようとしない

岸田文雄首相（当時）の就任以来の国会答弁や政策文書によれば、この内閣に、貧困を削減するつもりも、それ以前に貧困の実態を把握するつもりも、ありそうになかった。より正確にはこの内閣に「も」、というべきだ。というのは、そもそも自民党を中心とする政府は、従来、貧困を量的に把握して公表することがなく、日本社会に貧困が存在することを認めてこなかったからである。これが転換されたのは、民主党を中心とする鳩山由紀夫内閣の発足からまもない二〇〇九年一〇月二〇日である。すなわち、同日の閣議後記者会見で長妻昭厚生労働大臣が、同省の国民生活基礎調査にもとづく「相対的貧困率」を初めて公表した。以後、第二次安倍晋三内閣のもとでも相対的貧困率は計測され公表されてきた。

それが岸田首相に至って、相対的貧困率という指標自体が、〝日本にはなじまない〟という国会答弁がとびだした。すなわち首相は二〇二一年一二月八日に、立憲民主党の西村智奈美幹事長の代表質問にたいして、相対的貧困率という指標が日本には「なじまない」と答弁していた。しかも、相対的貧困率に代わる指標を提示するわけでもない。貧困概念に代表される人びとの経済的状況を把握することそのものが、拒否されていると理解せざるをえない。これでは、右記の二〇〇九年一〇月、つまり長妻大臣が日本政府として初めて相対的貧困率を公表した時点の以前へと、逆走するかのようである。

それにしても、日本に「なじまない」とは、どういう意味だろうか。答弁はその理由として、「相対的貧困率は、高齢化が進めば、年金暮らし等で相対的に所得の低い高齢者層が増えることで高まることにな」るから、と述べた。この答弁は端的にお粗末で、起案者を憐れむような感情にかられる。

というのは、人口高齢化が着々と進行したこの数年間に、全人口の貧困率は若干下がったからである。すなわち、国民生活基礎調査による相対的貧困率は、一九八五年から二〇一二年まで上昇したのち、二〇一五年・二〇一八年・二〇二一年と若干低下した（二〇二一年は新基準）。高齢層の貧困率も一九八五年から相当に低下しており（この数年は下げ止まり）、一九八五年以降に貧困率が上昇したのは、子どもと現役層である。そもそも、高齢層の貧困率が現役層や子どもよりも低い国は、ＯＥＣＤ諸国で稀ではない。ところがＯＥＣＤ統計（国民生活基礎調査にもとづく）が示すように、日本では高齢層の貧困率が現役層および子どもよりも高い。

高齢化が全人口の貧困率をおし上げるのは、高齢層の高めの貧困率が低下しない、という条件のもとである。岸田首相の答弁は、高齢者の貧困をいっそう削減することに、とりくむつもりがないと宣言したに等しい。東京都立大学の阿部彩が丹念に分析するように、日本の貧困者の四人に一人は高齢女性であり、高齢女性の貧困にとりくまないかぎり、ＳＤＧ１・２の達成どころか、劣後を挽回することも、期待できないのである。

削減をめざさないどころか悪化させている　しかし、日本の貧困事情には、ＯＥＣＤ諸国のなかで貧困率が高く、劣後しつつあることにとどまらない、重大な特徴がある。近年の複数の実証分析によると、当初所得レベルで測定された貧困率が、可処分所得レベルの貧困率よりも低いような、人口区分があるのだ。これは政府による所得再分配（税・社会保障負担を徴収し、社会保障現金給付を支給する）において、貧困を削減する機能がマイナスであることを意味する。つまり、所得再分配が貧困をかえって深めるという事態を示唆する。逆機能が生じた人口区分とは、現役層のうち世帯の成人が全員就業する世帯（共稼ぎ世帯、就業するひとり親、就業する単身者）（ＯＥＣＤの二〇〇九年の分析）、就業者全般（駒村康平たちの二〇一〇年の分析）、そして子ども（阿部彩が一九八五年から二〇一八年まで逐次分析）、である。

いっぽう、専業主婦世帯、失業者や高齢者では、所得再分配により貧困が削減されている（大沢 2020）。阿部彩は、国民生活基礎調査による二〇一八年のデータを分析し、女性でのみ、〇―四歳児、および二五―二九歳で、可処分所得レベルの貧困率が当初所得レベルの値より高いことを見出した（貧困統計ＨＰ https://www.hinkonstat.net/）。

感染症を軽視してきた　では感染症については、どのような政策動向だったのか。新型コロナウイルス感染症が発生すると、日本では――保健所に相談するまでに三七・五度以上の発熱四日間など――ＰＣＲ検査を受けるまでのハードルが高く、新規陽性者が増えればたちまち病床が逼迫するという事態がくり返された。これは不測の問題というより、長年かけて相当に意図的に、構成された脆弱性と見るべきである。

日本の保健医療体制をやや長期的に概観すると（詳しくは大沢 2020）、まず感染症病床数は一九九八年に九二一〇床だったが、翌九九年にいっきに三三二一床に減少した。以後も減少したのち、二〇二〇年には一八八六床になっていた（二一年には一九八三床、二二年には一九〇九床と微増）。一九九八年から二〇二〇年までの感染症病床の減少率は八〇％に迫るのにたいして、病院病床総数の低下は、同期間に六、七％程度と緩やかだった（二〇一七年までは社会保障統計年報各年版、以後は厚生労働省医療施設（動態）調査各年版）。感染症へのそなえが薄くなっていたことは否定できまい。厚生（労働）白書等は、日本の疾病構造が感染症から生活習慣病へと変化したと、繰り返し述べてきた。これは事実の認識であるにしても、大蔵省＝財務省から医療費の削減への圧力があったことは想像にかたくない。

二〇一四年には医療介護総合確保推進法が制定され、「地域医療構想」を策定することが都道府県に義務づけられた。ところが二〇二〇年六月五日になって加藤信勝厚労相は、地域医療構想のなかで新型コロナウイルス感染症への対応について「も」、議論していく必要があると述べた（閣議後記者会見）。これは、従前の地域医療構想において、大規模感染症が視野に入っていなかったことを、認めたに等しい。

地域医療構想が注目された水面下では、地域保健の再編が進行していた。地域保健の関係機関は、保健所、地方衛生研究所、市町村保健センターである。コロナ禍で保健所は、「帰国者・接触者相談センター」や発熱等相談センターとして相談をさばき、衛生研が行政検査を担当してきた。

コロナ禍に先立つこと一〇年の二〇一〇年には、厚労省に「地域保健対策検討会」が設置され、二〇一二年三月末に報告書を提出した。検討会では保健所について、設置数と職員数の減少が機能発揮にあたっての課題であると意識されていた。また地方衛生研究所についても、人員・予算・研究費の削減による「大幅な機能低下」が指摘されていた。

保健所は一九九一年に最多の八五二カ所あったものが、九七年に七〇二カ所へと大幅に減少し、その後も減少を続けて二〇二〇年には四六九カ所となった（社会保障統計年報：全国保健所長会ＨＰ）。いっぽう地方衛生研究所は、二〇一〇年時点で全国に七七カ所（都道府県と政令指定都市、中核市、特別区の一部）あり、二〇二〇年にかけて数の減少は見られない（地方衛生研究所全国協議会ＨＰ）。

社会保障統計年報データベースおよび地域保健・健康増進事業報告で保健所常勤職員数を見ると、一九八九年の総数三万四六八〇人から二〇一九年の二万九三四五人へと、約五三〇〇人減少した（一五・四％の減少）。じつは、その間に保健所の薬剤師・獣医師は約三七〇〇人増加した（二・三四倍、増えたのは主として薬剤師）。したがって、他職種の人数の減少は激しかった。とくに検査技師（臨床検査技師と衛生検査技師。大多数は臨床検査技師）は半減し、「その他」職員（主として事務職と思われる）は四五％減少している。保健師の数は減っていないが、非正規化がとくに女性で進んだ（衛生行政報告例（隔年報））。

地方衛生研究所の人員についてやや長期的に、統計が存在する一九九七年から見ると、**図5－1**が示すように、職員総数は二〇〇二年の三七七二人をピークに減り続け、近年は微増して二〇二二年に三〇〇八人だった。うち研究・検査をおこなう職員数（衛生検査技師を除く）は、二〇〇四年に一七八七人だったものが、以後減り続け、二〇一九年には一三二八人だった（衛生行政報告例（年度報））。コロナ禍でも、職員総数も研究・検査職員数もさほど増えていない。

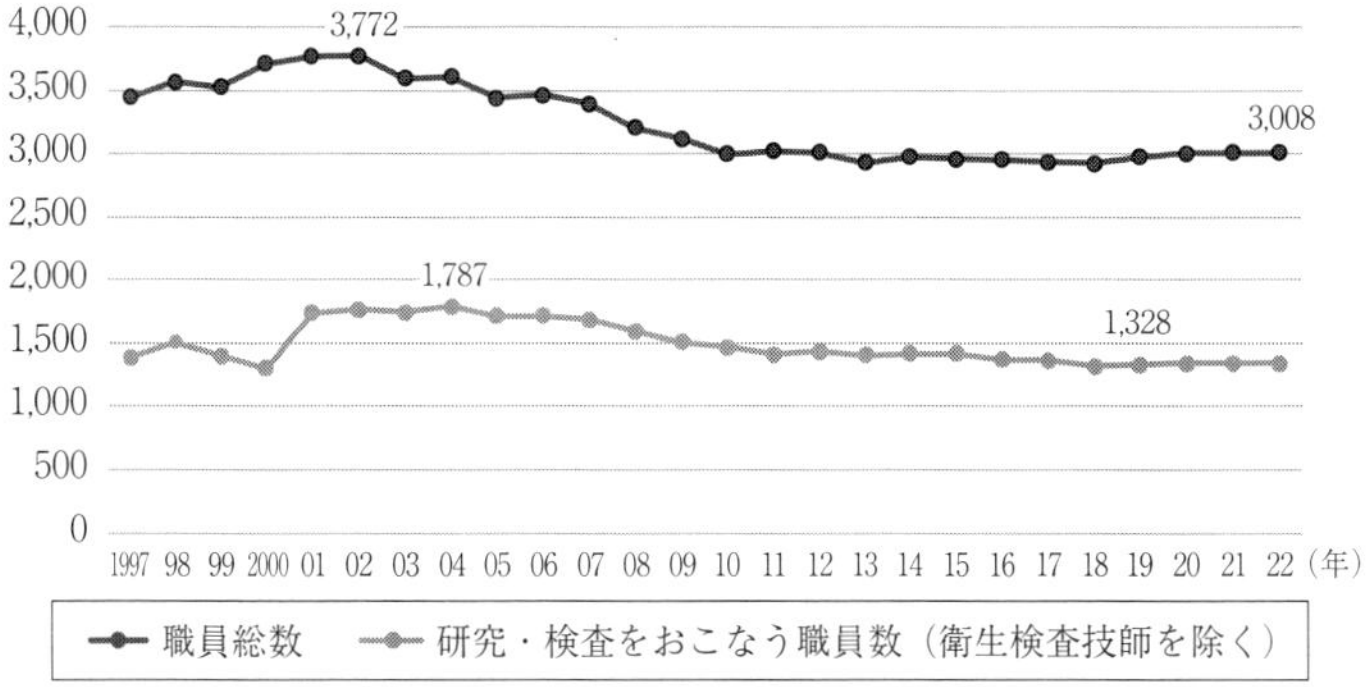

図 5-1　地方衛生研究所の職員数，総数と研究・検査をおこなう職員数
出所：衛生行政報告例各年度報より作成.

PCRという言葉を削れ　さて二〇一〇―一一年の地域保健対策検討会は、二〇一〇年の新型インフルエンザ（A/H1N1）対策総括会議の報告書を参照していた。そのサーベイランスの提言Aの3は、「地方衛生研究所のPCRを含めた検査体制などについて強化するとともに、地方衛生研究所の法的位置づけについて検討が必要である」と明記している（新型インフルエンザ（A/H1N1）対策総括会議 2010）。同総括会議の最終会合の議事録を見ると、会議構成員の岡部信彦（当時は国立感染症研究所感染症情報センター長）は、この箇所で「病原体検査」で一括すればよいとの理由で、「PCR」という言葉を削除することを求めている。座長の金澤一郎（当時は日本学術会議会長）が「含めた」を加えることでPCRの語を残すことを提案し、残ったのである[6]。岡部は地域保健対策検討会のメンバーでもあり、コロナ禍についても専門家会議や対策分科会の有力メンバーかつ内閣官房参与を務めた（二〇二四年現在は川崎市健康安全研究所長）。

地域保健対策検討会が二〇一二年三月末にまとめた報告書には、「地方衛生研究所の充実・強化」の見出しのもとに、ＰＣＲの語も検査の語も見られない（地域保健対策検討会 2012: 45-46）。そして地域保健の役割は、従来の「個人を対象とした公助」から、今後は「自助及び共助支援としての公助」に向かうと展望された（地域保健対策検討会報告書の概要）。従来「公助」であったものを、「自助」を優先する分野に転換しようというのだった。

二〇一〇年の新型インフルエンザ（A/HIN1）対策総括会議報告書が、上記のように地方衛生研究所のＰＣＲ検査を含めた検査体制の強化、法的位置づけの検討を提言していた点について、加藤厚労相は二〇二〇年六月一五日の国会答弁で、対応の遅れ（一〇年！）を認めた。第二次安倍政権の最初の厚労相を務めた田村憲久議員も、その〝放置〟を反省した（『東京新聞』二〇二〇年六月二一日）。しかし、その後も検査の拡充が進んだといえないことは、たとえば二一年二月中旬の検査陽性率が五〇％に迫った点に示された（高い検査陽性率は検査数の不足を示唆する。https://ourworldindata.org/coronavirus-testing#the-positive-rate）。

4　結　語

ポランニーは第二次世界大戦末期に、資本主義がむきだしでは、人間も自然も食い潰されかねず、企業家も景気の周期ごとに破産を免れないと警鐘を鳴らした。二度の世界大戦という甚大なコストに学んだ諸国や国際機関は、人類をはじめ地球上のいのちの再生産にむけて、市場を規制し所得を再分配する社会政策を導入実施し、地球環境を劣化させない取組も進めてきた。しかし国際機関の評価によれば、SDGsの達成において日本は全体として「取り残され」つつあり、とくにジェンダー平等、貧困撲滅、不平等削減、教育の均等などで劣後が目立つ。水陸の生命や責任ある消費と生産、飢餓の撲滅でも達成度が低い。感染症への取組でもOECD平均まで距離がある。

日本では、岸田前内閣が、歴代自民党内閣に倣うかのように、貧困を削減する意思を表明することなく、それ以前に貧困の実態を把握することも、拒否した。削減するどころか、政府による所得再分配がかえって貧困を深めるほどに、日本の社会政策は機能不全であり、少子化による人口減少が加速している。そして、感染症にたいする体制の脆弱性は、長年かけて相当に意図的に構成されてきたのだった。

このような政府を戴いたままでは、日本社会が衰滅するという私の危惧が、杞憂といえないことを、理解していただけるだろうか。

【注】

（1）本節は大沢（2013）の第二章2-2を再構成している。

（2）一番目と二番目の指標は、二〇一七年の購買力平価アメリカドルで、それぞれ一日あたり二・一五ドルと三・六五ドルに満たない生計を営む人口の比率である。これらは日本では達成されている。

（3）zスコア正規化であり、算定式は［到達目標値－測定値］／標準偏差。測定値が目標値よりも低ければゼロとする。

（4）一九年報告では、ＡＩＤＳの新規感染率、および結核による死亡率が指標だった。

（5）くわしくは、大沢（2025）のとくに第II部を参照。

（6）https://www.mhlw.go.jp/bunya/kenkou/kekkaku-kansenshou04/dl/infu10608-04.pdf. 議事録にページ番号は振られていないが三七―三八頁のやりとりである。

【参考文献】

地域保健対策検討会 2012『地域保健対策検討会報告書――今後の地域保健対策のあり方について』。

Esping-Andersen, Gøsta 1990 *The Three Worlds of Welfare Capitalism*, Cambridge: Polity Press（岡沢憲芙・宮本太郎監訳 2001『福祉資本主義の三つの世界――比較福祉国家の理論と動態』ミネルヴァ書房）。

萩原なつ子 2002「環境とジェンダー――『自然との共存』」田中由美子・大沢真理・伊藤るり編『開発とジェンダー――エンパワーメントの国際協力』国際協力出版会、二〇六―二一五頁。

駒村康平 2018「長寿社会における基盤整備としての人的資本政策」三浦まり編『社会への投資――〈個人〉を支える〈つながり〉を築く』岩波書店、一九五―二一七頁。

OECD 2017 Measuring Distance to the SDG Targets, *An assessment of Where OECD Countries Stand.*

OECD 2019 Measuring Distance to the SDG Targets 2019, *An Assessment of Where OECD Countries Stand.*

OECD 2022 *The Short and Winding Road to 2030, Measuring Distance to the SDG Targets.*

小野塚知二 2023「産業革命論――欲望解放と自然的制約」『岩波講座世界歴史15　主権国家と革命　一五～一八世紀』岩波書店、一〇三―一三五頁。

大沢真理 1986『イギリス社会政策史――救貧法と福祉国家』東京大学出版会。

大沢真理 2013『生活保障のガバナンス――ジェンダーとお金の流れで読み解く』有斐閣。

大沢真理 2020「アベノミクスがあらかじめ深めた『国難』」『公法研究』八二、二二〇―二三三頁。

大沢真理 2025『生活保障システムの転換――〈逆機能〉を超える』岩波書店。

ポラニー、カール 1957＝1975 吉沢英成・野口建彦・長尾史郎・杉村芳美訳『大転換――市場社会の形成と崩壊』東洋経済新報社。
Sachs, Jeffrey D., Guillaume Lafortune, Grayson Fuller 2024 *The SDGs and the UN Summit of the Future, Sustainable Development Report 2024*, Paris: SDSN, Dublin: Dublin University Press.
ＳＤＧｓ推進本部 2023a「ＳＤＧｓアクションプラン２０２３――ＳＤＧｓ達成に向け、未来を切り拓く」。
ＳＤＧｓ推進本部 2023b「持続可能な開発目標（ＳＤＧｓ）実施指針改定版」。
新型インフルエンザ（A/H1N1）対策総括会議 2010『新型インフルエンザ（A/H1N1）対策総括会議報告書』(https://www.mhlw.go.jp/bunya/kenkou/kekkaku-kansenshou04/dl/infu100610-00.pdf)。
Sumner, Andy 2016 *Global Poverty, Deprivation, Distribution, and Development since the Cold War*, Oxford: Oxford University Press.
田中由美子 1994「社会林業とジェンダー」原ひろ子・大沢真理・丸山真人・山本泰編『ライブラリ相関社会科学2 ジェンダー』新世社、三五一―三六六頁。

6 人口縮小問題とイデオロギーとしての「家族主義」

伊藤　公雄

1 はじめに

日本社会が少子・高齢社会の深化を本格的に意識し始めたのは一九八九年、いわゆる一・五七ショックの年以後のことだった。合計特殊出生率が大幅に低下し、このままでは人口の再生産を維持することが難しいことが明らかになったのだ。

もちろん、狭い国土に一億二〇〇〇万人を超える人口が相応しいかは議論のあるところだろう。よりゆとりある社会にとって、これだけの人口が必要だろうかとも思う。他方で、世界史的にみても例のない超高齢社会を前に、人口縮小がもたらす様々な課題があることも事実だ。

問題は、人口の維持ということ以上に、人間の生活と社会を持続的に再生産させる力を日本社会が失いつつあることだと思う。少子・高齢社会の深まりは、今から「少子化対策」をしても間に合わない。

生まれた赤ちゃんは、成長するのに二〇年はかかるからだ。問題なのは、もっと早い段階で、少子・高齢社会の「現実」を見つめ、それに対応する社会制度の設計をすべきだったということだ。にもかかわらず、日本政府は、この三〇年間、真逆と言ってもいい政策を継続してきたのである。

2　見えていた労働力不足

少子化の深まりが、次世代の労働力不足を生むことは早い段階でわかっていたことだ。お金を稼いでそれをつかう人、税金や社会保障費を支える人が減るのだから、経済も縮小するし、教育や社会福祉等の生活の基盤を支えることも難しくなる。他方で、日本の場合、急激に進行する高齢者人口の増加がもたらす高齢者福祉（この点は、史上最大規模の高齢者割合が生じることが予想されていた）による財政の危機もまた問題とされていた。いわば少子社会と高齢社会の深化というダブルパンチが生じることは、一九九〇年代初頭には予想されていたのだ。

一九九〇年代半ば頃、少子化による労働力不足を埋めるには「ジョロウガイにたよる以外ない」という経済界の発言をしばしば聞いた。ジョ＝女性の社会参画、ロウ＝高齢になっても元気な人に働いてもらうこと、ガイ＝海外からの労働力の受け入れ、ということである。とはいえ、この言葉、あまりにも響きが悪く、すぐに消えていった。

言葉のイメージはともかく、この時期には、明らかに女性の労働参画、高齢者の就業継続、外国人労働力の受け入れの必要性は明らかになっていた（後に述べるように、実際は、女性とともに高齢者の労働条件の悪い非正規労働での雇用の拡大や、外国人労働力の「密輸入」によって、労働力が維持されてきたともいえる）。

さらに付け加えれば、冷戦の終了とともに新興国の経済発展が見えてきたこの時期、日本社会の持続的展開のためには、これまで以上の科学技術政策や文教政策の深化もまた求められていたはずだ。

3 ジェンダー平等と女性の労働参画

まずは、女性の労働参画の必要性について考えてみよう。この点は、一九七〇年代のヨーロッパが前例になるだろう。かつてナポレオン法典以後の家父長制の家族制度のもとで「既婚女性の労働の抑制」（「既婚女性の就労には夫の許可が必要」という法律は、フランスでは一九六五年まで、スイスに至っては一九八五年まで存続していた）を維持していたヨーロッパ諸国も、一九七〇年を前後し家父長制の廃止や離婚法、中絶合法化など女性の権利の法整備（今なお多くの問題は含みつつも、これらの課題は敗戦直後の日本社会ではとりあえず「解決済み」であった）を行った。

女性の労働参画について、いち早く舵を切ったのは、北欧諸国だった。なかでもスウェーデンは、一九六〇年段階から人口縮小への対応として女性の経済活動参画の拡大へと政策的な方向転換を図った。一九七〇年代以後生じることが予測された労働力不足に対して、移民の受け入れ政策とともに、家庭にいる女性の労働力の重要性についての認識のもとで女性の労働参画への政策的な準備が始まった。

一九六〇年代、女性の労働力率という点では、主要国の中でも頭抜けて女性が働いていた日本（農業や家事労働者としての女性の労働参加が維持されていたこともその理由だろう）と比べれば、スウェーデンの女性の労働力率は、やや低いレベルにあった。一九七〇年代に入ると、ＯＥＣＤ加盟国のなかで、トップのフィンランド、二位の日本に続くレベルまで女性の労働力率が急上昇し始める。特にスウェーデンの場合、女性の社会参画拡大に向けて、ジェンダー平等に向けての教育が戦略的に準備されていったことも押さえておく必要がある。社会全体で、ジェンダー平等（当時は男女平等）の推進が開始されたのだ。その結果、スウェーデンは、一九七〇年代中期には女性の労働力率の面で日本を抜き、主要国でも女性の労働参画の模範として評価されるようになっていった。

フィンランドやスウェーデンなど北欧諸国から開始され、その後ヨーロッパに拡大していった女性の労働参加の背景には、人権としての女性の権利課題急浮上とともに、人口縮小に伴う労働力戦略も存在していたことは、おさえておいてもいいのではないだろうか。

当初、北欧だけでなく、ドイツやフランス、さらにイギリスなどでは、相対的に経済力の弱い南欧や、旧植民地などからの移民政策によって、労働力不足への対応を開始した社会も多かった。しかし、一九七〇年代、人種差別問題に直面し、移民の受け入れをストップする動きが広がった。国際的な不況もあり、それまで主流だった「男性稼ぎ型モデル」では、生活が成り立たなくなったことも関係し、女性の労働市場への進出が急展開していった（当時、ヨーロッパでは、小学校が昼までという国も多く、子どもの送迎と昼食が女性の仕事になっていた社会もかなりあった。そのため、女性が働く場合も、昼までの勤務体制などが多かった教員や公務員などの限定された職種のケースも多かった)。

女性の労働参加を拡充するということになると条件がある。何よりもまず、男女平等の労働条件が整備される必要がある。

また、男女が働く社会になると、それまで女性が担ってきた「家族的責任(家事・育児の責任)」問題が浮上する(日本も一九九五年に批准したILO165号条約「家族的責任条約」はその一つの表れといえるだろう)。特に、育児問題については、男女で担う必要がある。政府や地方自治体の支援(子育て世帯への税の優遇、保育所等育児サービスの充実、子ども手当などの直接給付)も重要になる。さらに、男性の家事・育児参加(欧米では一九七〇年代以後)の拡充や、それを支える労働時間短縮=「ディーセント・ワーク(人間的な労働)」を含むワーク・(ファミリー)ライフ・バランスも進める必要がある。

子育て世帯(婚姻しているかいないにかかわらず)への支援策については、政府の家族政策への支出をみると各国の違いが明らかになる。OECD加盟国のGDP比の家族関係支出を見ると、福祉の支出が少ないアメリカ合衆国は別として、ヨーロッパ諸国は(日本政府も少しずつ政府支出を増加してはいるが)日本と比べて高い数値を示していることがわかるだろう(**図6-1**)。

日本の場合、一九九〇年段階で根本的な転換が求められていたにもかかわらず、一九七〇年代半ばから進行した「一九七〇—八〇年代日本型ジェンダー構造」(伊藤 2011 など)とでも言っていいような「男性=長時間労働、女性=家事・育児プラス育児後の非正規で年収一〇〇万円以下の労働」を、二一世紀

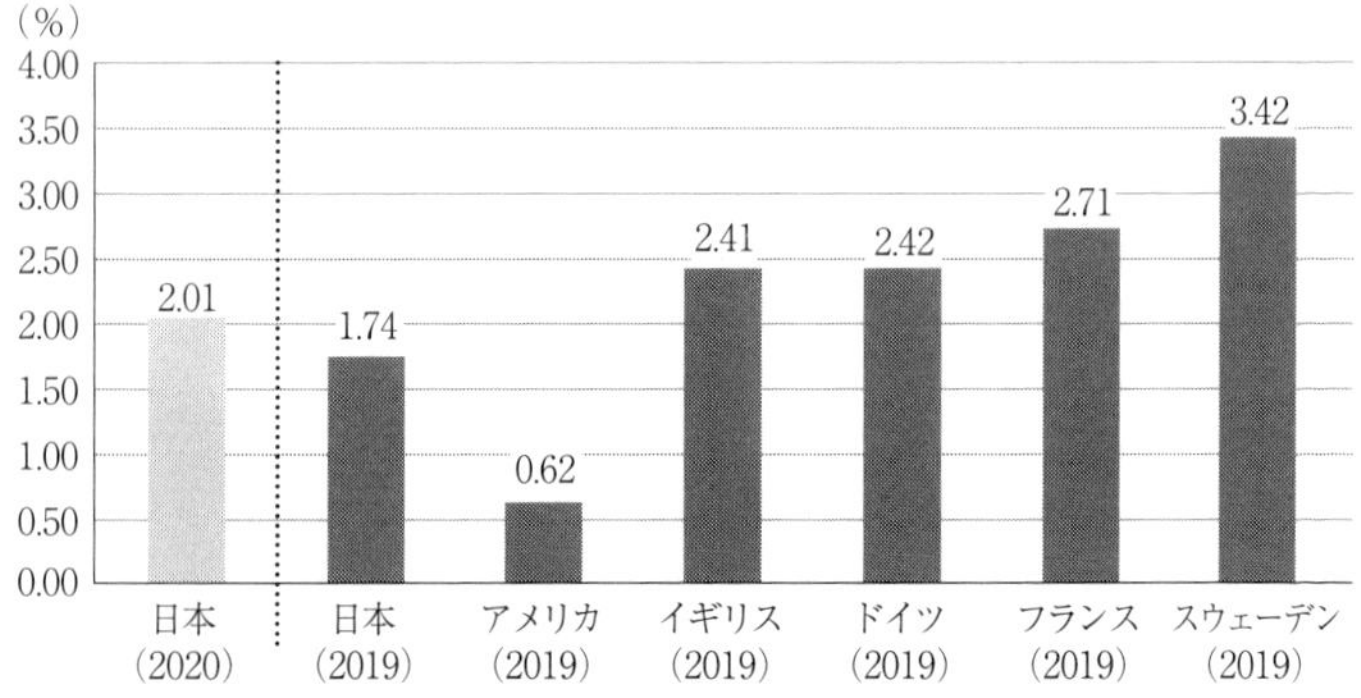

図 6-1　家族関係社会支出の対 GDP 比の国際比較

注：家族を支援するために支出される現金給付及び現物給付（サービス）を計上（決算額ベース）．計上されている給付のうち，主なものは以下のとおり（国立社会保障・人口問題研究所「社会保障費用統計」巻末参考資料より抜粋）．

・児童手当…現金給付，地域子ども・子育て支援事業費　・社会福祉…特別児童扶養手当給付費　・協会健保，組合健保…出産手当金，出産手当附加金　・各種共済組合…出産手当金，育児休業手当金等　・雇用保険…育児休業給付，介護休業給付等　・生活保護…出産扶助，教育扶助　・就学援助，就学前教育…初等中等教育等振興費，私立学校振興費等

日本においては，2019 年 10 月から，幼児教育・保育の無償化（平年度で約 8,900 億円）を実施．2020 年度は，新型コロナウイルス感染症対策に係る事業（子育て世帯臨時特別給付金，ひとり親世帯臨時特別給付金等）などの影響があることに留意．

参考：各国の国民負担率（対国民所得比）は，日本（2022 年度）46.5％，アメリカ（2019 年）32.4％，ドイツ（2019 年）54.9％，フランス（2019 年）67.1％，イギリス（2019 年）46.5％，スウェーデン（2019 年）56.4％（出典：財務省「国民負担率の国際比較」）．

出所：日本は，国立社会保障・人口問題研究所「社会保障費用統計」（2020 年度），諸外国は OECD Family Database「PF1.1 Public spending on family benefits」より作成．

になっても継続したのだ。

しかも、二〇一〇年代、いよいよ「労働力不足」が顕在化した時、「女性活躍」の「美名」の下に「安い労働力」としての女性の非正規労働を拡大したのである。これでは、人口縮小に備える体制とはとてもいえないだろう。

4　高齢者の就業継続

「ロウ＝高齢者の労働」のための制度設計も必要だった。高齢者の労働の拡大、特に、元気で働く意欲のある人の労働参画は、現役世代の減少が

予想されるなか、予測されたことであった。そのためには、高齢者が働くための条件整備（労働時間や休業＝例えば週三日一日五時間労働制度とかの整備や、給与の仕組み作りなど）などの準備が求められていた（何も対応しないままでいたら「高齢者の過労死が問題になる」というのが、一九九〇年代半ばに、講演などでよく言った「ジョーク」だった）。もちろん、（ヨーロッパほどではなくても）年金だけで老後を楽しもうという人がゆったり生きられるような年金制度も必要だった。

実際は、何の準備もないままに、二一世紀の日本社会（超高齢社会）は、六〇歳を超えても働く社会（二〇一三年には希望する人は定年六五歳という制度が誕生。今後は七〇歳になるだろう）になってしまった。『東京新聞』二〇二二年一〇月二四日の記事「高齢者労働に潜む危険」は、先の予想を裏付けている。二〇二一年に働く六〇歳以上の人は一四三八万人。一九九〇年頃には約七〇〇万人だったからほぼ倍増である。そのうち非正規労働者がほぼ七割。歳をとっても働き続ける最大の理由は「経済上の理由」（八割以上）だ。アベノミクスで雇用が増えたと政府は言っていたが、実は増加分の（正規労働者もいたが）ほとんどが六五歳以上の高齢者と女性の非正規労働者だったと言われる。また、この記事によると「六〇歳以上の労災死」が、全体の四二・四％（二〇〇〇年代初めは二五％くらいだった）と急増しているのだ。高齢者が、建設業や警備員などの危険を含む夜間勤務などに携わるのだから、事故も多発するし身体的な負荷も大きいはずだ。発生したのは過労死ではなく、労災死（過労死も労災死だが）だったのか、と改めて考え込んでしまうほどだ（図6-2）。

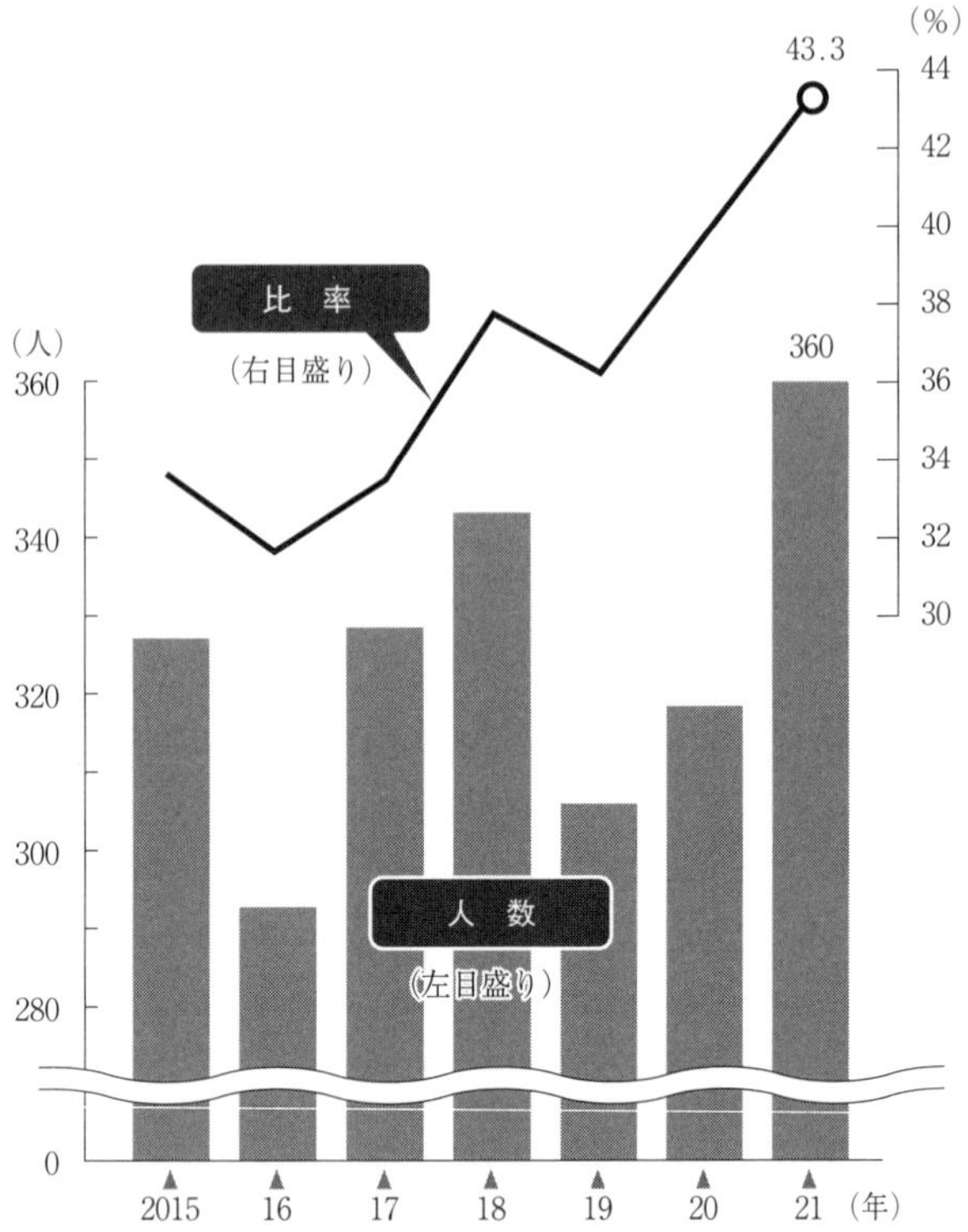

図 6-2　労災で亡くなった人に占める 60 歳以上の比率と人数

注：厚生労働省が毎月公表する労働災害発生状況（速報）を基に集計.

出所：『東京新聞』2022 年 10 月 24 日.

5　人権無視の外国人労働者の受け入れ

外国人の受け入れも、当時から言われていたことだ。すでに述べたように、実は、日本よりも早く少子化による労働力不足が顕在化したヨーロッパの主要国では、一九六〇年代後半、外国人労働力の受け入れで対応しようとした。その後、人種差別問題などの浮上で一時受け入れをストップした。いっぽう、女性運動の流れもあって急激に女性の労働参画が進んだのだ。しかしながら、ヨーロッパ社会はその後は再び移民政策による労働力確保へと方向転換していく。

外国人労働力と経済の持続的発展という点で興味深いエピソードがある。国連は、二〇〇〇年に各国の人口動態についてのレポートで、「もし現在の経済規模を維持したいなら、日本は毎年六一万人の外国人労働者を今後五〇年受け入れる必要がある」と予想した。同じ年「毎年四八万人」と指摘されたドイツは直ちに移民政策の転換を開始した。しかし、日本政府は相変わらず「移民は受け入れない」と言い続けてきたのである。

その一方で、一九九三年から始まった「技能実習生」として、驚くほど労働条件の悪い「労働力の受け入れ（「移民の密輸入」と言ってもいいかもしれない）」を日本政府は進めてきた。二一世紀に入って人手不足が明らかになると、この「技能実習生」の急増が見られた。二〇一〇年の約一〇万人が、二〇二〇年には四〇万人を超え、コロナ禍での減少の後、二〇二二年で約三二万人にのぼった。そのうち一万人程度が毎年逃亡・失踪してしまうという。失踪者数から見えてくるように、アメリカ合衆国の「人身取引の年次レポート」で、この技能実習生制度は「強制労働＝人身売買」ケースも含まれるとして厳しく批判され続けてきた（メディアもほとんど注目してこなかったこの課題が、近年、やっと報道されるようになった）。

いつの間にか、日本における「技能実習生」を含む外国人労働者（国際的には「移民」として位置付けられる）の数は、二〇二三年には約二〇〇万人。ここ一〇年だけとればほぼ三・五倍増、一九九〇年段階での外国人労働者数の二六万人と比べると七・七倍に近い増加を示している。

本来なら、外国人労働者の人権についての法整備（日本と同様少子化による労働力不足に苦しむ韓国では、二〇〇七年に外国人労働者の権利についての法整備がなされている）を進め、労働条件や家族の受け入れ体制などの確立や、学校などでの多文化共生教育の徹底など、十分な準備体制を整えた上で、受け入れの方向を選択すべきだっただろう。ところが日本政府は、こうした受け入れ準備のないままに、二〇一九年に入管法（出入国管理及び難民認定法）を改正し、「移民」としてではなく「特定技能ビザ」としての受け入れ拡大策を実施してしまった。

当初の「ジョロウガイ」の言葉通り、これらの非正規の女性労働者、高齢者の就業継続、さらに受け入れのための法的・制度的整備も不十分なままの外国人労働者が、労働力不足の「穴」を埋めてきたともいえる（だから、「労働力不足」の議論は、ごく最近まで顕在化しなかったのだろう）。しかし、それももう限界に来ているようにも見える。とはいえ、今からでも遅くはないはずだ。意思決定参画を含むジェンダー平等な政治や労働の仕組みの構築、高齢者のウェルビーイングの観点に立った就労や年金の仕組みづくり、さらに、人権という観点をしっかり踏まえた外国人労働者の受け入れの体制構築は、今後の日本社会にとって必須の課題であり続けているのだ。

6 労働力は「コスト」か？

労働力不足を埋めるために、非正規の女性、定年後の多くは非正規の高齢者、さらにいつの間にか拡大した労働条件の悪い外国人といった「労働力」観は、労働力＝コストという視点からの雇用条件と深く関係している。人間の労働を「コスト」として捉える大企業の視座は、そのまま「現役世代」の労働条件とも結びつく。実際、一九九七年を頂点として、その後の日本の雇用者の年収は低下傾向を示すことになる。

なかでも大企業は、労働者よりも株主優先の方向を選択し、利益を内部留保として溜め込む一方、株主配当金を大幅に増加させてきた（図6-3）。逆に、企業が生み出した付加価値が労働者にどれだけ分配されているかを示す労働分配率は、一九九〇年代には七五％前後だったものが、六七・五％（二〇二二年度）と下がる傾向にある（図6-4）。名目上の賃金から物価を換算して計算される実質賃金も、下がり気味のトレンドが続いている。

なかでも若い世代の所得は上の世代と比べても継続して抑えられ気味であり、非正規労働者の拡大も

2000年度から2020年度にかけて，大企業（資本金10億円以上）の現預金は85.1％の増加（+41.6兆円），経常利益は91.1％の増加（+17.7兆円），配当は483.4％の増加（+16.8兆円）．一方，人件費は0.4％の減少（▲0.2兆円），設備投資は5.3％の減少（▲1.2兆円）．

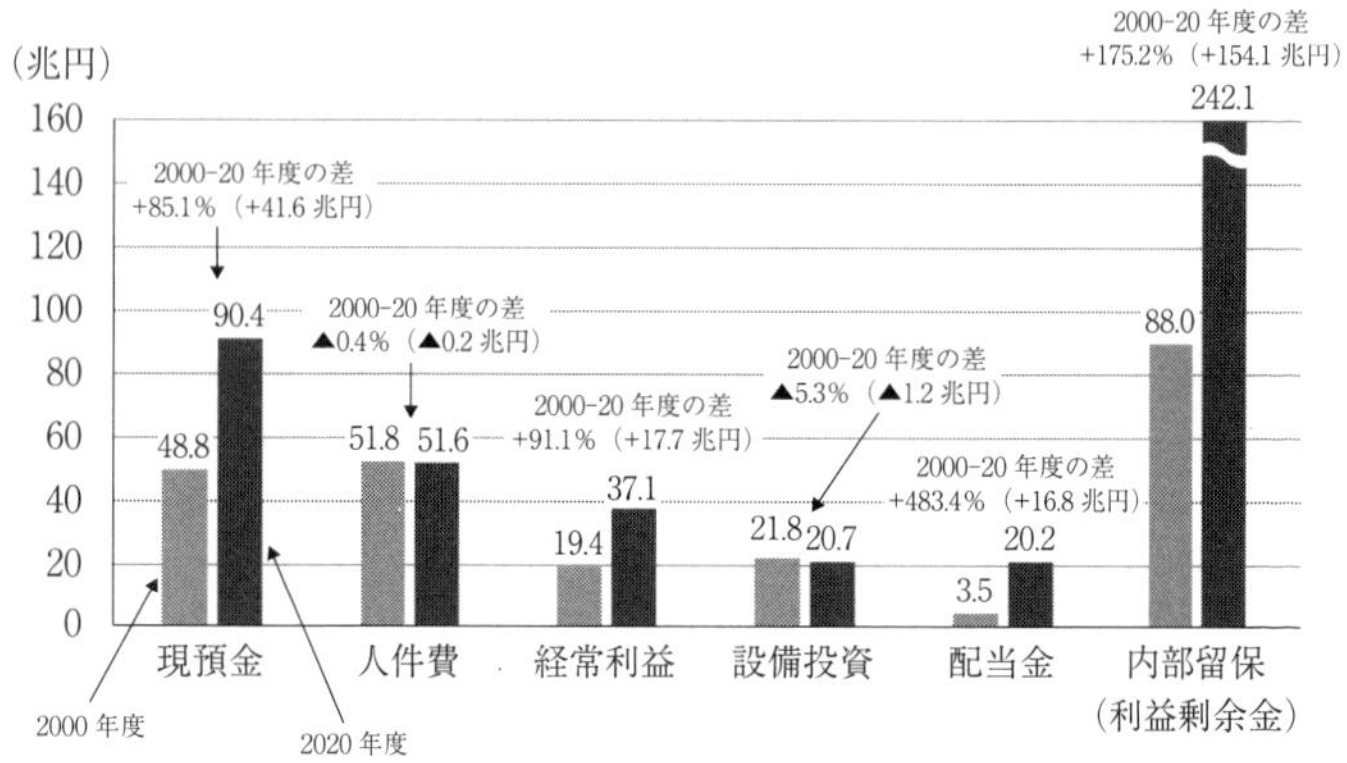

図6-3　大企業の財務の動向

出所：令和3年1月 内閣官房新しい資本主義実現本部事務局『賃金・人的資本に関するデータ集』．

あって、二〇—三〇代世代が結婚・出産・育児という生活設計をすることが困難な状況を生み出してきた。その結果が、一年の出生数が七〇万人を割るという事態を引き起こした大きな原因だったのだ。

労働の対価としての賃金は、生活の維持とともに労働従事者のウェルビーイングを支えるものでなければならない。日本の労働現場で今なお続いている（男性労働者に目立つ）長時間労働問題と女性と高齢者に多い労働条件の悪い非正規労働、さらに実質賃金の低下に見られるような事態は、労働者の生活の再生産そのものを脅かすとともに、出産を控えさせ、また、彼ら彼女らの「自己成長」の機会を奪うことで、社会そのものの持続的な再生産の危機を招きつつあるのではないか。いわば人間をコストとしてのみ把握し、人間の

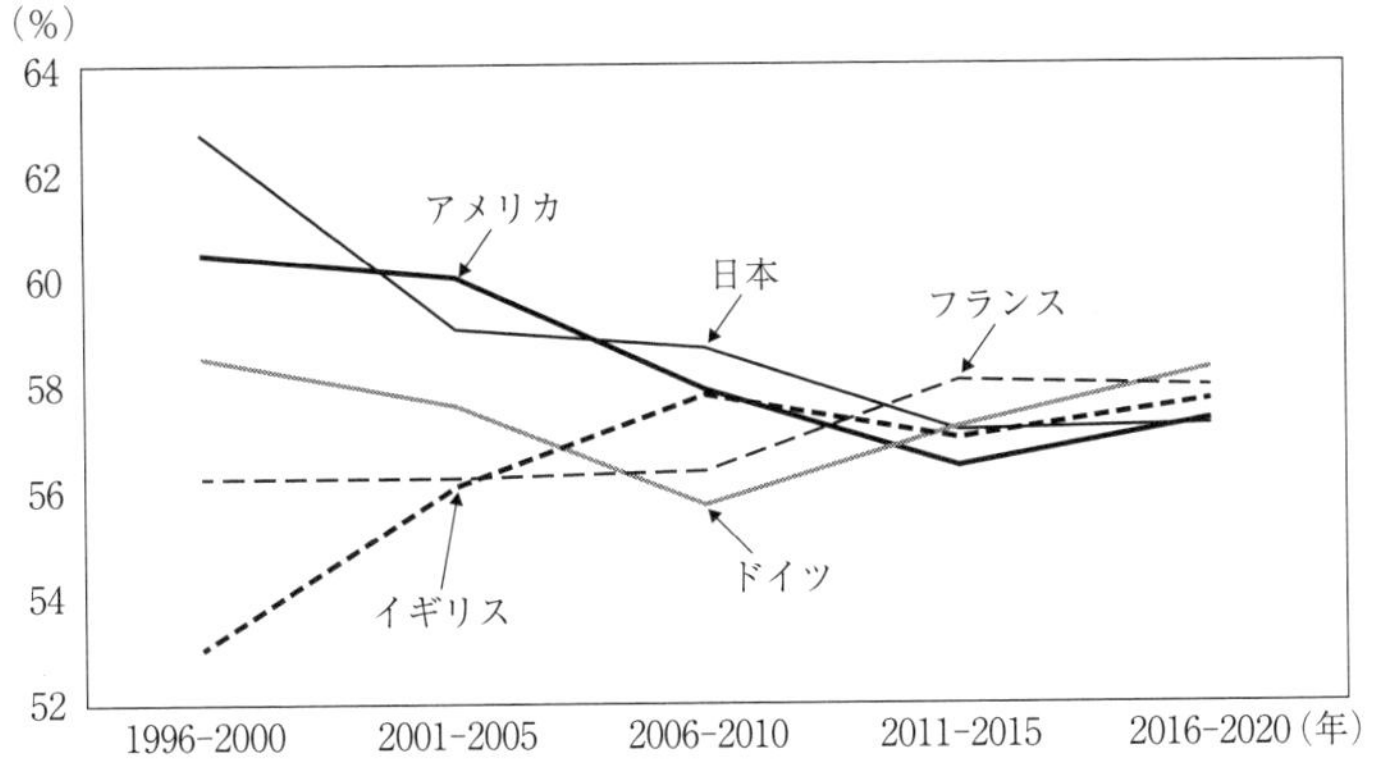

図 6-4　労働分配率の推移

出所：厚生労働省『令和 5 年版 労働経済の分析』.

個人としての成長を支える施策を怠ったことが、生命の再生産＝社会の持続的な発展を妨げてきたとも言える。

7　教育・科学技術政策の転換の必要性

繰り返すが、この三〇年、日本社会は、少子・超高齢社会の深化にストップをかけることができなかったばかりか、次世代の育成と個々人の自己成長支援という点からも大きな遅れをとってきた。他の経済的に発展した諸国が、新興国の安い労働力に対応すべく、技術力による優位を確保するため、教育なかでも高等教育の拡充や科学技術政策を推進してきたのに比して、日本社会は、この分野での対応にも出遅れたのである（伊藤 2018a）。

すでによく知られたことだが、GDP比で見た日本の公教育負担は、OECD諸国のなかでも極めて低水準である。**図6－5**は、OECD諸国の二〇二〇年段階のGDP比での教育支出である。

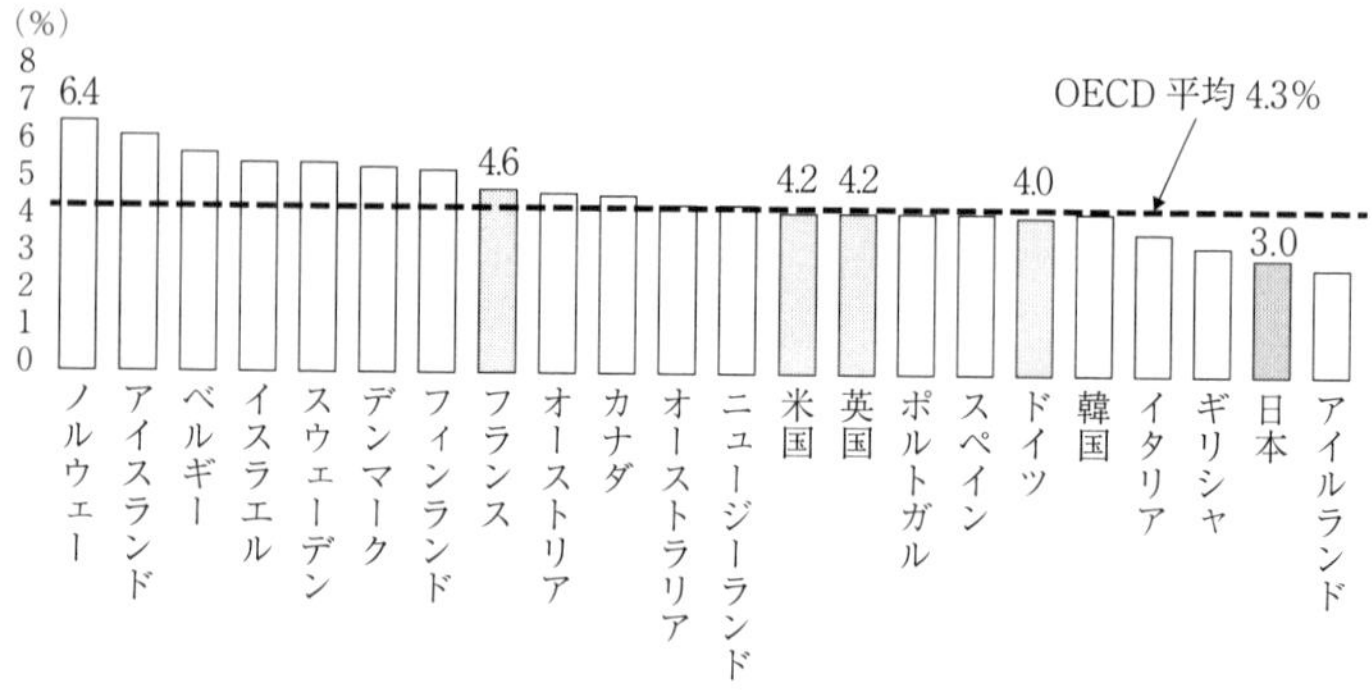

図 6-5 公財政教育支出対 GDP 比（2020 年）

出所：財務省 文教・科学技術 参考資料（2023 年 10 月 11 日）

なかでも高等教育は、その国の科学技術の基盤を形成する分野であるはずだ。多くの国が生き残りをかけて、この分野の財政負担を積極的に進めてきた。しかし、日本社会は、この分野にほとんど関心を払っていないかのようだ。実際、世紀の変わり目の数年を見るだけでもOECD諸国の多くが、この分野への「財政出動」を活発化させてもいるのを尻目に、日本だけが、マイナスになっているのである。

毎年発行される「科学技術・イノベーション白書」を見ていくと、ここ一〇年ほどの間の日本の学術論文数の低下、なかでもいわゆるトップ一〇論文数のランキングでの落ち込みの指摘がなされている。日本はすでに「教育大国」でも「科学技術大国」でもないのだ。

人口縮小で、子どもの数が減り始めた現在だからこそ、日本政府は社会の持続的発展に向けて、初等中等教育の充実を図る必要があるだろう。教員の負担問題がやっと社会的に共有され始めた今だからこそ、次世代の育成に向けた教育分野での根本的な転換が必要なのだ。たとえば、現在の小学校の三五人定員

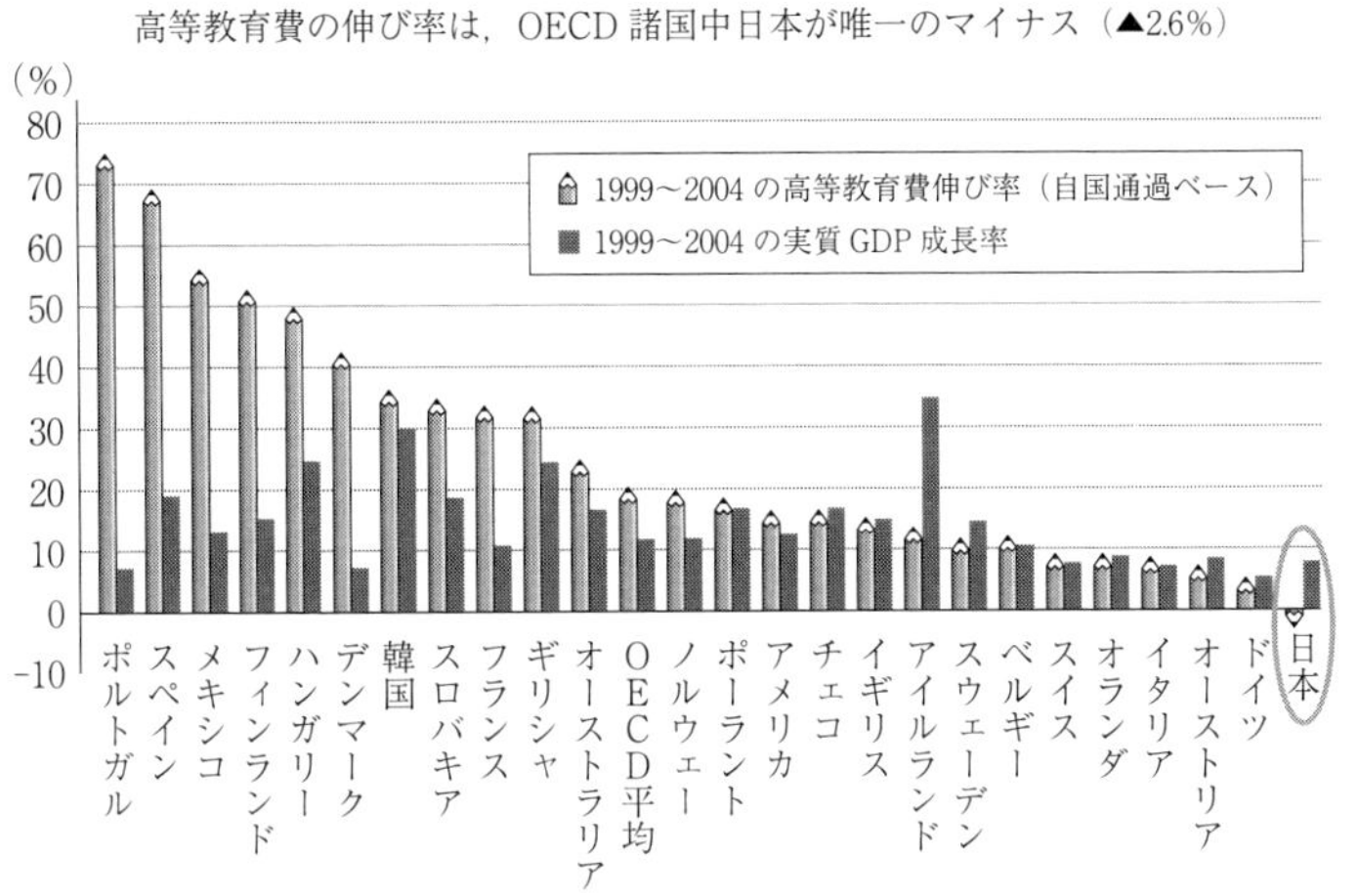

図 6-6　学生 1 人あたり高等教育費の国際比較

注：実質 GDP 成長率は，国際連合の国民経済計算データベースに基づき作成．
出所：高等教育費伸び率は，2008 年 12 月 24 日中央教育審議会「学士課程教育の構築に向けて（答申）」．

をせめてヨーロッパ並みの二〇人くらいに抑え、複数担任制度やグループティーチングの導入などを準備する必要があるのではないか。

また、高等教育分野においても、柔軟な知性と問題解決能力を備えた人材の育成に向けて、さまざまな工夫が求められるだろう。教育研究分野において、教員数の増加やパラ・アカデミアともいうべき研究や教育を支援する専門職の配置（優秀なライブラリアンをはじめとする研究支援業務を担う人々の育成と身分保障）がまた必要だろう。

さらに一九九〇年代以後、急激に減少しはじめた民間企業の研究機関の育成（設備投資）の充実もまた、政策的に問われるべきだろう。

しかも、こうした教育・研究の人材育成に際して、ジェンダー視点が重要になることもまた押さえておく必要がある。女性研究者割合がOECD諸国どころか世界全体でみても最低レベルという状態の改善は、日本の研究開発力の低迷を抜け出すためにも必須の課題だろう。

8 「家族主義のパラドクス」

実は、女性の社会参画の「出遅れ」と少子化という課題は、日本社会だけの問題ではない。経済の発達した諸国の中での南欧（ギリシヤ、イタリア、スペインなど）と東アジア（日本・韓国）諸国も、二一世紀に入って以後、「低い女性の労働力率と少子化」という同じ傾向を見せていたのだ。

他方、二一世紀に入る前後から、女性の労働参画率が高い国ほど少子化に歯止めがかかる傾向が見えてきた。このデータから「女性が働くようになると少子化に歯止めがかかる」と誤解する人もいる。しかし、事情はそんなに単純なものではない。実際、一九七〇年のデータでは「働く女性の割合が高い国ほど少子化傾向」というのが当たり前だった。ではなぜ、現在は、働く女性の多い社会が少子化に歯止めをかけることに成功したのか。それは、「女性が働きながら出産し、夫の家事・育児参加の中で就業継続できる」方向へ向かって社会のインフラを整備したからだ。

OECD加盟国の中で、この流れから置いてきぼりを食ったのが、先に触れた南欧諸国と日本・韓国の東アジア諸国だった。南欧や東アジアは、「家族主義の社会だ」と自称してきた社会だ。経済が発達した諸国（OECD諸国）では、いまや「家族主義の国ほど少子化」なのだ。このことを、イタリアの家族社会学者キアラ・サラチェーノは、「家族主義のパラドクス」と呼んだ。本来なら「家族を大切にする社会」だから子どもも生まれるのではないかと考えられがちだが、意外にも「逆」である。家族主義を自称する国ほど少子化が進行しているのだ。これらの国は、GDP比での家族支援に向けた財政支出が低いのが特徴でもある。家のことは「家族（実際は女性）」任せなのである（伊藤 2018b）。

9　日本は「家族主義」の国だったのか？

サラチェーノによれば、日本も「家族主義」の国なのだが、本当に日本社会が南欧の諸国や韓国などのような「家族主義」なのか、と言えば、実は疑わしい。イタリアをフィールドとしてきた身からみれば、イタリアの家族間の結合は、日本など比較にならないほど強い。儒教文化がいまだに社会に深く根ざしている韓国も親族間の結びつきは強いと言えるだろう。

日本はどうだろう。ルース・ベネディクトの『菊と刀』には、日本人の野原駒吉の本（Nohara 1936）からこんな引用をしている。

日本人は、家を非常に尊重するという、まさにその理由によって、家族の個々の成員や、成員相互の間の家族的紐帯を、あまりたいして尊重しない（Benedict 1946=2005: 155）。

ベネディクトも、日本の「家族主義」を、結局、家長としての男性が、目下の者に犠牲を強いる仕組みであって、家族の結びつきを重視した家族主義ではないと明言している。

実際、戦後日本社会の実態をみれば、日本が「家族間の紐帯」を大切にしていない社会であることはすぐわかる。一九七〇年代以後広がった日本の男性の長時間労働は、南欧の「家族主義」の社会なら直ちに拒否されただろう。長時間労働で家族との生活が送れなくなるような状況になったら、男性たちは、仕事よりも家族を選ぶのではないかとさえ思う。ところが日本では、「家族のため」と言いながら、遅くまで働き、飲み屋で「オールド・ボーイズ・ネットワーク」的な「飲みニケーション」に励み、家族など顧みない生活をしていた男性たちが少なくなかった。経済だけでしか家族関係を考えることができず、精神的なつながりなど無視していた男性たち（そうした男性たちの態度を否定的に眺めながら、夫離れを着実に深めていった妻たち）の姿をふり返れば、日本社会が「家族主義」だとは誰も思わないはずだ。「亭主元気で留守がいい」がテレビCMで流れる「家族主義」の社会は、考えられないことだろう。

10 イデオロギーとしての「家族主義」

家族間の強い絆を指向しないにもかかわらず、「家族主義」を自称する日本社会では、「家族を守ろう」という声が保守勢力から語られ続けてきた。というのも、日本において政権を担い続けてきた自由民主党の内部に、根強い「家族主義」が存在してきたからだ。この「家族主義」は前述したような「家族の強い絆」を意味してはいないようだ。むしろ、戦前の天皇制のもとで形成された「家長の家族支配と、メンバーへの義務と犠牲の強制」（さきほどのベネディクトの指摘通りだ）を目指したものに他ならない。

しかも、すでに述べたように、一九七〇年代以後大きく広がった「男性＝長時間労働、女性＝家事・育児プラス育児後の非正規で年収一〇〇万円以下の労働」という「一九七〇―八〇年代日本型ジェンダー構造」は、女性の家事・育児労働負担の継続に加えて、「安い労働力」としての「活用」を広げる結果となった。

むしろ、政府与党は、一九七〇年代以後の政策において、この仕組みをさらに強化しようとしていたのかもしれない。まさに「一九七〇―八〇年代日本型ジェンダー構造」が形成され始めた一九七九年、当時の大平政権は、「日本型福祉社会」の構築に向けて「家庭基盤の充実」「田園都市国家の構想」「総合安全保障」「文化の時代の経済運営」「環太平洋連帯研究」などを含む「大平プラン」を発表している。ある意味で、優れた内容を含む総合的な日本の未来像の提示であったが、ジェンダーという視点は大きく欠落していたと言わざるを得ない。ここでいう「家庭基盤充実」とは、まさに「福祉」を「家庭（＝女性）に担わせるということであったからだ。

この動きは、一九八〇年代に入ると、いわゆる一〇三万円の壁による女性の年収の一〇〇万円未満での抑制の深まりや、サラリーマンの夫を持つ女性の年金負担なき国民年金の補償という三号被保険者の制度（それまで無年金状態だった専業主婦への年金という意味では、意義はあったかもしれないが）などを通じて、女性の家庭でのケア労働負担と一〇〇万円未満の年収を前提にした非正規労働へと水路づけることになった。

こうした「家族主義」的政策が、結局、社会福祉の重要部分、特にケア労働の領域を「家庭にいる女性」に背負わせることで、女性の社会参画を妨げた。また、ケア労働そのものを、かつて「（夫や子どもへの）愛の労働」として「無償労働」化してきたこともあり、ケア労働という少子・高齢社会にとって極めて重要な労働を「安い賃金」で雇用するような構図もまた強化されてしまったと言えるだろう。

11 おわりに

最近、「失われた三〇年」という言葉をよく耳にする。名目GDPレベルで、日本社会が五〇〇兆円を達成したのは一九九〇年代の初め頃だった。しかし、その後三〇年、他の国と比べて、日本社会はほとんど成長することがなかった。背景には、すでに述べたような人口の変化＝特に生産労働人口の減少と高齢社会の深化に対応する政策を怠ってきたことが一つの原因だったはずだ。

この問題は、いまだ「伝統的家族」イメージに囚われ、社会の多様化や複雑化に対応できずにきた日本政府の問題でもあるだろう。

世界中で家族が多様化し始めている。シングル（単身所帯）も急増しているし、シングル・マザーやファーザー家庭も増えつつある。さらに、同性婚の法制化や親族外（例えば、家事労働者や介護労働者などの）メンバーとの同居ということも、アジア地域を含めて世界では当たり前になりつつある。しかし、現在の日本社会が、こうした家族の多様性にきちんと対応してきたかと言えば、いうまでもなく逆行ばかりが目立つ。「現実には存在しない」夫婦と子どもや三世代同居の「家族の強い絆」の幻想を保守派の文化人や政治家（そんな主張をする保守派の政治家の「家族」の実態を見て見たいものだ）がふりまき、「現実の課題」から目を逸らし続けてきたのが最近の日本だったのではないか。その結果が、世界経済フォーラムのグローバル・ジェンダーギャップ指数で世界一五六カ国中一一八位（二〇二四年）という状況であり、少子・高齢社会に何の対応もできないままでいる日本の「現在」なのだろう。

必要なのは、持続可能な社会の再生産に向けての方向転換なのだ。次世代育成とともに個々人のウェルビーイングの保障と自己成長可能な社会的条件の整備が求められる。また、そのためにも、将来を見据えた教育や科学技術政策の転換とともに、家族の自立（人権問題を除く、行政権力からの介入を許さない家族の自立・自律）と、それを支える政策的な（特に子どものいる家庭への）「家族支援」という普通の社会が展開している「家族政策」が必要なのだ。

【参考文献】

Benedict, R. 1946 *The Chrysanthemum and the Sword*（長谷川松治訳 2005『菊と刀』講談社学術文庫）。

伊藤公雄 2011「男性学・男性性研究からみた戦後日本社会とジェンダー」辻村みよ子・大沢真理編『ジェンダー社会科学の可能性3　壁を超える』岩波書店。

伊藤公雄 2018a「剥奪（感）の男性化 Masculinization of deprivation をめぐって——産業構造と労働形態の変容

の只中で」『日本労働研究雑誌』第六九九号、二〇一八年一〇月号。
伊藤公雄 2018b「イデオロギーとしての『家族主義』と家族政策の不在」伊藤公雄・本田由紀編『国家がなぜ家族に干渉するのか』青弓社。
伊藤公雄 2023「『家族主義』幻想とジェンダー政策」『季刊 社会運動』No. 449、市民セクター政策機構。
Nohara, K. 1936 *The True Face of Japan*, Jarrolds.

7 人口縮小社会におけるキャリア形成

武石　恵美子

1 はじめに

働く場に大きな影響を及ぼす社会環境の変化として、次の三つが同時進行している。第一に少子高齢化等の人口構造の変化（Demography）、第二に人材の多様化（Diversity）、第三にＤＸ（デジタル・トランスフォーメーション）に代表される技術の変化（Digitalization）の「三つのＤ」である。少子高齢化が急速に進み、併せて長寿化を背景に「人生一〇〇年時代」に入りつつある。これにより、働き手となる人材の多様化が進む。また、デジタル技術は、新たなマーケットの拡大を含めて市場を大きく変え、同時に金融システムや生産システムなど経済の根幹にも影響を及ぼしている。これらの環境変化は、変化のスピード、そして変動の幅の大きさの二つの側面から、社会システムに大きな変革を迫っている。

本章では、これらの変化のうち、人口構造の変化を中心に据えて、個人のキャリア形成にどのような影響を及ぼすのかについて議論をする。結論を先取りすれば、社会変動と少子高齢化が急速に進むわが国において、組織と個人の長期安定的な関係を前提にして構築されてきた雇用システムは転換を余儀なくされており、このことにより個人が自身のキャリアに自律的に向き合うことの重要性が高まり、それを支援する社会に転換することが求められる。そしてこのことは、ＤＸ等の技術構造の変化にも迅速に対応する労働市場を創出するという意味でも重要となる。

最初に議論の前提として、労働力人口の推移について確認したい。日本の総人口のピークは二〇〇八年の一億二八〇八万人でその後減少に転じたが、生産年齢人口（一五―六四歳）に関しては、それより一三年早い一九九五年に八七二六万人とピークに達している。その後生産年齢人口は、二〇二三年には七四五七万人と、二〇年弱で一二六九万人の減少となった。今後、このスピードはさらに速まり、二〇四五年には五八三二万人へと現在よりも一六二五万人の減少、二〇七〇年には四五三五万人へとピーク時の半数程度に減少するとみられており、[1] まさに人口縮小社会へと急速に進んでいく。

図7-1に、厚生労働省・雇用政策研究会（2019）の就業者数のシミュレーション結果を示した。経済成長と労働参加が進むケースと進まないケースと二つのケースで推計が行われているが、いずれにしても今後就業者数は大きく減少する。経済成長と労働参加が進まない場合には、二〇四〇年までに実績値（二〇一七年）から二割減となってしまい、経済成長と労働参加を進める施策を総動員してその減少幅を抑えることが不可欠であるが、それでも五〇〇万人を超える就業者の減少が予測されている。

生産年齢人口が減少してきたことは、労働力需給バランスに大きな影響を及ぼしてきている。日本銀

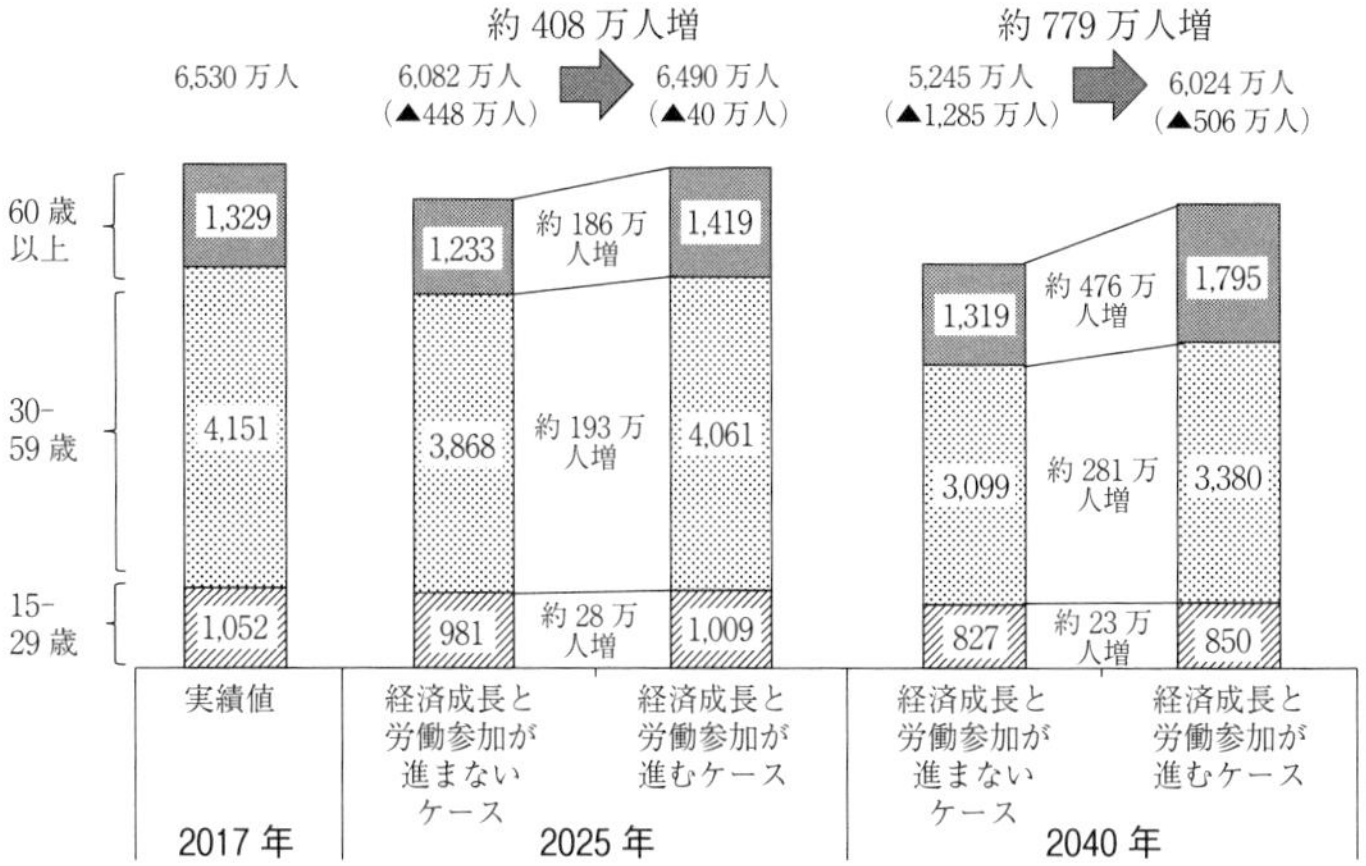

図 7-1 就業者数のシミュレーション

注：経済成長と労働参加が進むケース：各種政策により高成長が実現し，かつ労働市場への参加が進むケース．

経済成長と労働参加が進まないケース：ゼロ成長に近い経済状況であり，かつ労働市場への参加が進まないケース（2017年性・年齢階級別の労働力率固定ケース）．

出所：厚生労働省・雇用政策研究会（2019）より．

行「全国企業短期経済観測調査」の雇用人員判断D・I（雇用が「過剰」とする企業割合から「不足」とする企業割合を引いた値）は、二〇一三年以降マイナス、すなわち「過剰」とする企業割合を「不足」とする企業割合が上回る状況が続いており、近年は人材不足感の高まりが顕著である(2)。

急速に進む労働力人口の減少は、雇用システムに対しても変革を求めており、それを通じてキャリア形成のあり方にも大きな影響を及ぼすことは確実である。

2 日本の雇用システム下におけるキャリア形成の特徴

従来の日本の雇用システムは、欧米とは構造的に異なることが指摘されてきており、キャリア形成のあり方も日本的な特徴を帯びていた。

雇用システムの国際比較を行い、その多様性に注目した代表的な主張がマースデン（Marsden 1999）である。マースデンは、地域や国による雇用システムの多様性を理論的にモデル化して、四つの雇用ルールを導出した。雇用関係の重要な特徴として、雇用契約時に契約内容が明確にはならず、働き始めてから職務内容などが決定されるという点があげられる。つまり、労働者が雇用される時点ではどのような仕事が必要になるのかを明確に知ることはできないために、労働者はある限定された範囲内で自分たちの業務を特定化する権限を経営者に与えることに合意し、その範囲内で経営者は仕事の配置を決定することになる。経営環境の変化に合わせて雇用の柔軟性を維持したいという経営者側のニーズに対して、労働者は経営者の無制限な権限を許容することはできないため、それをコントロールする必要がある。この不完備契約を前提にして、どのように職務を設計するのが効率的かという「効率性」と、必要な仕事をどのように従業員に配分すれば従業員に受け入れられるのかという「履行可能性」、この二つの次元を設定し、それぞれに二つのアプローチを設定することで、四つの雇用ルールのタイプを導出したのである（**表7-1**）。

四つのタイプの中で、日本の雇用システムは「職能ルール」とされた。職務と個人との対応に高い柔軟性（機能的柔軟性）があり、かつ組織の職務設計に合わせて労働者の技能形成が行われる。例えば、日本とドイツは、職務の範囲を広げて機能的柔軟性を高めている点で共通するが、職務設計において技能資格をベースにするか（ドイツ）、個人の能力・ランクをベースにするか（日本）という違いがある。

表 7-1　雇用ルールと国別のパターン

		効率性の制約	
		生産アプローチ	訓練アプローチ
履行可能性の制約	業務優先アプローチ	「職務」ルール アメリカ，フランス	「職域」・「職種」ルール イギリス
	機能・手続き優先アプローチ	「職能」ルール 日本	「資格」ルール ドイツ

出所：Marsden（1999: 46）に筆者加筆.

ドイツでは、機能柔軟性を技能資格によりコントロールすることで職務の自律性や責任が維持されているのに対して、日本は職場集団の中で仕事配分や業績管理が行われることにつながるとする。

濱口（2009）は、こうした集団的な日本の雇用システムの特徴を「メンバーシップ型」と称し、欧米の「ジョブ型」との違いを明快に示した。日本の特徴は、「メンバーシップ契約」、すなわち欧米のように職務（ジョブ）を定めない「一種の地位設定契約」（濱口 2011: 17）という点にその本質があるとしている。「メンバーシップ型」の特徴として、職務に加えて労働時間や就業場所に関しても包括的に契約することにより、事業主の裁量を広く認める点をあげており、これは上述したマースデンの「機能的柔軟性」の高さに通じる考え方である。

日本の雇用システムの下では、個人のキャリア形成も日本的な特徴を持つことになる。日本は欧米諸国と異なり新卒採用が広く定着しており、採用に当たっては「何ができるか」という即戦力としての能力ではなく、「今後の働きや成長が期待できるか」という将来性に重きが置かれ、同時に、「一緒に働くメンバーとして相応しいか」という人間的な資質が重視される。採用時に職務などの役割が決められておらずその都度職務が決まっていくという意味で「空白の石版」（濱口 2009: 3）にたとえられている。久本（2008）は、日本の特に男性正社員に限定した時に典型的にみられる特徴として、新卒中心の採用、採用時の職種が大くくりである幅広い職種別管理、人材育成と安定雇用のための異動の日常性、をあげているが、入社後の定期的な異動やそれと関連する育成の仕組みの中に、日本のキャリア形成の特徴が埋め込まれていたとみることができる。

このようにわが国では、仕事や賃金の配分に関して、マーケットメカニズムで決定される外部労働市場とは異なり、個別の組織の規則や慣習に応じて決定される「内部労働市場」が発達してきた[3]。職務遂行に適した人材を広く外部労働市場を含めて探索するのではなく、仕事経験のない新卒者を採用後組織の内部で育成して一人前に育てることがキャリア形成の主流であり、その意味で個人のキャリア形成の主体は組織にあったと総括できる。

このようにキャリア形成を組織が主導する仕組みには、一定の合理性があった。小池（1999）は、長期に経験する仕事群をキャリアと呼んでいるが、内部労働市場の構造化が進んだ組織において、どのような仕事群をどのように経験するのがより効果的かということに関しては、従業員個人よりも組織に豊富なノウハウが蓄積されている。組織に特有の育成システムにより他社と差別化した人材を輩出することが可能となり、他の組織が模倣できないコア・コンピタンスが組織の競争力を高めると考えられてきた。

小池は、キャリアの成立のためには、「高度の技能を要し、さらに長期の見通しを可能とする分野という2条件」（小池 1999: 164）が必要であるとした。つまり、内部労働市場における計画的・効率的な内部育成が成立するためには、長期的に安定した雇用関係が維持されることが重要であり、同時に、将来にわたって求められる能力の質、すなわち需要予測を見極められることが必要条件となる。組織の中で効果的に経験を積むプロセスは、経営環境が安定していれば時代による変動は小さい。したがって、上司や先輩がたどってきたプロセスを参考にしながら仕事経験を積んでいけば、一人前に育つことができ、さらにはその上のポストを目指して順調にキャリアを積むことができると考えられてきた。

こうした状況を個人のサイドからとらえるなら、将来のキャリアについて主体的に考えなくても、自然とキャリア形成が進んできたといえるだろう。キャリアは本来「個人」に帰属するものであるが、「メンバーシップ型」雇用の下では、仕事を選ぶ、働き方を選ぶことに関して個人の裁量の余地は小さく、組織側の裁量性を高めることによって、結果として、異動や仕事配分を通じたキャリア形成が円滑に進んだのである。

ただし、ここで注意しなくてはならないのは、内部労働市場の下で組織主導のキャリア形成が行われる場合、育成の投資配分を組織が決定するために、育成機会が全従業員に開かれてはいなかったという問題である。キャリア開発のチャンスが与えられなかった従業員にとっては、不公平感につながりやすく、具体的にいえば、女性よりも男性に、非正規従業員よりも正規従業員に対して育成投資は手厚くなる傾向があり、意欲や能力があっても個人属性や置かれた状況によりキャリア形成のチャンスが与えられない人材が出てきてしまうという不合理な側面がある。つまり、キャリア形成における「二重構造問題」が存在していた。

3　人口縮小社会下の労働市場

それでは、人口が縮小する社会への転換は、働き手にどのような影響を及ぼすだろうか。これに関して、三つの側面から整理したい。

第一に、働き手の多様化が進むという形で、労働市場の質的な変化が起こる。生産年齢人口の減少に伴い、これまで労働市場で能力が十分には活用されてこなかった女性や高齢者、さらには外国人などのウェイトが高まることになる。**図7-1**に示すように、六〇歳以上の就業者数は現在よりも増加し、そのウェイトは高まっていく。またこのシミュレーションは、男女別にも行われており、「経済成長と労働参加が進むケース」でみると、男性は二〇一七年の三六七二万人から二〇四〇年には三一九五万人へと約五〇〇万人弱減少するが、女性は二八五九万人から二八二九万人へとほぼ横ばいで推移すると見込まれている。**図7-2**に示すように、年齢階級別の労働力率は、六〇歳までの男性は今後上昇する余地はなく、女性と高齢層で労働力率の上昇が見込まれている。これによって、壮年・男性がマジョリティではなくなり、多様な人材が働く場に参入することになる。同時に、このシミュレーションは、高齢者や女性、外国人などが自身の能力を発揮する機会を与えられ、また将来のキャリアに展望が持てるような政策を進めることの重要性も示唆しており、以下に述べるように労働関連の政策も発動されてきた。

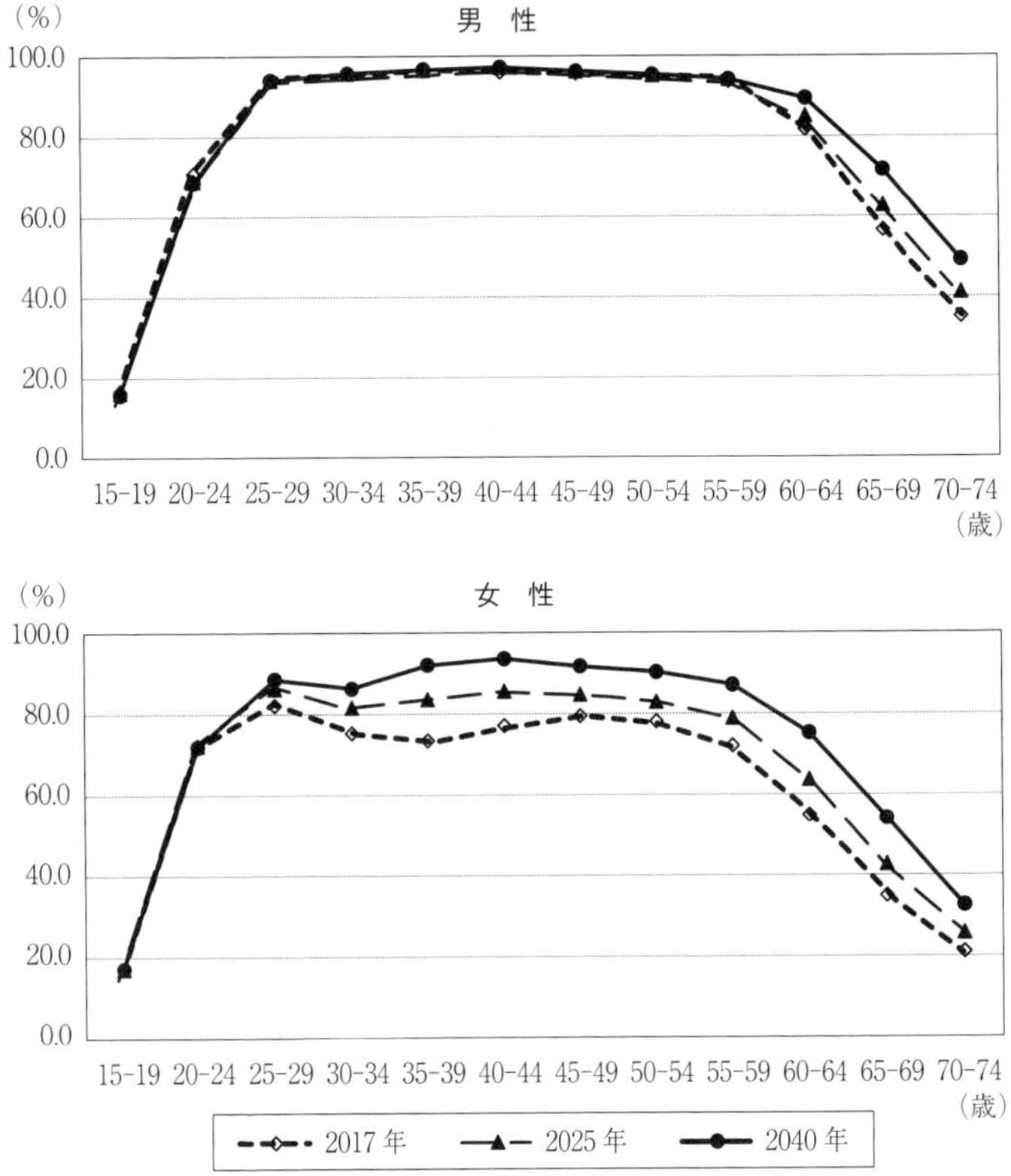

図 7-2　男女別労働力率のシミュレーション(経済成長と労働参加が進むケース)

出所：厚生労働省・雇用政策研究会（2019）より.

まず女性の就業に関しては、二〇一〇年頃から労働力人口の減少が社会システムを維持する上での制約条件になることへの強い危機感から、政府が掲げる成長戦略の重要な柱に位置付けられ、女性の活躍推進策が加速した。二〇一四年六月に閣議決定された「『日本再興戦略』改訂 2014」に、女性の活躍推進を着実に前進させるための新たな総合的枠組みの検討が盛り込まれ、これを受けて女性活躍推進法が二〇一六年四月に施行された。また、育児・介護休業法が改正され、男性の育児休業取得促進策の強化や、子育てのための柔軟な働き方の仕組みの導入などが行われている。

高齢者に関しては、事業主に対して、六五歳までの雇用確保義務（高年齢者雇用安定法改正法の二〇一三年施行により適用年齢の段階的引き上げが行われており、二〇二五年度から義務化）、七〇歳までの就業確保の努力義務（同法改正法の二〇二一年施行）を求めており、高齢者の労働力化を促進してきた。高齢者の就業は、年金制度との連携を図ることが重要となるが、将来の年金財政のひっ迫は確実視されており、高齢者の就業の場を確保することは、今後ますます重要な政策となる。

また、外国人に関してみると、外国人労働者は二〇二三年で二〇五万人となり、コロナ禍で一時減少したものの、長期的には増加傾向で推移している（厚生労働省「『外国人雇用状況』の届出状況まとめ」）。特にかねてから問題が指摘されていた技能実習制度および特定技能制度に関して、両制度の在り方に関する議論を踏まえて、改正法（出入国管理法など）が二〇二四年に成立している(4)。

第二に、人口構造の変化により就業期間が長期化するという、働き手のミクロの視点からも変化をとらえる必要がある。上述のように、生産年齢人口の減少に対応して高齢者に対する雇用確保のための制度改正が行われているが、働く個人からみれば、長寿化というライフコースの変化も受けながら、従来よりも長期的な視点でキャリアプランを考える必要性が高まっている。

就業期間の長期化と同時進行するのが、DXに象徴される技術の変化である。働く人に求められる知識やスキルが不連続に変化する状況下で、その変化に適応するためには、必要となる新しい知識やスキルを、適時従業員に再教育する、あるいは働く人自らが学ぶ、という意味での「リスキリング」の重要性が高まる。働く上で必要な知識やスキルをアップデートしていかないと陳腐化して役に立たなくなるため、長期化する就業期間の中で常に「学び続ける」というマインドセットが個人に求められる。

このことと関連して、人口構造の変化の第三の影響として、労働市場が流動化することがあげられる。知識やスキルの陳腐化をマクロの視点でとらえれば、産業構造や職業構造が転換していくことになる。アメリカで七〇二の職業のうちの四七％が人口知能（AI）や機械で代替されるという推計（Frey and Osborne 2013）は社会に衝撃を与えた。新しい技術により産業や職業が変化していけば、それに雇用の構造も対応していかなくてはならない。総務省（2016）では、AI導入で想定される雇用への影響として、業務効率・生産性向上効果により減少するタスクがある一方で、AI導入のため、あるいはそれを活用した新しい仕事のために創出されるタスクが存在するとしており、衰退する分野から成長する分野に労働力を適切に再配分する必要性が高まっている。

もちろんこれまでも産業構造や職業構造は常に変化してきたが、日本の雇用システムの基本にある長期継続雇用の仕組みの下では、知識やスキル、技術などの変化に対して組織は事業転換などで対応し、その場合も従業員の雇用はできるだけ守るというスタンスで臨んできた。このため、衰退する産業は高齢化が進み、成長する分野に若年労働力が多く入職するという形で、世代交代により労働力の再配分が行われてきたという側面が強い。このため労働市場の流動性は低かったわけだが、今後限りある労働力を労働生産性上昇率が高い成長分野に効率的に配置するために、人材が移動することの必要性が指摘されている（内閣府 2015）。とりわけ、現在進んでいる技術の変化のスピードと変動の幅はあまりに大きく、人口減少という形で労働力供給が大きく制約される状況下においては、世代交代を待つ時間的な余裕はなく、現役で働く人が転職により対応する場面が増えていくと考えられる。

4 人口構造の変化が雇用の仕組みをどう変えるか

人材の多様化、就業期間の長期化、労働市場の流動化という労働市場の変化により、日本の長期雇用を前提にした雇用の仕組みは変容を迫られている。

日本の雇用システムの基礎にある「長期継続雇用」と「年功処遇」は、表裏一体の関係にある。年功処遇の本質は、勤続が短い若年期には貢献よりも低い賃金水準を甘受し、一定の勤続・年齢に達した後に貢献より高い賃金を受け取ることにより、中途での離職を抑止することができ、長期勤続のインセンティブ機能を発揮するという点にある（Lazear 1998）。年功処遇のシステムは、若年層が多く中高齢層が少ない人口構成の下ではコストが安く効率的であるが、組織の高齢化が進むと維持コストは大きくなる。このため、多くの企業で一九九〇年代以降の少子高齢化に対応するために年功賃金カーブの見直しが進められ、長期雇用を維持する装置が変化してきた。

加えて、冒頭に述べた「三つのD」の構造変化により、内部労働市場における内部育成の仕組みが機能しにくくなっている。ビジネスの世界で「VUCAの時代」(5)という言葉が使われるようになって久しい。将来が不透明になり、正解が何かがわからない状況下において、これまでのように組織主導で人材を育成することが極めて難しくなってきた。

こうした状況は、アメリカでは一九九〇年代から注目されていた。キャペリ(Cappelli 1999)は、人材育成に関する組織主導の状況を、「オールド・ディール」と呼び、長期的コミットメントに基づく企業内育成の重視という特徴を指摘した。しかし、長期的な雇用関係の維持が困難になるなかで、社員の側が将来について一定の責任を持つ必要があることを前提にした取引関係「ニュー・ディール」へと変化しなくてはならない状況に注目した。アメリカでは、二〇〇〇年前後から、キャペリのいう「ニュー・ディール」型の雇用関係へと変貌していった。

日本では、組織主導の人事システムが現在でも強く残る。しかし、このあり方についても変革の必要性が指摘されている。今野(2012)は、仕事配分と人材配置の決定に関して、これまでは組織が強力な人事権を持っていたが、人材の多様性が高まり、同時に働き方に制約のある社員が増える状況において、「交渉化・市場化」の方向で再編することを提案する。

また、人材の多様化に関しては、人口減少の結果としてそれを受け入れなくてはならないという状況対応的な観点以上に、「ダイバーシティ経営」という積極的な観点から推進が図られている点にも注目したい(6)。今後日本の労働市場において、ジェンダーや年齢、国籍といった側面から人材の多様化が進むことは確実であるが、さらに経営の現場では、経験、スキルや価値観などの深層的な多様性も注目されるようになってきた。表層的・深層的の両面での人材多様性を積極的に評価する「ダイバーシティ推進」を経営戦略の主軸に据える企業が増えている。「VUCAの時代」に入り、前例踏襲による解決策では目の前の社会課題・経営課題に対処できない状況が拡がっており、ダイバーシティ経営によって、多様な視点・発想により課題解決を図るとともに、新しい価値を創造するイノベーションにつなげることが期待されている。

さらに二〇二〇年頃からは、「人的資本経営」が注目され始めた。この火付け役となったのが、二〇二〇年に経済産業省から公表された「人材版伊藤レポート」であり、その後二〇二二年五月には「人材版伊藤レポート2・0」が出されている(7)。この議論の背景には、企業経営を取り巻く変革のスピードが増しており、経営戦略と人事戦略を同期させることが喫緊の課題ととらえられたということがある。これまでは、人材を「資源」ととらえてその資源をいかに効率的に活用するかという視点が強かったのに対して、人的資本経営においては人材を「投資の対象」と位置づけている点が強調されている。経営者の人的資本への投資行動が業績にも影響するという観点から、それを外部から可視化できるように、二〇二三年三月期決算から上場企業などを対象に人的資本の情報開示が義務化され、こうした動きにも経営は対応を迫られている(8)。

5 個人主導の自律的キャリア形成への転換

以上みてきたように、人口減少を起点にして、日本の労働市場構造や雇用システムは転換を迫られる状況となっている。これによって、これまでの組織主導のキャリア形成に代わり、これからは個人主導の自律的なキャリア形成が重要になるといえるだろう。

キャリアの議論においては、特定の組織に所属して知識やスキルを身につけ、それに伴って組織内での地位が上昇していく直線的なキャリアが、伝統的なキャリア成功のモデルとされていた。組織内でのキャリア形成は、発達段階に基づく生涯発達の理論、つまり生涯を通じて階段を上るように発達するキャリア観に依拠して展開されてきた。特定組織の中で安定した雇用機会が提供され、そこで培われる仕事経験がその後のキャリアの基礎になっていくというモデルである。

しかし、もともと組織内で段階的に形成されるキャリアのとらえ方は、たとえば、職業キャリアの中途で中断が発生するような女性のキャリアには適用しにくいなど、すべての個人に対して同じように適用できるものではない。前述したキャリア形成の二重構造が存在してきた。このため、個人の自律的なキャリア開発を重視する考え方は、女性の社会進出が早い段階から進んできた欧米においては、日本に先んじて強調されてきたテーマである。女性を含めて多様な労働者が働く状況が進んでいる職場では、直線的なキャリア発達を基礎に置くキャリアへのアプローチが、時代に合わないものとなってきた。さ

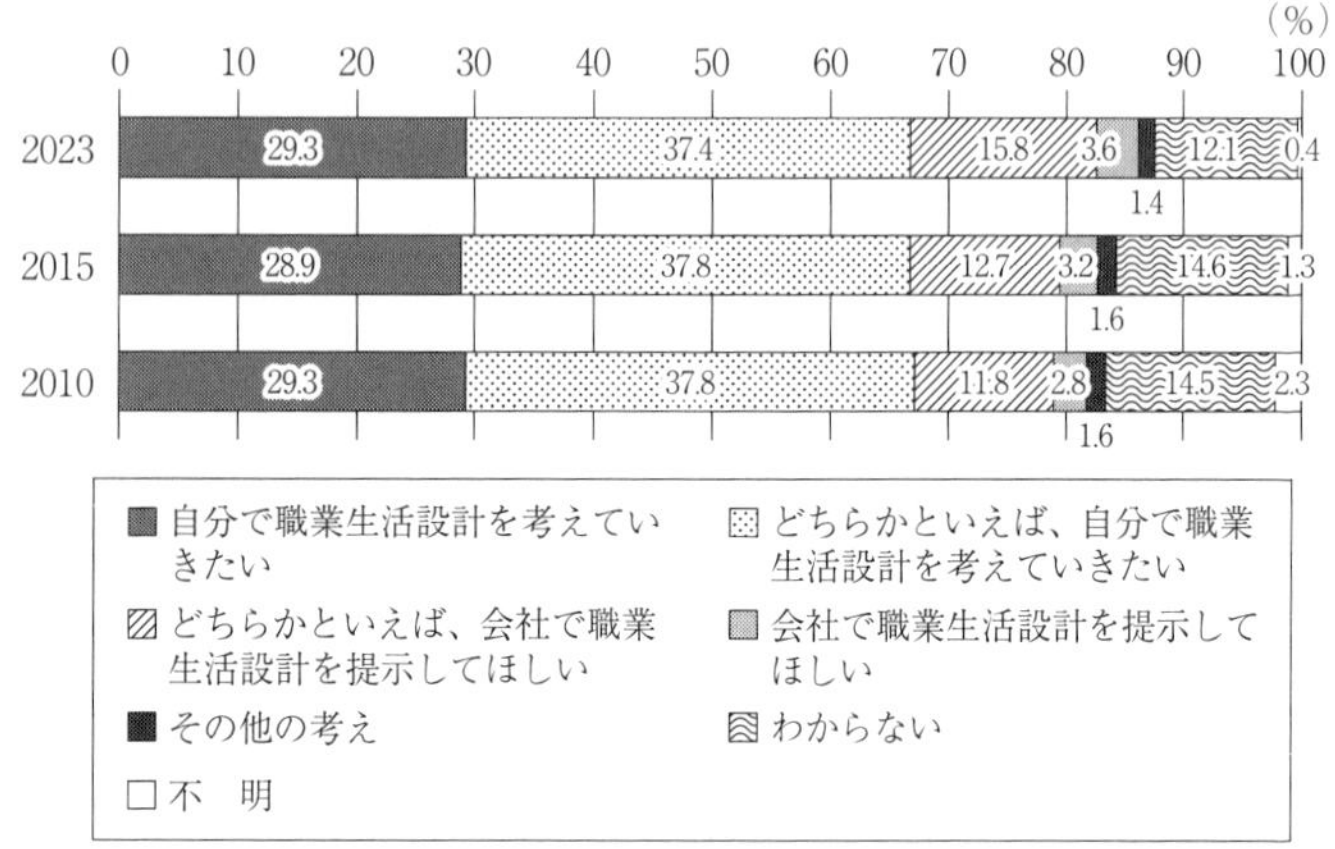

図 7-3　職業生活設計についての考え方（正社員の回答）

出所：厚生労働省「能力開発基本調査」.

らに仕事環境の変化や不確実性を増す社会環境の中で、特定の組織への長期にわたる帰属や依存に基づく伝統的なキャリア観に代わるものとして、自律したキャリア概念の構築が進められてきた（Sullivan 1999）。

そもそも働く個人には、自分自身のキャリアを主体的に考えたいというニーズがある。**図 7-3** に示すように、「自分で職業生活設計を考えていきたい、どちらかといえば自分で職業生活設計を考えていきたい」とする割合は七割近くを占め、一方で「会社で職業生活設計を提示してほしい、どちらかといえば会社で職業生活設計を提示してほしい」とする割合は一五％程度と少数で、二〇一〇年以降この傾向に変化はみられない。自律的・主体的なキャリア形成の重要性は、人は外的な報酬以上に自ら自発的に行動することで強く動機づけられるという「内発的動機づけ」を重視する見方に依拠している（Deci and Ryan 2000）。内発的動機づけにより学習効果や仕事成果が高まり、特に自律性が高い状況で内発的動機づけの程度が高くなるとされている。

このようにキャリア自律は生産性にも寄与することが期待できることから、その重要性が経営サイドからも強調されるようになってきた。日本経済団体連合会（2006）は、企業は経営を取り巻く環境変化の中で厳しい競争を勝ち抜いていく必要性が高まっており、そうした状況に対応するためには「自律型人材」が不可欠であるとした。ここでいう「自律型人材」とは、「自ら主体的に考え行動する人材」のことである。企業主導の画一的なキャリア形成ではなく、従業員の主体的なキャリア形成への取組みが求められており、「キャリア自律」の重要性にも言及した。さらに日本経済団体連合会（2020）では、「Society 5.0 の時代(9)」を強く意識して、人材戦略の転換を企業に求めている。「Society 5.0」を「デジタル革新と多様な人々の想像・創造力の融合によって、社会の課題を解決し、価値を創造する社会」（日本経済団体連合会 2018: 10）ととらえ、デジタル技術を活かし新しい価値を創出できる人材を重要視している。そのために、中長期的に自社に適した社員を育成する従来型の育成の仕組みだけではSociety 5.0 時代に活躍する人材の輩出は困難になるとして、働き手には、主体的に自身の価値「エンプロイアビリティ」を磨いていくことを求めている（日本経済団体連合会 2020）。

前述のように、人口減少社会では人材の多様化が不可避であり、さらに人材の多様性が経営価値を高めるということが期待されている。そのために、多様な人材が組織の中に存在するだけでなく、多様性が受容されること（inclusion）、それぞれの能力発揮を阻害する要因が取り除かれ公平な機会付与や処遇が行われること（equity）を併せて実施するようになってきている(10)。この経営戦略の下では、個々人の「違い」にこそ価値があるため、「個」が集団の中に埋没しないことが肝要となることから、組織が期待する人材を育てる、というやり方はダイバーシティ経営とは整合しない。個人の「発意」「チャレンジ」が重視され、組織の中にとどまらず組織の外へと視野を広げる「副業・兼業」などが注目されるようになってきたのも、個人主導のキャリア形成と整合する動きといえる。

6 自律的なキャリアを支える社会へ

個人が自身のキャリアを自律的に考え形成するためには、何が必要だろうか。

デシとフラストは、「自律性を支援することの主要な特徴は、選択を与えること」（Deci and Flaste 1995: 201）と指摘している。自律的なキャリア形成を支えるためには、個人の選択を重視した仕事配分や働き方のオプションが提示されることが重要になる。自律的なキャリア形成支援の重要性を経営の視点から提言した日本経済団体連合会（2020）も、従業員の主体的なキャリア展望のために重要な支援策として「社員の意向を踏まえた人事異動」をあげており、従業員の「選択」をベースにした人事政策が重視されるようになってきた。

厚生労働省「令和5年度 能力開発基本調査」によれば、「主体的なキャリア形成に向けて実施した取組内容」として、「上司による定期的な面談の実施」（六五・八％）、「職務の遂行に必要なスキル・知識に関する情報提供」（五二・七％）、「自己啓発に対する支援」（四五・八％）が上位三項目である。また、実施した取組としての回答割合は多くないものの「主体的なキャリア形成に向けて今後実施したい取組内容」として高くなるのが、「労働者の意向や課題に応じて個別最適化したOff-JTの実施」(実施した割合は二一・三%、今後実施したい割合は二七・二%)、「キャリアコンサルティングの実施」(同一二・七%、二三・〇%)などであり、個人の自律キャリアを支援する仕組みの導入が進むことが期待される。

こうした施策により自律的なキャリア形成の仕組みが整備されていく可能性は高いが、施策を効果的に活用するためには、個人側のリテラシーも重要になる。自身のキャリアの方向性を決めるための知識や情報を獲得し、そのために踏み出す意欲や能力が不可欠である。ただし日本は、仕事と関連した学習参加率がOECD平均を大きく下回り、男女間および低賃金労働者と高賃金労働者の間の格差が大きいといった問題が指摘されている(OECD 2019)。本田(2020)も、日本のリカレント教育の経験が、性別や就業形態、勤務先の規模により異なることに警鐘を鳴らしている。

このような現状を踏まえると、自律的なキャリア形成を個人の自助努力のみに求めるのは現実的ではない。キャリア形成を組織が主導することの効果が薄れてきたとはいえ、仕事経験によりキャリア形成が行われていくことの重要性は変わらないことから、個人のキャリア形成を組織が支援することは引き続き不可欠となろう。これまでの日本の雇用システムの状況を踏まえれば、組織がキャリアの方向性を提示する場合も継続すると考えられるが、その場合でも、働く人が納得しながら組織の要請を受け入れるようにすることがキャリア自律の一つの姿となるだろう。

さらに、特に日本の人材育成は、組織に任せてきた部分が多かったことから、公的な支援策が必ずしも十分ではなかったことを重く受け止める必要がある。自律的なキャリア形成は、所属する組織で完結するものではないのは当然であり、再就職を希望する女性など組織の外にいる個人にとっても重要である。すべての人に対して、キャリア形成を自律的に考え、新しい知識やスキルを獲得する機会が拓かれていることが必要である。そのためには、キャリアコンサルティングなど個人のキャリア形成を支援する制度や、組織を超えて学ぶ機会の提供、個人の知識やスキルを組織横断的に評価する仕組みの構築など、自律的なキャリア形成を行う個人を中心に据えた社会政策をこれまで以上に進めることが重要となる。

【注】

(1) 二〇二三年までは総務省「国勢調査」(推計を含む)。将来推計は、国立社会保障・人口問題研究所「日本の将来推計人口(令和5年推計)」の出生中位・死亡中位仮定による推計結果。

(2) ただし、コロナ禍の影響があった二〇二〇年から二〇二一年には業種によって雇用人員判断D・Iがプラスになる時期があったことを注記する。

(3) 内部労働市場は、Doeringer and Piore (1971) により提示されており、日本の組織に当てはまる特徴が多い市場といえる。

(4) 技能実習制度および特定技能制度に関しては、外国人材を適正に受け入れる方策を検討することを目的に、二〇二二年一一月に「技能実習制度及び特定技能制度の在り方に関する有識者会議」が設置され、二〇二三年一一月に最終報告書が法務大臣に提出され、それを受けて制度改正が進められた。「技能実習制度」は廃止され、新たに「育成就労制度」が導入されることとなった。

(5) Volatility（変動性）、Uncertainty（不確実性）、Complexity（複雑性）、Ambiguity（曖昧性）の頭文字を合わせた言葉で、一九九〇年代の東西の冷戦が終結した時期に軍事用語として使用され、変動が大きい時代に先を見通すことが難しい状況を表す。

(6)「ダイバーシティ経営」の重要性は、佐藤ほか（2022）で詳述している。

(7)「人材版伊藤レポート」とは経済産業省の「持続的な企業価値の向上と人的資本に関する研究会 報告書」であり、そこで提起された人的資本経営を具体化し実践に移すために、「人的資本経営の実現に向けた検討会報告書――人材版伊藤レポート2・0」が取りまとめられた。

(8) 具体的には金融商品取引法第二四条における「有価証券報告書」を発行する約四〇〇〇社の大手企業に対して、二〇二三年三月期の決算から、有価証券報告書にサステナビリティ情報の記載欄が新設されており、対象企業は人材育成や環境整備の方針・指標・目標などを明記する義務が課された。なお、女性活躍推進法または育児・介護休業法にもとづく情報公開をしている場合は「女性管理職比率」「男性育児休業取得率」「男女の賃金格差」の項目の開示も義務となっている。

(9)「Society 5.0」とは、狩猟社会（Society 1.0）から始まり、農耕社会（Society 2.0）、工業社会（Society 3.0）、情報社会（Society 4.0）に続く次の時代区分で、内閣府「第5期科学技術基本計画」（二〇一六―二〇二〇年度）において、わが国が目指すべき未来社会の姿として提唱された。その定義は、「サイバー空間（仮想空間）とフィジカル空間（現実空間）を高度に融合させたシステムにより、経済発展と社会的課題の解決を両立する、人間中心の社会」とされている。

(10) 近年、ダイバーシティ経営を「D&I」「DE&I」として進める企業が増えている。

【参考文献】

Cappelli, P. 1999 *The New Deal at Work: Managing the Market-Driven Workforce*, MA: Harvard Business School Press（若山由美訳 2001『雇用の未来』日本経済新聞社）。

Deci, E. L. and R. Flaste 1995 *Why we do what we do: The dynamics of personal autonomy*, N.Y.: G. P. Putnam's Sons（桜井茂男訳 1999『人を伸ばす力――内発と自律のすすめ』新曜社）。

Deci, E. L. and R. M. Ryan 2000 "The 'What' and Why' of Goal Pursuits: Human Needs and the Self-Determination of Behavior," *Psychological Inquiry*, Vol. 11, No. 4: 227–268.

Doeringer, P. B. and M. J. Piore 1971 *Internal Labor Markets and Manpower Analysis*, Mass.: D. C. Heath and Company（白木三秀監訳 2007『内部労働市場とマンパワー分析』早稲田大学出版部）。

Frey, C. and M. A. Osborne 2013 *The Future of Employment: How susceptible are jobs to computerisation?*, Oxford Martin School Working Paper.

濱口桂一郎 2009『新しい労働社会――雇用システムの再構築へ』岩波新書。

濱口桂一郎 2011『日本の雇用と労働法』日本経済新聞出版社。

久本憲夫 2008「日本的雇用システムとは何か」仁田道夫・久本憲夫編著『日本的雇用システム』ナカニシヤ出版、九―二六頁。

本田由紀 2020「世界の変容の中での日本の学び直しの課題」『日本労働研究雑誌』七二一号、六三―七四頁。

今野浩一郎 2012『正社員消滅時代の人事改革』日本経済新聞出版社。

小池和男 1999『仕事の経済学』〔第2版〕東洋経済新報社。

厚生労働省・雇用政策研究会 2019『雇用政策研究会報告書――人口減少・社会構造の変化の中で、ウェル・ビーイングの向上と生産性向上の好循環、多様な活躍に向けて』。

Lazear, E. P. 1998 *Personnel Economics for Managers*, N.Y.: John Wiley & Sons, Inc.（樋口美雄・清家篤訳 1998『人事と組織の経済学』日本経済新聞社）。

Marsden, D. 1999 *A Theory of Employment Systems: Micro-Foundations of Societal Diversity*, Oxford University Press（宮本光晴・久保克行訳 2007『雇用システムの理論――社会的多様性の比較制度分析』ＮＴＴ出版）。

内閣府 2015『平成27年度 年次経済財政報告』。

日本経済団体連合会 2006『主体的なキャリア形成の必要性と支援のあり方——組織と個人の視点のマッチング』。
日本経済団体連合会 2018『Society 5.0——ともに創造する未来』。
日本経済団体連合会 2020『Society 5.0 時代を切り拓く人材の育成——企業と働き手の成長に向けて』。
OECD 2019 *Getting Skills Right: Future-Ready Adult Learning Systems.*
佐藤博樹・武石恵美子・坂爪洋美 2022『多様な人材のマネジメント』中央経済社。
総務省 2016『平成28年度 情報通信白書』。
Sullivan, S. E. 1999 "The Changing Nature of Careers: A Review and Research Agenda," *Journal of Management*, Vol. 25: 457–484.

III

人口縮小！　医療に何ができる？

8 人口縮小と生殖医療

石原　理

1 人口の推移と生殖医療の発展

国・地域の人口増減は、出生数と死亡数の差である自然増減と、入国（転入）者数と出国（転出）者数の差である社会増減によることは言うまでもない。しかし、わが国における「人口縮小」の要因について見てみると、図8-1のように、社会減ではなく自然減による部分が圧倒的な割合を占めることが明白である[(1)]。そして、この結果をよりわかりやすく言い換えた言葉が「少産多死」、あるいはその結果として必然的におこる「少子高齢化」となるのだ。一方、さまざまな社会増減については、様々な要因が考えられるなかで、とくに政治的な、あるいは経済的な要因の与える影響が大きいだろうことは、容易に想像できるであろう。

医療や福祉の充実などにより平均寿命が延長し、相対的に高齢者数が増加して生殖年齢にある人々の

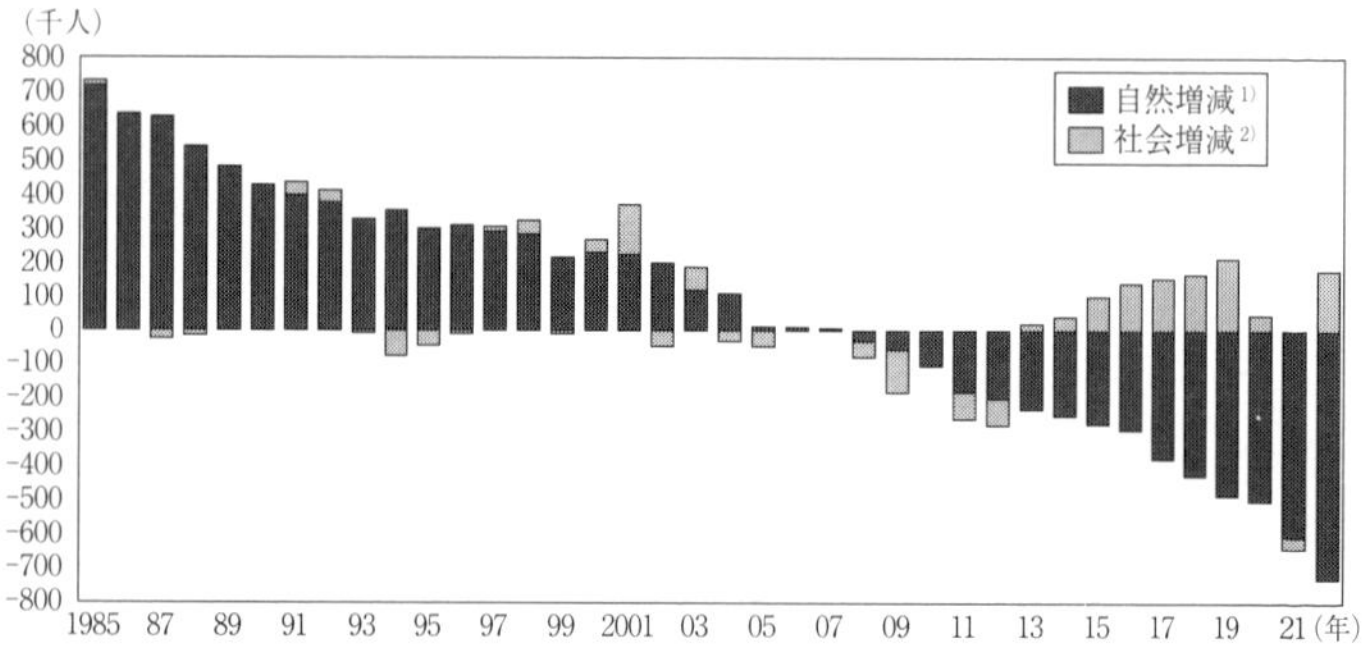

図 8-1　人口増減に与える自然増減と社会増減の推移

注：1)「人口動態統計」(厚生労働省) による.
　2)「出入国管理統計」(出入国在留管理庁) による. 2005 年までの日本人については, 海外滞在 90 日以内の入国者数, 出国者数を含めている.
　2020 年と 2021 年は, COVID-19 パンデミックが社会増減に大きな影響を与えた.

数が減少する状況は、実は多くの国々が共有する課題である(2)。とくにヨーロッパと東アジアの諸国で、その人口構成の変化と進行速度がとくに顕著で急速であることから、(十分とはいいがたいものの) 人口縮小を阻止するべく様々な政策の立案と施策の試みが行われてきたことは事実である。特に妊娠・出産と子育ての支援に絞ったさまざまな対策や政策的配慮は、以前から各国において、それぞれ多かれ少なかれ取り組まれてきたといえる(3)。

こうしたなかで、二〇世紀末に急速に発展拡大した体外受精などの生殖医療 (本章では国際基準に従い、体外受精など体外で胚を操作する手技を含む技術を生殖医療とする) が、特に人口縮小を強く懸念する諸国において、その解決につながる有力な手段のひとつとして、潜在的な可能性が期待されたのは当然なのかもしれない。

ここではまず、これまでの生殖医療の発展について、簡単に触れておく必要があるだろう。

体外受精により妊娠した初めての出生子であるルイー

ズ・ブラウンが英国で誕生したのは、一九七八年のことである（Steptoe and Edwards 1978）。体外受精とは、たとえば両側の卵管が閉塞しているため、卵子と精子が体内で受精する可能性がゼロの女性にとって、「卵子と精子の受精」という不可欠なプロセスを体外で行うという、いわば「バイパス」を用いる方法である。したがって、この方法を用いることにより、たとえ両側卵管閉塞であっても、妊娠が可能になる画期的な治療法ということができる。

当初は、体外受精を行っても、その後に妊娠が成立して最終的に分娩に至る割合は著しく低く、体外受精はあくまでも実験的・研究的な治療に過ぎなかった（Johnson 2018）。しかし、その後の基礎研究の進歩と関連領域を含む知識や臨床経験の急速な蓄積があり、さらに新規薬剤や有用な機器の開発・改良なども加わって、治療成績は著しく向上した。その結果、体外受精が適用される病態も両側卵管閉塞のみには限らなくなってきた。それとともに、今日では、体外受精という方法論の限界も、すでに見え始めているということができる（たとえば加齢に伴う妊孕性の低下に対して、体外受精はまったく無力である）。また、これらの革新に引き続いた新たな展開として、男性不妊症に対する顕微授精（精子を卵子に顕微鏡下で注入して授精する方法）の開発、精子、卵子、胚の凍結技術の進歩なども加わり、今世紀の初頭には、不妊症に対する標準治療の一つとして、これら生殖医療が広く認知されるに至った（石原 2016）。

とりわけ明確なエポックとなったのは、ルイーズ・ブラウン誕生とその後の生殖医療の発展に多大な貢献をしたロバート・エドワーズ博士が、二〇一〇年にノーベル生理学・医学賞を受賞したことであろう。なぜならノーベル賞選考委員会は、体外受精をノーベル賞授与の対象とした主な理由として、初め

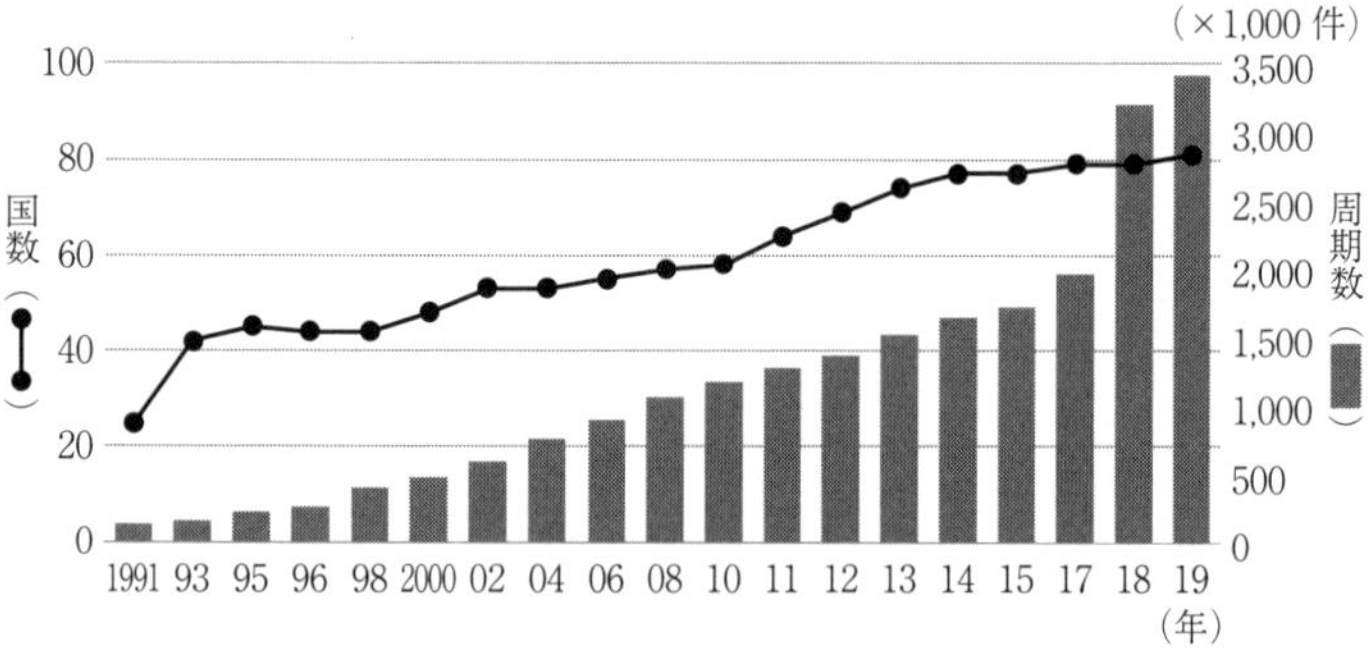

図 8-2　ICMART への生殖医療の報告国数と合計報告治療周期数の推移

注：なお，2018 年以後の急速な報告周期数の増加は，中国の参加によるものである．

ての成功から十分な時間を経て、出生子に対する体外受精の安全性が証明されたことをあげたからである[4]。

世界における生殖医療の普及と発展についてデータ収集と報告を継続して行ってきたICMART（International Committee Monitoring Assisted Reproductive Technologies）によれば、生殖医療を利用する人々の数は、年を追って著しく増加してきている[5]（**図8-2**）。たとえば二〇一九年には、世界の八一カ国から、約三四一万周期の生殖医療についてICMARTあてに報告が寄せられ、その結果、約七五万人の児が出生している。ICMARTによる全世界における生殖医療の捕捉率は、およそ九〇—九五%であると推定されていることから、おそらくこの年、世界で約八〇万人程度の児が生殖医療により誕生していると考えられる。すなわち、「生殖医療」という技術が、各国における人口の増減に与えるインパクトは、もはや無視することはとてもできないであろう。

わが国で、体外受精により妊娠した児が初めて誕生したのは、一九八三年の東北大学でのことであった。その後もしばらくの

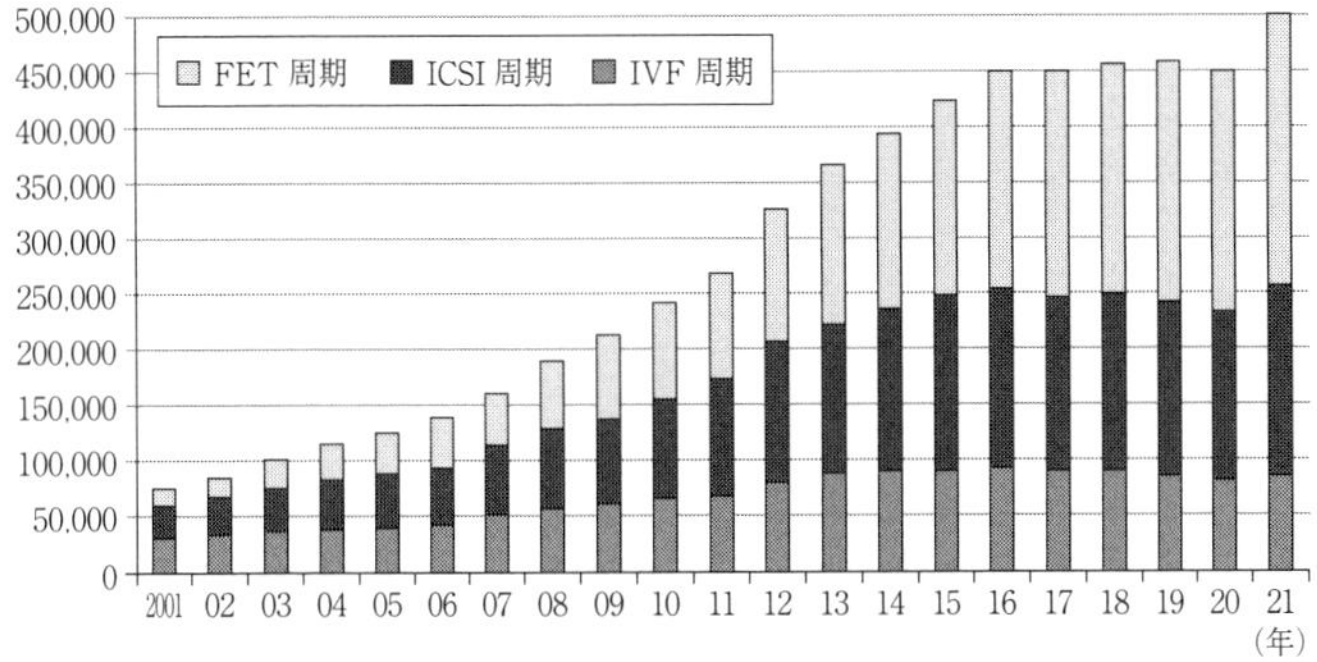

図 8-3 わが国における生殖医療治療周期数の推移（日本産科婦人科学会による）

注：FET は凍結融解胚移植周期，ICSI は顕微授精周期，IVF は体外受精周期を示す．

間、諸外国と同様に、生殖医療は大学附属病院産婦人科などを中心とする、いわゆるアカデミアに属する医療機関において、実験的・研究的医療として行われていた。すなわち、これらの施設は、分娩やがん治療なども行う医療機関がほとんどで、生殖医療はさまざまな既に確立している医療のなかで、片手間に行われていたということもできる。しかし、その臨床治療成績が安定し、実際に妊娠分娩に至る期待値が上昇したことから、不妊症治療に対する標準治療としての地位が次第に明確になる。これにつれて、生殖医療は、次第に専門クリニックを中心として行われるより専門的な医療となってきた。この経緯も諸外国とまったく同様の経緯を辿ってきたといえる。日本産科婦人科学会によれば、最近では、わが国において約六〇〇施設の医療機関で体外受精などの生殖医療が日常臨床医療として行われており、そのうち多数の治療を提供しているのは、生殖医療専門クリニックである。また、生殖医療の年間施行周期総数も近年著しく増加していることがわかる(6)（図8-3）。

2　生殖医療の出生率へ与える影響

人口縮小を懸念する各国において、その対策のひとつとして生殖医療が持つ大きな可能性については、これまでさまざまに調査され考察されてきた。各国における生殖医療と人口政策に関連する多面的・多価値的な検討として行われた研究の代表例が、二〇〇八年に公表されたＲＡＮＤヨーロッパによる調査研究報告（Hoorens *et al.* 2008）であろう。

この研究では、まず英国、フランス、イタリアの三カ国に着目し、次いでドイツ、ベルギー、デンマークなどＥＵ諸国全体へと考察をひろげる。報告書は、まず三カ国の生殖医療についての政策の相違とその背景を述べ、その結果を比較した。なぜなら、生殖医療に対する各国の政策や規制、そして生殖医療の利用のされ方は、それぞれの文化的、経済的あるいは歴史的背景に大きく影響されるに違いないからである。例えばこの三カ国において、当時、利用可能な生殖医療には大きな相違があった。イタリアでは、バチカンの圧力により二〇〇四年に新たに導入された法律（2004/40）による規制で、胚凍結など他国において標準的に行われる生殖医療のさまざまな手技が、そもそも禁止されていた。第二に、生殖医療への公的支出の割合が国によって大きく異なり、個人負担率が高い（ほぼ全額）イタリアと公的負担率が高い（ほぼ全額）フランスには、極端な差異があった。さらに、胚移植時における移植胚数など、実際に生殖医療の現場で選択される標準的な治療内容にも明らかな差異が認められ、各国における生殖

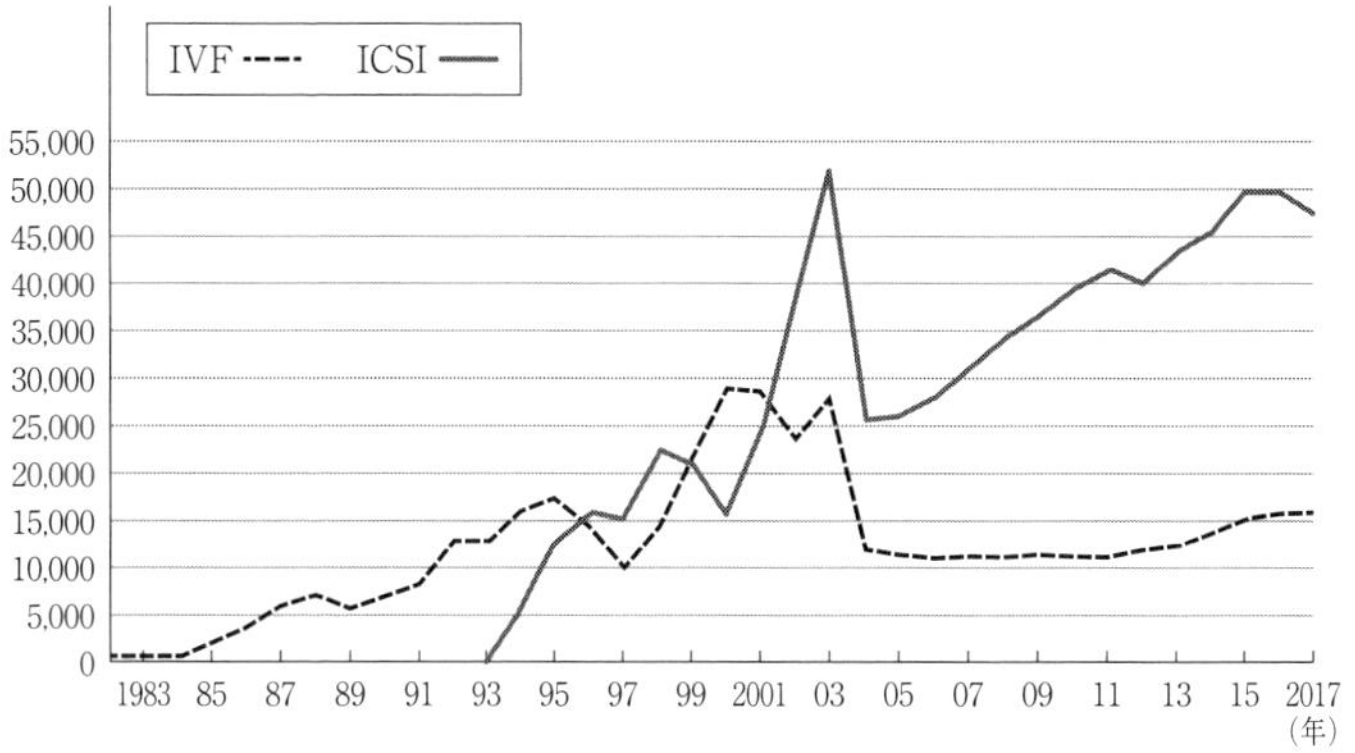

図 8-4　ドイツにおける生殖医療周期数（採卵周期数）の推移

注：2004 年の制度変更による自己負担増で生殖医療利用者数が激減した.

医療の利用のされかたにも大きな相違があったといえる。

　また、ドイツやデンマークでは、それぞれ政権交代による生殖医療への公的費用負担割合が削減された年に、生殖医療の施行周期数が急減していることが明白であった（**図 8 - 4**）（Blumenauer *et al.* 2018）。すなわち、生殖医療に対する公的負担の程度と関連する変更は、容易に利用者の受療行動に影響することが報告されている。また、他国へ渡航して治療を受けるカップルが増加したことの背景には、ここに述べたような要因があった。

　つまり、リアルワールドの生殖医療は、まず法律やガイドラインなどにより規定される「規制や制度」による制限、さらに公的経済的支援の状況と治療における個人負担の金額など「経済的状況」に大きく支配される。そしてさらにこれらに加えて、教育・文化・宗教などの生育環境に大きく左右される各利害関係者（患者、医師、保険者など）がかかわる個別の反応や行動（すなわち現実的に選択される「実地臨床のすがた」）が影響して、その結果が「統合的な

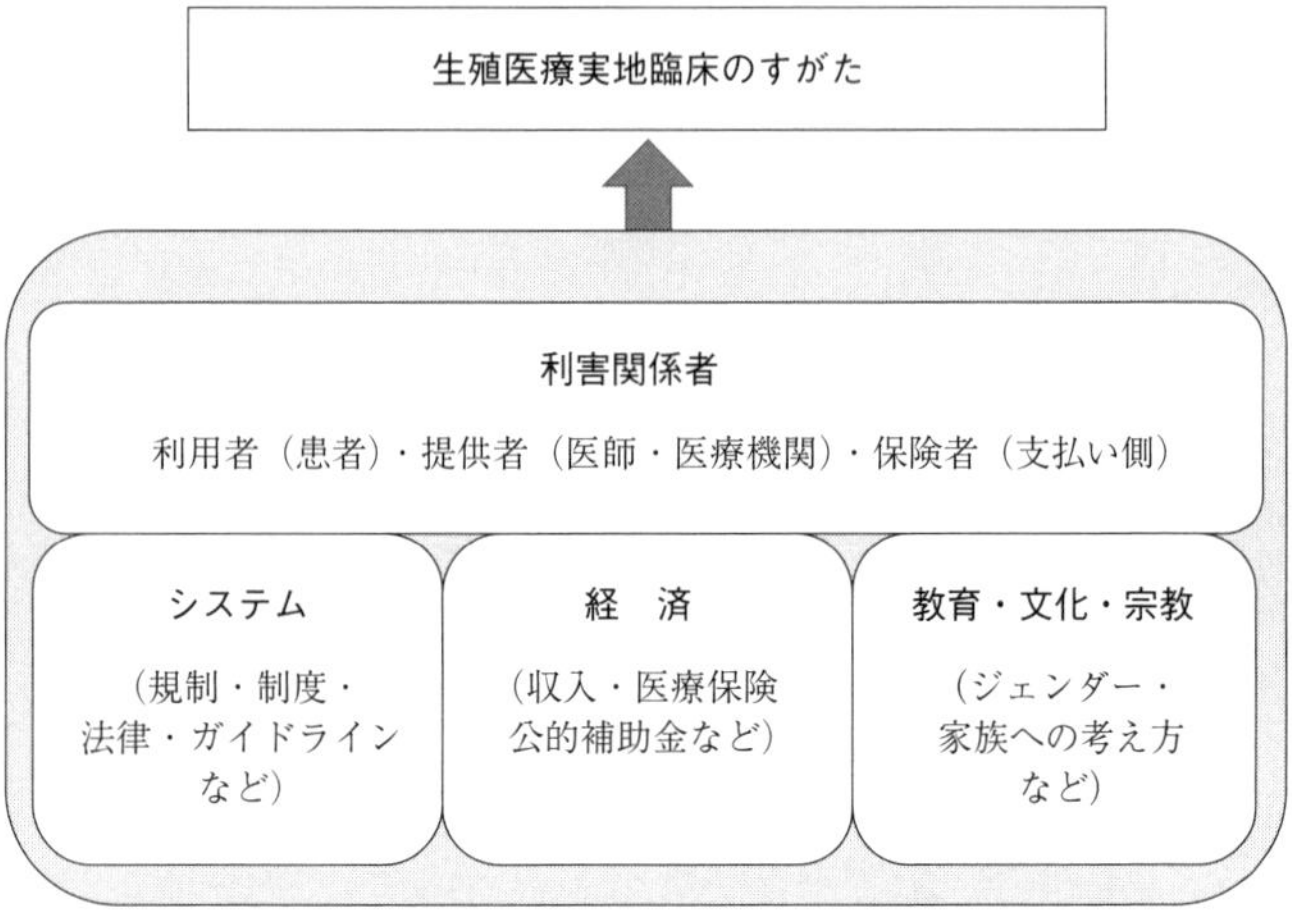

図 8-5　生殖医療リアルワールドの構成要素

注：周辺灰色部分には，景気や天災，戦争，感染症流行など各種要因が加わるであろう．

カタチ」として表現されることが明白になったと考えられる（図8－5）。

わが国と同様に、あるいはわが国以上に、出生率の低下と少子化に苦慮する国は、東アジアに多数ある。たとえば韓国（二〇二二年の合計特殊出生率は韓国〇・七八で、同年の日本の一・二六とともに、いずれも史上最低であった）では、従来から生殖医療に対する積極的な政策的配慮と公的支援の充実が次々と行われてきた（前田ほか 2023）。具体的には二〇〇六年に「難妊施術（韓国における人工授精および生殖医療のこと）」に対する公的支援事業が創設されたのを皮切りに、支援制度が徐々に拡大充実されてきた。そして、二〇一七年には、「難妊施術」に対する保険適用が実現した。韓国では住民登録番号により、その治療情報が自動集積されるため、母児データの連携や児の長期的フォローも可能であり、さらに集積されたデータにより生殖医療の治療実態の把握と評価も可能なはずである。二〇二三年現在、韓国では生殖医療について、四五歳未満の女性は自己負担率三割、四五歳以上では五割とされているが、利用者が一定所得以下の場合（ただし、実際には国民の八—九割がこの一定所得以下に含まれる）、公的支援事業を併用することにより、実質負担率は一〇%となる。このきわめて充実した経済的支援の結果、生殖医療の利用者数は当然増加したのだが、既述のように韓国の出生率については、上昇する兆しはこれまでのところ認められない。

出生率低下と少子化は、アジア太平洋諸国、特に東アジア諸国に共有されている課題である。二〇二三年、この出生率低下および生殖医療に関連する政策課題を明確にし、為政者に政策提案を行う試みが行われた。雑誌Economistにより主導されたプロジェクト(7)には、編集部担当者に加えて、九カ国（タイ、ベトナム、マレーシア、台湾、インドネシア、日本、オーストラリア、シンガポール、韓国）の研究者が参加して取り組まれた。具体的には、まず各国の法律や予算配分などの公表資料を比較検討したうえで、取り組むべき政策課題を大別した。すなわち、子ども政策（保育利用可能性と費用など）、労働政策（産休・育休、給与保障、労働時間の柔軟性など）、経済支援策（児童手当、免税・減税など）および生殖医療（公的経済支援、医療保険適用の有無、利用アクセスなど）とした。そして、ツールキットとして、各国に特有な事情を考慮したうえでそれぞれの採点を行い、比較のうえで評価と提案を行った。各国の中で、極めて低い出生率を共有する韓国と日本には、初婚年齢が高いことなどをはじめとして、他にも共通課題が数多くあることが示された。そして、同様にきわめて低い出生率を共有するオーストラリア、シンガポール、台湾の三カ国と日韓両国との大きな相違点は、ジェンダー平等が韓国と日本では十分に実現されていないことであると判断されたのである。

3 「日本というシステム」における出生率と生殖医療

わが国の出生率が、その低下により、いわゆるリプレイスメントレベル（人口数維持に必要な合計特殊出生率、すなわち二＋α、通常二・一とされることが多い）を下回ったのは、既に一九七〇年代からである。もちろん当時から、わが国の少子化に対する危機感や懸念を持った研究者や政策立案者もいたことであろう。しかし、わが国政府による、いわゆる「少子化対策」として報道され、はじめて国民に広く認知されたのは、一九九四年の「エンゼルプラン」(8)からというべきである。ただし、その内容は、今日読み返してみれば、文中にある基本的方向の冒頭に掲げられていた「子育て支援のための仕事と家庭の両立支援」が主たる眼目であり、本章のスコープとする生殖医療支援を含めた目に見える具体的政策は、筆者の知る限り一九九六年度の「不妊専門相談センター事業」の開始まで待つことになる。この事業は、不妊について悩む夫婦等を対象として、不妊症とその診断や治療に対する当時の圧倒的な情報欠乏状況に対応するため、専門的知識を有する担当者が、面接や電話などの方法で対応するシステムの整備を、各自治体に求めたものであった。筆者は当時、埼玉県の事業に直接従事したが、数多くの電話問い合わせが殺到したことを記憶している。なお、一九九九年の「新エンゼルプラン」においては、不妊専門相談センターを当時の二四カ所から五年後に四七カ所に増やすという実施計画以外に、生殖医療に関連する具体的な新たな政策は見当たらなかった。

二〇一八年度子ども・子育て支援推進調査研究事業として行われた「不妊症及び不育症における相談支援体制の現状及び充実に向けた調査研究[9]」では、不妊専門相談センターの配置が六七自治体にとどまり、五四自治体で未設置という当時の状況を踏まえて、利用者と提供者の調査を行い、相談事業の充実と普及啓発のための方策を立案した。しかし、具体的にはリーフレットの作製などにとどまり、相談ニーズと提供体制の乖離についての解決策を見出すには至らなかった。同時期におけるインターネットと携帯電話の急速な普及は、いろいろな意味でこれらの相談環境を大きく変化させる状況にあったというべきであろう。

さて、二〇〇三年の「少子化社会対策基本法」に基づいて提出された二〇〇四年の「少子化社会対策大綱[10]」では、三人以上の子どもを持つことを勧め、家庭の大切さを強調するなど、いわゆる伝統的家族形態への一定の配慮を見せる一方で、不妊治療の経済的負担を軽減するための支援（特定不妊治療費助成事業の推進）を政策のひとつとすることがはじめて盛り込まれた。

そして、二〇〇五年から全国で「特定不妊治療費助成事業」として、それまで全額私費の個人負担で行われていた生殖医療に対して、はじめて国と地方自治体折半の負担により、一定の経済的支援が行われるようになった。

この事業は、支援の対象者が配偶者間（すなわち法律婚カップル）に限定されること、そもそも助成額がきわめて少ないこと（当初は一年当たり一〇万円、二年間）、所得制限（当初は夫婦で六五〇万円以内）

があることなど、制度上の制約や課題も多々あった。しかし、二〇〇七年度以降に制度の変更や改変を繰り返した結果、最終的に二〇二二年には、初回の助成額は三〇万円となり通算六回までの助成が行われ、さらに事実婚カップルも給付対象となり、所得制限は廃止されるに至った。本事業による実際の支給実績を見ると、二〇一六年度からはじめて妻の年齢制限（四三歳未満）が導入されたため、二〇一五年の助成件数約一六万件がピークであったが、その後も事業廃止まで、年間一四万件程度が助成されていた。[11]この特定不妊治療費助成事業が、前掲したわが国における生殖医療治療周期数（図8-3）の急増に大きく影響したことは間違いないと考えられる。

ただし、この「特定不妊治療費助成事業」が行われていた期間も、生殖医療は依然としてすべて私費診療のままであった。したがって、治療を受けるカップルが、いったん医療機関窓口で治療費用の全額を支払わねばならない。その領収証などを持参して自治体窓口で申請手続きをすることが必要で、後日個人口座に助成金が振り込まれていた。生殖医療にかかる高額な治療費をいったんすべて立て替えることの負担は大きいことから、他の医療と同様な医療保険の対象（すなわち治療そのものを一律に現物給付として、窓口における支払い負担を一部とする）として扱い、自己負担を軽減することは、不妊症の当事者団体などから強く求められていた。そして、二〇二〇年五月の「少子化社会対策大綱[12]」において、不妊治療等への支援の理由として「適応症と効果が明らかな治療には医療保険の適用を検討する」という判断が初めてなされるに至った。

その結果、二〇二二年四月に、日本では体外受精などの生殖医療について、医療保険が適用された。

生殖医療への保険適用に向けた制度設計と、その実施準備のために与えられた時間がきわめて限られるなか、保険適用の範囲を決定するための生殖医療に関する実態調査の施行や、生殖医療治療ガイドラインの策定（日本生殖医学会 2021）など、具体化するための過程にはさまざまな困難があった。しかし、医療保険の適用は、少なくとも生殖医療が不妊症に対する標準治療として、わが国においても遅まきながら公式に認知されたことを明示したことになり、保険収載すること自体に大きな意義があったといえる。また、保険適用後、二〇二三年の時点で、生殖医療の利用者数がさらに増加し、より若い年齢層の生殖医療の利用希望者が増加している。すなわち、生殖医療への医療保険の適用により、不妊症や生殖医療に関する一般的な認知が向上したことで、経済的要因ばかりではなく、不妊症検査や治療に対する忌避感や拒絶感がある程度低下したこと、あるいは不妊そのもののスティグマ性を軽減したことが期待できると思われる。

わが国における生殖医療への医療保険適用による総合的成果、とりわけ出生率に与える影響については、まだ十分な検討ができる段階にない。したがって、今後の調査研究による冷静な評価が不可欠であることは言うまでもない。

4 多様な家族を支える生殖医療

ここまで述べたように、「特定不妊治療費助成事業」と引き続く「保険適用」という政策は、わが国においても生殖医療の利用者数を相当に増加させたことは間違いない。そして、体外受精など生殖医療により妊娠し出生した児は、わが国では二〇二二年に年間約七万人を超え、およそ全出生数の約九人に一人は、生殖医療により妊娠したことになる[14]。生殖医療による児の数は、先進諸国において共通して増加しており、たとえばデンマークなどでは、およそ一〇人に一人が生殖医療により妊娠し出生している。したがって、いずれにしても生殖医療が各国の出生率に大きな影響を与える要因であることは間違いない。

そのような状況で、二〇二〇年初頭に始まった新型コロナ・パンデミックは、生殖医療にも大きな影響を与えた。国際生殖医学会連合（IFFS: International Federation of Fertility Societies）をはじめとする生殖医療に関連する国際学会などの組織は、二〇二〇年三月、妊娠出産におけるＣＯＶＩＤ－19感染のリスクが不明確であることに鑑み、生殖医療の提供施設に対して一時的に治療提供を休止することを求めた[15]。わが国においても、日本生殖医学会などが、各クリニックに対して、この方針に追随する指示を出した。この結果、わが国を含め各国において生殖医療の利用者数は一時的に急激な減少をきたした（Jwa *et al.* 2023）。特に当面の治療を延期する判断が比較的容易な、凍結融解胚を用いる胚移植は、この時期回避されることが多かったといえる。しかし、興味深いことに、生殖医療が私費診療で行われる米国における利用者数や、英国における私費診療による利用者数は、まもなく急速に回復し、すぐに休止以前の水準以上となった[16][17]。また、わが国における生殖医療治療周期数への影響もきわめて軽微であった[18]。一方、対照的であったのは、前年比三五％の減少となった英国の公費（ＮＨＳによる無償保険診療）による生殖医療の利用数であった。その回復は、パンデミックの落ち着いた後もなお緩慢で、最近まで以前の数値に回復していない（なお、英国においても、私費による生殖医療利用数は、同年は前年比一三％減少に過ぎず、二〇二一年には二〇一九年以上の利用者数となった）[19]。すなわち、生殖医療を利用するかどうかの選択を考慮するとき、特に低所得層においては、治療利用の可能性のみならず、そもそも持つ子の数など個々人の家族形成などのライフプランにも、パンデミックが相当程度影響した可能性が高い。したがって、新型コロナ・パンデミックは、潜在する、あるいはそれまで顕著でなかった社会的脆弱性や経済的弱者、性的少数者、非正規被雇用者などにおける「希望する家族のカタチ」への諦観を顕在化したといえるのではないか。

生殖医療は画期的な不妊治療の一つとして開発され、当初は経済的に恵まれた一部の人々のための医療であった（特に、米国や発展途上国の多くでは、二〇二三年現在も同様の状況が継続している）。一方で、生殖医療の利用をめぐって、最近三〇年間に顕著な変化を示した状況が二点ある。

第一は、ここまでに述べてきたように、さまざまな形による生殖医療に対する公費負担が進められたことにより、生殖医療が大衆化したことである。これは、生殖医療についての医療費自体が技術革新や合理化により低廉化したのではなく、医療保険収載や公的助成額の増加により治療へのアクセスが容易になり、大衆化したというべきである。その証左として、日本やヨーロッパにおいては生殖医療の治療周期数が急増しているのに対し、公的助成がいまだ行われていない米国、中南米、アフリカ諸国などでは治療周期数の伸びが小さいことがあげられるであろう[20]。

第二は、生殖医療が「不妊症治療」から、「新たな家族を持つための一つの方法」へ拡張されたことである。具体的には、各国において独身女性や同性カップルなど、生殖医療が新たな家族を獲得するために不可欠な方法である人々の多くが、生殖医療を利用し始めた。この変化が明確に数値で示されているのが、英国における近年の提供精子・卵子・胚による出生子数の増加である。[21] 英国では、二〇〇六年の平等法（Equality Act 2006）により、年齢、障害、性別、人種、宗教や信念、性指向などによるすべての差別が禁止された。これをきっかけに、同性カップルや独身女性において、提供精子、提供卵子、提供胚を利用する治療が著増し、たとえば二〇一九年に提供精子による人工授精を利用した人の四四％は同性カップル、一八％は独身女性であったという。

すなわち、生殖医療の利用者が増大した世界的な潮流のうち、「生殖医療の大衆化」については、わが国は他の生殖医療先進諸国と足並みをそろえて進んできた、いや先頭を切ってきたということもできよう。他方、「新たな家族を持つための一つの方法」としての生殖医療の利用拡大は、わが国ではほとんど見られないという顕著なコントラストを示している。しかし、最近の二〇二二年社会保障・人口問題基本調査（第七回全国家庭動向調査[22]）によれば、国民の七五・六％は、「男性どうしや、女性どうしの結婚（同性婚）を法律で認めるべきだ」とし、六〇・〇％は、「女性どうしのカップルも、生殖補助医療を用いて、子どもを持てるようにすべきだ」と回答している。つまり、国民一般レベルにおける同性カップルや同性婚についての考え方は、近年、急速に変化してきており、これに追いつけていないのが立法府や行政府の構成者であるというべきだろう。

そして、国際的に比較しても突出して著しいジェンダー不平等が今日もなお残存している状況[23]が、女性をして「子を持ち育てるライフプラン」と「子を持たないライフプラン」の選択肢を比較検討することにつながっていると考えられる。わが国では、歴史的に重層してきたジェンダー不平等に少なくとも一部が起因すると思われる、妊娠分娩に関連する医療への支援体制の不備が現存している。たとえば、現在は妊娠が成立した以降の産婦人科医療は、私費診療が原則である。負担の軽減のために、地方自治体が妊婦検診に対する一部補助（具体的には検診ごとのVoucher（金券）の提供）を行っているものの、その金額については不十分なだけでなく、自治体による差異の大きいことがよく知られている。分娩費用そのものに対しては、出産育児一時金・出産手当金が保険から一部給付されるにとどまる（二〇二四年一月現在四二万円）。一般的に言って、女性のみに関係する医療への配慮が欠けている状況は、わが国におけるピルをはじめとする女性専用薬剤の認可に関する歴史的経緯を見れば自明であろう。そして、子どもを持ち育てる行動に対するより幅広い支援体制は、少なくとも私たちが求めるレジリエントな幸福社会の実現のために不可欠な要素であるといえる。

5 おわりに

本章では、世界的な課題である人口縮小に対する対応の手立てとしての生殖医療の可能性と、その限界について論じてきた。生殖医療は、家族を持つための重要な方法の一つとして、現在、世界中で受け

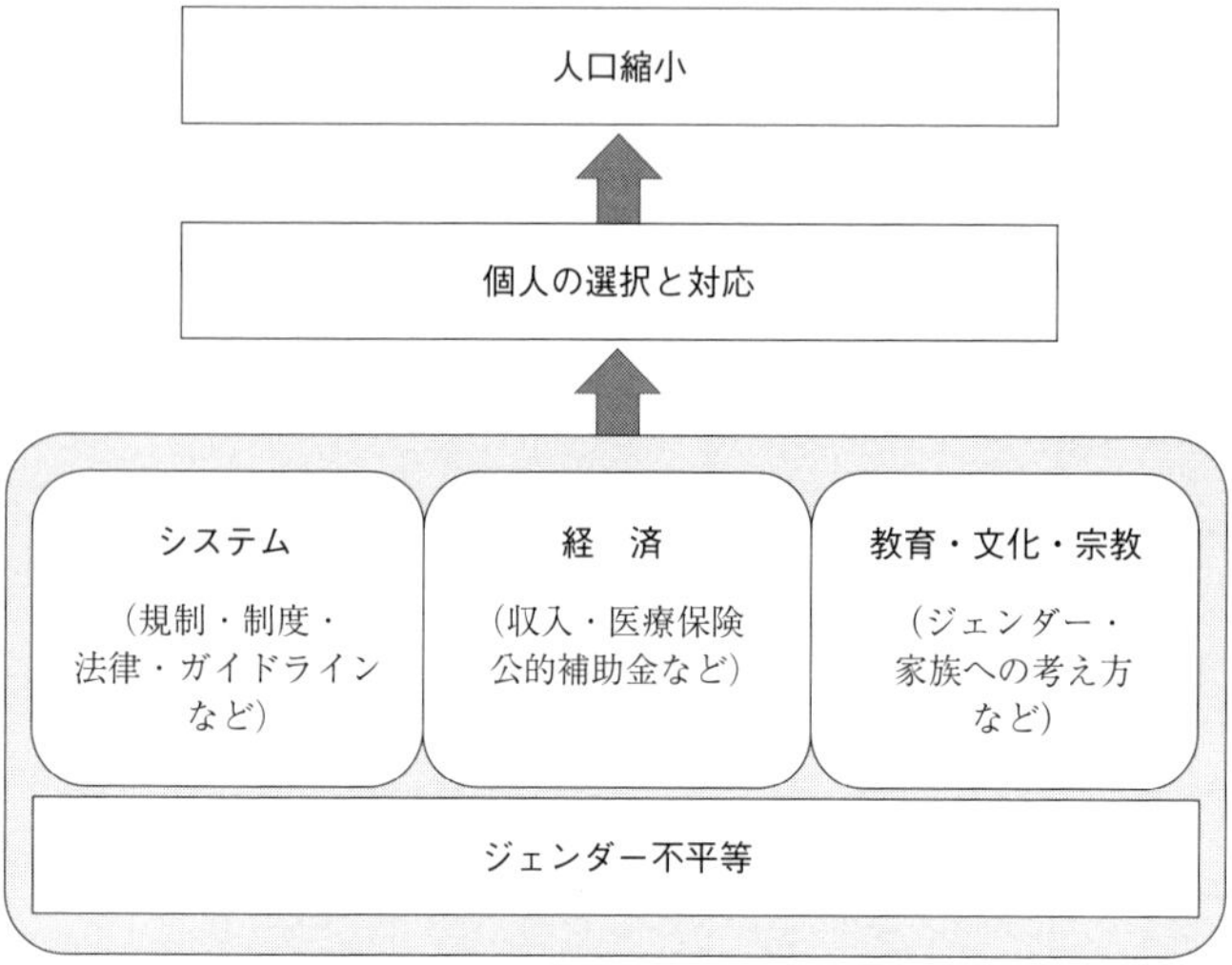

図 8-6　わが国における人口縮小の構造

入れられ、広く利用されている。その結果、各国における人口の変動に対して、生殖医療の実施件数は、一定の影響力を有する状況にあるといえる。すなわち、人口縮小に対する政策的介入の一つとして、生殖医療への経済的支援や補助金支給が重要であり、一定の意義を持つことは間違いない。しかし、これが人口縮小の画期的な歯止めとはならないことは、既に各国におけるさまざまな経験が明瞭に示している。生殖医療への積極的支援は、「子を持ち育てるライフプラン」を女性が自ら選択するために必要な条件の一つにすぎず、わが国の人口縮小に歯止めをかけるためには、そもそも現在も岩盤として存在するジェンダー不平等の完全な解消が実現してはじめて、その他十分条件の達成が可能となると思われる（図8-6）。

【注】

（1） www.stat.go.jp/data/jinsui/2022np/pdf/2022gaiyou.pdf.

（2） https://data.oecd.org/pop/elderly-population.htm#indicator-chart.

（3） https://www.ilo.org/global/about-the-ilo/newsroom/news/WCMS_008009/lang--en/index.htm.

（4） https://www.icmartivf.org/.

（5） 同右。

（6） 日本産科婦人科学会「２０２１年体外受精・胚移植等の臨床実施成績」（https://www.jsog.or.jp/activity/art/2021_JSOG-ART.pdf）。

（7） Economist impact: Fertility policy and practice: a Toolkit for the Asia-Pacific region. Economist 2022（https://impact.economist.com/perspectives/sites/default/files/ei240_-_apac_fertility_report_v8.pdf）.

（8） 一九九四年のエンゼルプランそのものについては、内閣府のホームページで見つけることができなかったが、以下のホームページで参照可能であった（二〇二四年一月二五日）（https://sunshine.ed.jp/%E3%82%A8%E3%83%B3%E3%82%BC%E3%83%AB%E3%83%97%E3%83%A9%E3%83%B3/）。

（9） 「平成30年度子ども・子育て支援推進調査研究事業　不妊症及び不育症における相談支援体制の現状及び充実に向けた調査研究事業報告書」（https://cancerscan.jp/wp-content/uploads/2021/10/9e78edc7f8deb4e0261bb9fc708e94ed.pdf）。

（10） https://www.mhlw.go.jp/houdou/2004/12/h1224-4c.html.

（11） 特定不妊治療費支援事業（https://www.mhlw.go.jp/shingi/2006/10/s1018-7.html）。

（12） 「少子化社会対策大綱――新しい令和の時代にふさわしい少子化対策へ」（www.cfa.go.jp/assets/contents/node/basic_page/field_ref_resources/f3e5eca9-5081-4bc9-8d64-e7a61d8903d0/29722f16/20230401policies-kodomotaikou-03.pdf）。

（13） 「令和２年度子ども・子育て支援推進調査研究事業　不妊治療の実態に関する調査研究最終報告書」（https://

www.mhlw.go.jp/content/000766912.pdf)。

(14) 日本産科婦人科学会「２０２２年体外受精・胚移植等の臨床実施成績」(https://www.jsog.or.jp/activity/art/2022_JSOG-ART.pdf)。

(15) https://www.iffsreproduction.org/iffs-covid-19-task-force-statements/.

(16) SART: National Summary Report 2020 (https://sartcorsonline.com/CSR/PublicSnapshotReport?ClinicPKID=0&reportingYear=2020)(https://www.sartcorsonline.com/rptCSR_PublicMultYear.aspx?reportingYear=2020).

(17) HFEA: Impact of COVID-19 on fertility treatment 2020 (https://www.hfea.gov.uk/about-us/publications/research-and-data/impact-of-covid-19-on-fertility-treatment-2020/).

(18) 日本産科婦人科学会「２０２１年体外受精・胚移植等の臨床実施成績」(https://www.jsog.or.jp/activity/art/2021_JSOG-ART.pdf)。

(19) HFEA: Impact of COVID-19 on fertility treatment 2020 (https://www.hfea.gov.uk/about-us/publications/research-and-data/impact-of-covid-19-on-fertility-treatment-2020/).

(20) https://www.icmartivf.org/.

(21) HFEA: Trends in egg, sperm and embryo donation 2020 (published Nov 2022) (https://www.hfea.gov.uk/about-us/publications/research-and-data/fertility-treatment-2019-trends-and-figures/#Section5).

(22) https://www.ipss.go.jp/ps-katei/j/NSFJ7/keisaiteishi.pdf (ただし、二〇二四年二月一三日現在閲覧できなくなっている)。

(23) The global gender gap report 2023 (https://jp.weforum.org/publications/global-gender-gap-report-2023/).

【参考文献】

Blumenauer, V. *et al.* 2018 “D.I.R–annual 2017,” *J Reprod Med Endocrinol*, 15(5–6): 216–249.

Hoorens, Stijn, Annalijn Conklin and Jan Tiessen 2008 “Between politics and clinics: the many faces of biomedical policy in Europe,” Analysis of drivers and outcomes of Assisted Reproductive Technologies policy, Volume I, Synthesis report, RAND Europe（https://www.rand.org/pubs/technical_reports/TR644.html）.

石原理 2016『生殖医療の衝撃』講談社現代新書。

Johnson, M. H. 2018 “Robert G. Edwards and the thorny path to the birth of Louise Brown: A history of *in vitro* fertilization and embryo transfer,” in D. K. Gardner *et al.* eds., *Textbook of assisted reproductive techniques*, 5th edition, CRC Press: xxv–xli.

Jwa, S. C., A. Kuwahara, O. Ishihara and H. Fujiwara 2023 “Impact of COVID-19 pandemic on assisted reproductive technology treatment under voluntary lockdown in Japan,” *Reprod Med Biol*, 2023; 22: e12541.

前田恵理・左勝則・石原理 2023「韓国における不妊治療の情報提供」令和４年度 厚生労働科学研究補助金（成育疾患克服等次世代育成基盤研究事業）分担研究報告書。

日本生殖医学会 2021『生殖医療ガイドライン』杏林舎。

Steptoe, P. C. and R. G. Edwards 1978 “Birth After the Reimplantation of a Human Embryo,” *Lancet*, 8085: 366.

9 人口縮小社会における高齢者

荒井　秀典

1 はじめに

わが国においては少子高齢化に歯止めがかからず、人口も減少傾向が続いている。そのようななか、一九五〇年代には少数派だった高齢者が、現在は多数派となっており、高齢化率は二〇五〇年頃までには四〇％まで達することが見込まれている。人口縮小が進む日本では、高齢者人口が増加し、医療や介護費用の増大など財政への負担が増している。従って、高齢者の健康寿命の延伸を図ることが重要であり、フレイル予防が鍵となる。また、高齢者の経済的安定は社会の安定に直結する。自立した高齢者は社会的支援を必要とせず、消費を維持することで経済の活性化に貢献する。しかし、消費施設やデジタル技術の普及など、高齢者のニーズに対応する施策が不足している。これに対し、高齢者向け商品の充実やデジタル技術の普及、地域コミュニティの活性化など、高齢者の消費者としての役割発揮を促進する対策が必要である。

2 人口縮小の背景と高齢化について

近年、わが国においては少子高齢化が進んでいる。すなわち、出生数は二〇一六年に一〇〇万人を切り、二〇二三年には七六万人を切っている。一方で、総死亡数は二〇二二年に一五〇万人を超え、今後も増加が見込まれている。その結果、総人口は二〇〇五年に戦後初めて前年を下回った後、二〇〇八年にピークとなり、二〇一一年以降、減少し続けている。二〇二三年には高齢化率は二九・一%に達し、七五歳以上の高齢者率も約一五%となっている。現在約三〇%の高齢化率は、約二〇年後には四〇%に達することが推定されており、高齢者の増加に伴い医療や介護費用が増加し、財政への負担が増えているが、なかでも介護の必要性が高くなる八五歳以上高齢者数が現在の約六〇〇万人から二〇年後には一〇〇〇万人を超えることが予想されており、現在約七〇〇万人となっている要支援・要介護認定者もさらなる増加が見込まれる。医療給付費が五〇兆円を超え、介護給付費が一〇兆円を超えた今、さらに進む高齢化は国民へのますますの負担として重くのしかかってくる可能性がある。

一方、少子化は労働力人口の減少につながり、労働力不足が懸念されている。少子高齢化がさらに進む二〇四〇年頃には、一五歳から六四歳までの生産年齢人口一に対して六五歳以上高齢者人口が一となること、すなわち一人の働く世代が一人の高齢者を支えるという社会構造が現実のものとなるということである。しかしながら、六五歳以上の就業者数は年々増加しており、二〇二〇年には九〇〇万人を突破している。このように労働力不足が叫ばれるなか、着実に高齢者の労働力人口は増加しており、高齢になっても元気な間はいつまでも働き続けたいという希望を持つ人も増えている。今後少子化の改善が図られたとしても、生まれた子どもが生産年齢に至るまでには時間がかかるため、また人工知能（AI）などの導入やデジタル化により労働者の再配分を行い、不足する労働力をいかに補うかについて、高齢者の労働力に期待しなければいけない時代はしばらく続くであろう。高齢者の労働人口の確保に必要なのは、健康寿命の延伸であり、高齢者が自分の体力や希望に応じて働ける社会の構築である。

3　高齢者の健康と医療

高齢者は一般的に健康問題に直面しやすいため、医療や介護のニーズが増大することになる。慢性疾患や認知症の有病率が高まる一方で、医療技術の進歩や生活習慣の改善などにより健康寿命が延びる傾向も見られる。

二〇一七年、日本老年学会、日本老年医学会より発出された「高齢者に関する定義ワーキンググループ報告書」(1)の中で、石井らは厚生労働省が経時的に行っている大規模調査である国民生活基礎調査、患者調査、および人口動態調査のデータを分析することによって、六五歳から八四歳の日本人高齢者においては、介護を必要とする原因として重要と考えられる多くの慢性疾患の受療率が、近年大きく低下していることを見いだした。さらに、同時期に死亡率、特定の傷病による死亡率いずれもが大きく低下しており、慢性疾患受療率や要介護率の低下が、生存バイアスによるものではなく、実際の健康状態の改善を反映しているものではないかと考察している。なかでも脳血管疾患、虚血性心疾患、骨粗鬆症の三疾患では特に大きな低下がみられ、二〇一一年における年齢階級別受療率は、一九九六年の年齢階級別受療率と比較して、五歳下の年齢階級とほぼ同等か、あるいはそれより低下していた。また、同じ報告書の中で鈴木は、日本の長期縦断コホートを分析することにより、日常生活活動や握力、歩行速度などの身体機能において日本人高齢者が若返っていることを示唆する結果を得ている。

このように要介護状態の原因となる疾患の受療率は減少しており、高齢者の若返りを示唆する医学的なデータも出ていると思われる。この傾向は加齢に伴い増加する認知症などの疾患の発症を考えると好ましいことであると思われるが、一方で高齢化に伴って起こるフレイルの問題は深刻であり、予断を許さない。フレイルとは、健常な状態と要介護状態の中間的な状態として、日本老年医学会、日本サルコペニア・フレイル学会を中心に啓発がなされている概念であるが、国民および医療専門職間の認識はまだまだ低く、適切な予防策が十分にとられぬまま、疾患中心の管理のみが行われているケースがまだまだ多い。今後の要介護高齢者の増加を考えた場合に、フレイルのスクリーニング、診断、予防・介入法に関する啓発をさらに進めることが必要であろう。

4 高齢者の社会参加と孤立

高齢者の社会参加は、健康維持や生きがいの確保、地域社会の活性化など、さまざまな面で重要である。社会参加を通じて高齢者は自己肯定感や生きがいを得ることができ、精神的な健康状態を維持しやすくなる。また、高齢者が地域社会に積極的に関わることで、地域の結束力が高まり、地域全体の福祉や安全が向上することが期待される。さらに、多世代が交流し、その中で高齢者が経験や知識を若い世代に伝えることで、社会の持続可能性を高める役割も果たす。

一方で、日本においては高齢者の社会参加にはいくつかの課題が存在する。その一つが、高齢者の活動意欲や健康状態に関連する問題である。高齢者の中には健康や体力の問題から社会参加を躊躇するケースもあり、孤立感やコミュニケーションの不足により、自ら積極的に外出や参加することが難しい状況にある人もいる。さらに、地域社会において高齢者向けの施設やイベントが不足している地域もあり、社会参加の機会が限られているという課題もある。

健康問題だけではなく、多くの要因が関連する高齢者の孤立は、身体的・精神的な健康の悪化や生活の質の低下、さらには自殺などのリスクを高める要因となる。孤立した高齢者は、自宅や施設での生活が孤独感や絶望感を増大させ、心身の健康に悪影響を及ぼす可能性がある。また、社会的孤立は高齢者の支援体制が不十分であることを示唆し、地域社会全体の課題ともなる。

従って、高齢者の孤立、孤独予防は重要な社会的テーマである。高齢者の社会参加を促進し、孤立を防止するためには、以下のような対策が必要であろう。

（1）地域コミュニティの活性化：地域住民と高齢者が交流しやすい環境を整備し、地域でのイベントや活動の場を提供することが重要である。

（2）高齢者支援施設の充実：高齢者向けの施設やプログラムを拡充し、様々なニーズに対応できるようにすることが必要である。

（3）ボランティア活動の推進：若い世代との交流や高齢者同士の交流を促進するために、ボランティア活動の機会を提供することが有効である。

（4）地域包括ケアシステムの構築：地域での医療や介護、福祉の連携を強化し、高齢者の生活支援を行う体制を整備することが重要である。

（5）デジタル技術の活用：高齢者がデジタル技術を利用して社会参加やコミュニケーションを行うための支援や教育プログラムを提供することが有効である。国立長寿医療研究センターは、高齢者の社会的孤立を避けるため「オンライン通いの場アプリ」(3)を開発し、その普及に努めている。

これらの対策を実施することで、高齢者の社会参加が促進され、孤立感や社会的孤立の問題が緩和されると期待される。

5 高齢者の自立支援と介護

すでに述べたようにわが国では高齢者の増加に伴い、介護サービスへの需要が急増している。しかしながら、介護施設や在宅介護に従事する人材が不足しており、質の高い介護サービスの提供に課題がある。同時に高齢者の家族や地域社会の負担が増加している。特に、介護を担う家族の負担が大きく、経済的・精神的なストレスを抱えるケースが多いことが課題である。また、地方では介護サービスや医療、福祉の連携がまだ不十分であり、高齢者のニーズに対応できていない地域も多く存在する。

従って、地域での医療、介護、福祉などの連携を強化し、高齢者が安心して地域で生活できる環境を整備することが必要であり、介護人材の確保と育成を行い、質の高い介護サービスの提供を目指す必要がある。また高齢者が自立して生活できる支援策を拡充し、在宅での生活のサポートを強化すること、自立支援のための福祉施設や居宅介護支援事業の充実が必要である。さらには家族介護を行う労働者が介護と仕事の両立がしやすい制度の整備や支援策の拡充が必要である。

以上の対策を継続的に推進することで、高齢者の自立支援と介護の課題を克服し、少子高齢社会における福祉の向上と持続可能な社会の実現に向けて進展することが期待される。

6　少子高齢化社会における高齢者の経済状況

高齢者の経済的安定は、社会全体の安定と持続可能な発展にとって極めて重要である。自立している高齢者は、公的な支援や介護サービスを必要とせず、自らの収入や貯蓄で生活を維持できるため、財政の健全性を維持する上で重要である。一方、高齢者の経済的困窮や生活保護の受給者が増えると、社会保障費や医療費が増加し、財政の負担が増えることになる。経済的に安定した高齢者は、消費活動の維持にも貢献する。高齢者が適切な生活水準を維持し、消費を継続することで、経済の活性化や雇用の維持につながる。特に、高齢者向けの商品やサービスの需要は、将来的にますます重要となるであろう。また、経済的に安定した高齢者は、自身のみならず家族や地域社会の安定にも寄与することが期待される。高齢者が自立していることで、家族の負担が軽減され、経済的な安定感や安心感が家庭内で広がる。また、高齢者が地域社会で経済的な貢献を維持し、地域経済の発展や地域の社会的なつながりを支える役割を果たすことが期待される。

さらに、経済的に安定した高齢者は、労働力と経験豊富な技術を活用することができる。高齢者の知識や経験は、若い世代や企業にとって貴重な資源であり、経済全体の生産性や競争力を向上させる助けとなる。このように、高齢者の経済的安定を支援する政策や制度の整備が重要であり、これを通じて社会全体の健康と持続可能な発展を実現することが求められる。

一方で、地域における消費施設やサービスの不足や高齢者の交流の場の不足が課題となっている。すなわち、高齢者のニーズに合わせた商品やサービスを提供することで、消費の促進を図ることが重要である。例えば、健康食品や介護用品、レジャーや趣味に関連する商品などが挙げられる。また、高齢者がデジタル技術を活用できるよう、デジタルリテラシーの向上やデジタル機器の使い方に関する教育・支援を行うことも重要である。さらには地域での消費活動や交流の場を整備し、地域経済の活性化と地域コミュニティの強化を図り、地域の商店や施設が高齢者のニーズに対応しやすい環境を整えることが重要である。これらの対策を実施することで、高齢者の消費者としての役割発揮が促進され、少子高齢化社会における持続可能な経済活動と社会の発展に寄与しうる。

人口縮小社会における高齢者は、社会の重要な一部を担う重要な存在でありながら、さまざまな課題に直面している。高齢者の健康、社会参加、自立支援、経済的安定など、高齢者が豊かな生活を送るためには多岐にわたる施策が求められる。政府、地域社会、個人の協力が必要とされるなか、包括的かつ持続可能な支援体制の構築が喫緊の課題である。

【注】

（1）高齢者に関する定義ワーキンググループ報告書、二〇一七年、日本老年学会、日本老年医学会。
（2）フレイルに関する日本老年医学会からのステートメント（https://www.jpn-geriat-soc.or.jp/info/topics/

pdf/20140513_01_01.pdf)。

(3) オンライン通いの場アプリ、国立長寿医療研究センター (https://www.ncgg.go.jp/ri/lab/cgss/kayoinoba/index.html)。

10 人口縮小社会と子どもの生命

水口　雅

1 はじめに

日本社会では少子高齢化の進行により子どもが少数派に転落するとともに、社会の仕組みや街の構造が子どもにとって生きにくい、暮らしにくいものに変化してしまった。例えば近年、子どもの声は騒音で迷惑だとする周辺住民の反対運動や苦情により保育園新設の動きが頓挫したり、遊び場だった公園が廃止されたりした。子どもたちが日常、自由に遊べる空き地や原っぱ、路上で遊べる道路は無くなり、子どもが集団で外遊びできなくなった。休日に友達や家族と遊びにゆく遊園地も多くが廃止され、家でひとりゲームをするしかなくなった。日本社会の現実は「こどもまんなか社会」の理想とは遠くかけ離れている。だからこそ二〇二三年に新設されたこども家庭庁がこのフレーズを、これから目指すべき理想として掲げたと考えられる。

世界的にみて、日本は最も長寿の国である。おとなも子どもも死亡率は低い。子どもの数が少なく死亡率も低いから、子どもの死亡の絶対数はとても少ない。その一方、日本の子どもの死亡を医学的にみると、日本社会での子どもの生きにくさ、暮らしにくさに起因する事故や疾病、そのための死亡が少なくない。

この章では日本の子どもの死亡の主な原因をいくつか取り上げ、それらの医学的な理由や社会的な背景を解説し、解決に向け今後とるべき策について考察する。

2　年齢別の子どもの死因

おとなと子どもとでは死亡の頻度（死亡率）と原因（死因）が、当然のことではあるが全く異なる。日本人の死亡率を年齢層別にみると、五—九歳で最も低い。日本では外国の一部に多い戦争や飢餓による社会・経済的な原因の死亡がごく少なく、疾病や自殺など医学・心理的な原因の死亡が大半を占めるからである。

死因は小児期～青年期の中でも、年齢によりそれぞれの頻度が大きく異なる。最近の日本における子どもの死因（**表10-1**）として、〇—四歳（乳幼児期）では先天性疾患（表では「先天奇形・変形および染色体異常」）が、五—一四歳（学童期）では悪性新生物が、一五歳—三〇歳代（青年期～若年成人期）では自殺が最も高頻度である。また事故（かつては「不慮の事故」と称された）も小児期全般にわたり多く、

表10-1　日本における小児の死因（2019年人口動態統計による）

年　齢	第1位	第2位	第3位	第4位	第5位
0　歳	先天奇形, 変形および染色体異常 580	周産期に特異的な呼吸障害 239	事　故 78	乳幼児突然死症候群 75	胎児及び新生児の出血性障害等 56
1-4歳	先天奇形, 変形および染色体異常 142	事　故 72	悪性新生物 65	心疾患 40	インフルエンザ 32
5-9歳	悪性新生物 86	事　故 56	先天奇形, 変形および染色体異常 41	心疾患 18	インフルエンザ 14
10-14歳	悪性新生物 98	自　殺 90	事　故 53	先天奇形, 変形および染色体異常 23	その他の新生物 20
15-19歳	自　殺 563	事　故 204	悪性新生物 126	心疾患 37	先天奇形, 変形および染色体異常 31

死因の上位（二―三位）を占めている。

本章ではこれ以降、日本の子どもの死因のうち先天性疾患、事故と自殺について解説と考察を加えてゆく。これら三者は原因・背景に社会的要因の関与が大きく、それだけに政治・社会的な対策の可能性があるからである。

3　先天性疾患

先天性疾患とは出生前から既にある病因が身体の形態・代謝・機能の異常をきたして発症する病気の総称である。個々の病気の頻度は低いが病気の種類が非常に多いので、先天性疾患全体としての頻度は高く、人口の五％内外にのぼる。形態異常を主とする病気は先天奇形・変形とも呼ばれ、診察（主に視診）のほか超音波、ＣＴ、ＭＲＩなどの形態学的検査により診断される。代謝異常を主とする病気は先天代謝異常症と言われ、主に血液や尿の生化学的検査で診断される。

生命を維持する上で特に重要な臓器である心臓・大血管、胃・腸や脳・脊髄の形態異常、必須の物質である糖・アミノ酸やホルモンなどの代謝異常は子どもの死亡の原因となりやすい。心臓・大血管の形態異常（先天性心疾患）に対する治療、（外科手術、カテーテル治療など）、先天代謝異常に対する治療（薬物、特殊ミルク、生体肝移植など）などの進歩により過去半世紀、多くの病気で生存率が上昇してきてはいるものの、現在でも先天性疾患は〇―四歳の死因の第一位、五―九歳の死因の第三位を占める（**表10－1**）。

先天性疾患の成因（病因）は病気ごとに異なり、多彩である。遺伝的な要因としては単一の遺伝子の変異（例：先天代謝異常症の多く）、複数の遺伝子の多型や染色体異常（例：ダウン症候群）がある。環境的な要因としては毒物（例：胎児水俣病）、薬物（例：サリドマイド胎芽症）、母体の疾患（例：糖尿病）や感染症（例：先天風疹症候群）、放射線被曝（例：原爆小頭症）などがある。先天性疾患の一部では単一の遺伝要因ないし環境要因が決定的に重要な役割を演じるが、その他の過半数では複数の遺伝要因および環境要因が関与する。後者を多因子病（または複雑疾患）と呼ぶ。

先天性疾患を持って生まれる子どもの数は、これらの遺伝要因・環境要因の社会における変化の影響を受けて増減する。日本では過去半世紀（特に昭和の後期～平成期）に複数の先天性疾患の発生の増加

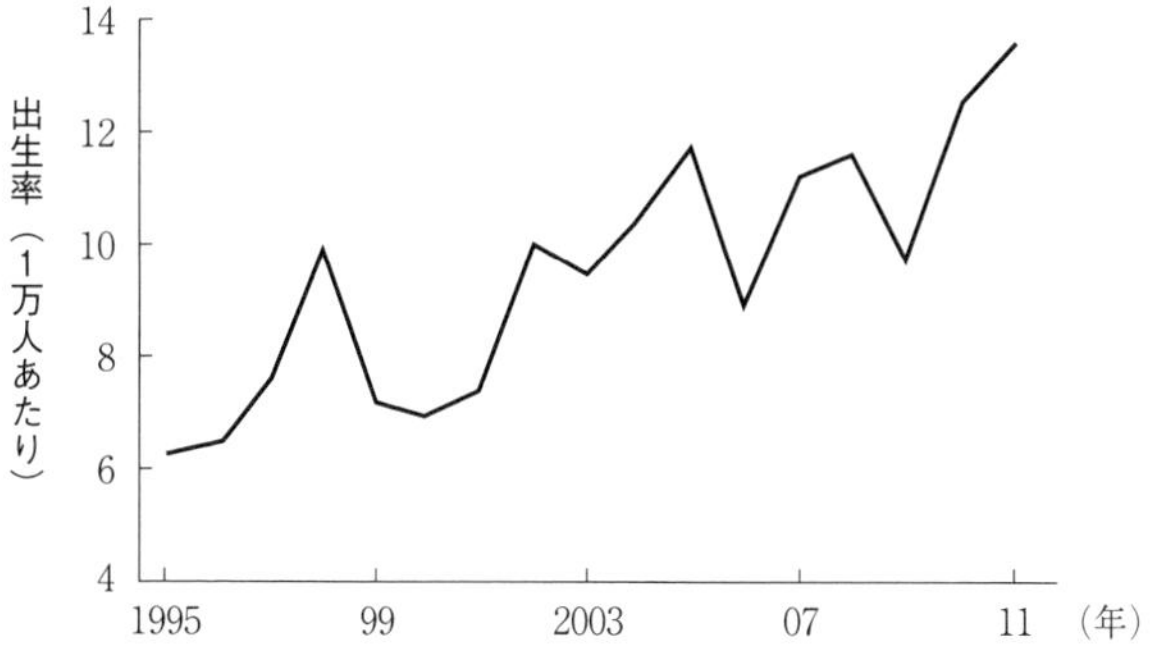

図 10-1　日本におけるダウン症候群の出生率の年次変化の推計（1995-2011 年）

出所：日本産婦人科医会・横浜市立大学国際先天異常モニタリングセンターの調査を元に作成.

という憂うべき傾向が認められた（**図 10-1**、**図 10-2**）。以下にその代表格であるダウン症候群と神経管奇形（二分脊椎など）について解説する。

ダウン症候群は新生児の六〇〇—八〇〇人に一人が持って生まれる比較的頻度の高い染色体異常症である。成因は、二一番染色体が正常では二本であるところ、ダウン症候群では三本と数が過剰なことである。症状として、心身の成長・発達の遅れ（低身長、知的発達症など）と顔貌・身体の形態的な特徴を呈するほか、先天性心疾患（心内膜床欠損症など）、消化器疾患（十二指腸閉鎖、鎖肛など）、感覚器疾患（難聴、白内障、斜視など）、内分泌・代謝疾患（甲状腺機能低下、肥満など）や悪性腫瘍（白血病など）をしばしば合併する。昔は先天性心疾患などのため小児期の死亡が多かったが、過去半世紀に心臓外科手術などの治療の発達によりダウン症候群患者の平均寿命は著しく（一〇歳くらいから六〇歳くらいまで）延長した。

日本ではダウン症候群の発生率が昭和後期〜平成前半に

著しく上昇した（図10－1）。その原因は母の年齢の上昇である。過去半世紀に日本では晩婚晩産化が進行、平均初産年齢は二五・七歳から三〇・九歳へと上昇し、四〇歳以上が四・六％を占めるに至った（厚生労働省人口動態調査による）。ダウン症候群の原因となるイベントは大多数が母体の卵巣における減数分裂（染色体数を半減して卵子を形成する細胞分裂）の失敗である。この失敗の率は母の年齢の上昇とともに上昇するので、ダウン症候群の発症率は母の年齢とともに増加する（表10－2）。

表10-2　ダウン症候群の母親年齢別発症率

母の年齢	発症率
20歳	1/1667
25歳	1/1250
30歳	1/952
35歳	1/378
40歳	1/106
45歳	1/30
49歳	1/11

出所：Hook *et al.*（1983）による．

神経管奇形（神経管閉鎖障害）は脳・脊髄の形成異常のカテゴリーのひとつで、二分脊椎（脊髄髄膜瘤・髄膜瘤）のほか無脳症、二分頭蓋（髄膜脳瘤・髄膜瘤）を含む。運動麻痺や感覚低下のほか知的発達症、てんかん、水頭症など神経系の多彩な症状を呈する。複数の遺伝要因（葉酸の関わる代謝系の酵素の遺伝子多型など）や環境要因（ビタミンの一種である葉酸の摂取不足など）を背景とする複雑疾患である。無脳症や脊髄髄膜瘤など重症の病型は胎児～小児期の死亡の原因となり得る。神経管奇形の頻度は半世紀前まで、日本は諸外国より低い傾向があった。ところが昭和後期～平成期に諸外国で発生率が低下したのに反し、日本では頻度が増加して、ついに傾向が逆転した（図10－2）。日本における増加の原因は、妊娠可能な女性の食事の変化による栄養不足、すなわち葉物の野菜の摂取が減少したため体内の葉酸が不足したためと推測される。一方、諸外国における出生率減少の原因は、多くの国における国民の葉酸

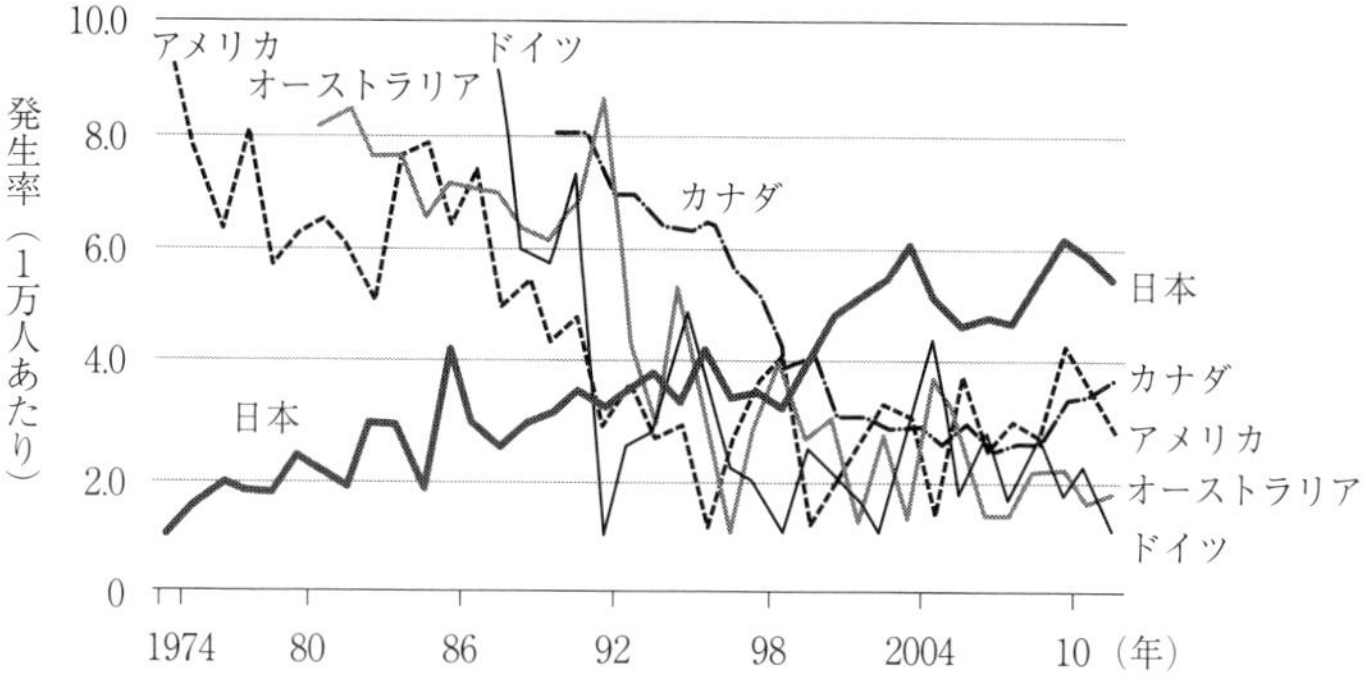

図10-2 日本と諸外国における二分脊椎の発生率の年次変化の推計（1974-2012年）

出所：International Clearinghouse for Birth Defect Surveillance and Research, Annual Report 2014を元にらくだ6.0プロジェクト事務局が作成したグラフ（https://rakuda6.fundely.co.jp/column/tsugawa27）を引用，筆者改変．

摂取量増加に向けた栄養補助食品（葉酸サプリメント）や栄養強化食品（主食である小麦やコメへの葉酸添加）の効果と、胎児診断に基づく人工流産の増加と推測される。ちなみにヒトの神経管形成は胎生三―五週と早期、妊娠の診断より前のイベントである。それゆえ妊娠が判明してから野菜を食べたり、葉酸の錠剤を飲んだりしたのでは間に合わない。この問題について、厚生省（児童家庭局母子保健課）も二〇〇〇年にすでに「神経管閉鎖障害の発症リスク低減のための妊娠可能な年齢の女性等に対する葉酸の摂取に係る適切な情報提供の推進について」という通知を発出している（平成一二年一二月二八日　児母第七二号　健医地生発第七八号）。日本先天異常学会も二〇一八年から毎年四月三日を「葉酸の日」と定め四月を「葉酸摂取による神経管閉鎖障害予防月間」とするなど啓発に取り組んできている。

以上のとおり、先天性疾患であるダウン症候群を減らすには高齢での妊娠・出産を避けるべきであるし、神経管奇形を減らすには食事で葉物野菜を摂取しておくべきである。日本の現状では、今後妊娠・出産の可能性のある女性における保健・医学あるいは栄養・育児に関わるリテラシーが低い。生物としてのヒト女性の生殖機能は二〇—三〇歳代前半を過ぎると低下し、妊娠・出産の確率は低下、染色体異常の率が上昇してゆく。妊婦の栄養不良は胎児の発育・健康に悪影響をもたらし、カロリー不足は子どもの将来の成人病のリスク（ＤＯＨａＤ：Developmental Origins of Health and Disease または成人病胎児期発症起源説）、葉酸不足は神経管奇形のリスクを増す。これらの科学的事実について学校教育、卒後教育の場で若い女性に周知・啓発し、自らのライフプランやキャリアパスの設計に活かしてもらうべきである。

なお、ダウン症候群や神経管奇形を出生前診断の新しい手法で早期発見し、卵の選別や人工流産により病気の子どもが生まれないようにすることは「病気による死亡」を減らすことにはなるが、人口減少に対する根本的解決策とはなり得ない。

4　子どもの事故

日本は二〇世紀末に世界一の長寿国となった。今世紀の初め、各年齢層における死亡率（全ての死因による）を日本と日本を除く先進一四カ国の平均と比較すると、ほぼ全ての年齢層で日本の方が低かったが、一—四歳だけは高かった。死因を事故に限って死亡率を比較すると、〇—四歳と五五—七四歳の年齢層で日本の事故死が他国より多かった。日本は長寿国だが、乳幼児と中高年の事故死が多いという弱点があったのである。特に一―四歳の事故の多さは全死因の死亡率を押し上げるインパクトがあった。理由として日本の家屋の構造、道路交通の状況などが指摘された。二〇〇〇年ころの年齢層別死因統計でも事故死が一―四歳、五―九歳、一〇―一四歳の年齢層で第一位を占めていた。

最近の年齢層別死因統計（**表10-1**）では事故死の順位が一―四歳、五―九歳で第二位、〇歳、一〇―一四歳で第三位と多くの年齢層で下がっている。その主な理由は交通事故死の減少である。いっぽう、他の理由による事故死は、依然として多い。

子どもの事故死の原因は多彩で、年齢により異なる。例えば〇歳では窒息、一―四歳では高層マンションからの転落や自宅風呂場での溺水、五―一四歳では通学中の交通事故やプール・川での溺水が多い。平成期を通じて、死亡原因のうち交通事故だけは減少したが、他の事故（窒息、溺水、転倒・転落、火炎への曝露、その他）は不変だった。

交通事故死減少の主な理由のひとつは、国を挙げた対策の効果である。一九七〇年に交通安全基本対策法が制定され、一〇次・五〇年以上にわたる交通安全基本計画が政府（総理大臣・警察庁）主導のもと動き始めた。道路交通を含む交通全般について基本的考え方、目標と対策が定められ、実行された。目標は具体的に、例えば第一〇次計画では「事故発生から二四時間以内の死者数を二〇二〇年までに二五〇〇人以下に」、第一一次計画では「二〇二五年までに二〇〇〇人以下に」という具合に設定された。現状を把握したり対策の効果を評価したりするための指標として発生件数、負傷者数、重症者数、死亡者数などのデータがシステマティックに収集、分析された。分析結果に基づき事故予防対策が立案、実行された。平成期には交通事故の発生件数・負傷者数は増えたものの死亡者数は減った。死亡を防ぐために国がとったチャイルドシート義務化などの対策が計画どおり効果を挙げたのである。

これとは対照的に、交通事故以外の事故は全く減っていない。乳幼児の転落事故（場は主に家庭）や学童・生徒のスポーツ事故（学校）などに関する近年の統計を見ると、毎年同じような事故が、同じような場所で、同じような数だけ生じている。悪い状況が変わらない理由の第一は事故による傷害のデータを予防に繋げるシステムが無いこと、第二は行政官、研究者、業者が連携・協力して取り組むネットワークが無いことである。現状では、子どもの事故予防を主導する官庁は存在しない。事故の生じた状況に関するデータは事故の種類や場所により縦割りの行政機関（文部科学省、消費者庁、国土交通省、自治体、その他）に置かれており、そのほとんどは公開されない。事故の結果である傷害のデータは消防庁や医療機関が持っているが、個々の状況と傷害を結びつけるようなデータベースは構築されておらず、情報は共有されていない。

事故の予防にはいわゆるPDCAサイクル、すなわち（1）情報の収集、（2）資料の解析、（3）予防法の検討、（4）予防法の実践、（5）評価・判定そして次のサイクルの（1）へ回すという循環式マネジメントが求められる。この際、予防法の評価は必ず定量的に行う（数字で検証する）。例えば（1）（2）「自転車運転中の事故で年間〇人が死亡、うち×人は頭部外傷による」、（3）（4）「自転車運転者にヘルメットの着用を促す」、（5）「自転車運転中の事故による死亡者数のほか通院日数、入院日数、医療費を対策の前後で比較する」といった具合である。交通事故以外の事故についても、類似のサイクルを回すシステムを国として、新設されたこども家庭庁を主管として、構築すべきである。

日本学術会議は第二五期（二〇二〇年一〇月―二〇二三年九月）に子どもの成育環境分科会が事故による子どもの傷害を減らすために取り組み、その成果をシンポジウム開催、雑誌の特集の企画（『学術の動向』二〇二三年三月号）（山中ほか 2023）、見解の発出（日本学術会議ＨＰ）として公表した。同委員会が目指した子どもの傷害対策の要点は以下の三つである。

（1）子どもの傷害や死亡に関するデータ・統計の継続的な収集とその利活用

（2）地域多職種連携支援体制の構築・強化

（3）市民科学や行動変容の科学に基づく効果的な情報提供と社会実装

5　一〇歳代の自殺

日本の年齢層別の死亡統計では、自殺は一五―三九歳において死因の第一位、一〇―一四歳において第二位を占める（**表10-1**）。国際的な比較でも二〇一九年度における日本の一五―二四歳の自殺死亡率はＯＥＣＤ加盟三八カ国中、男性が第九位、女性が第七位と悪い方の上位を占めた。二〇一二―二〇一四年の死亡統計で若年層（一五―三四歳）の死因第一位を自殺が占めたのは、Ｇ７加盟七カ国中では日本のみであった。

日本の子どもの心の問題の深刻さは平成の初めから認識されていた。二〇〇七年に国連児童基金（ユニセフ）イノチェンティ研究センターが公表した「先進国における子どもの幸せ」で「自分は孤独だ」と感じる一五歳の子どもの割合が、日本では二九・八％に上った。この割合は回答のあった二四カ国中で最も高く、平均の七・四％を大きく上回った。国は、子ども、特に思春期の心の問題を母子保健の国民運動計画「健やか親子21」（第一次：二〇〇一―二〇一四年度、第二次：二〇一五―二〇二四年度）の主要な課題のひとつとして位置付け、地域における保健、医療、福祉、教育の連携を促進して対策を進めた。しかし、この問題の重要な指標である「一〇代の自殺死亡率」はこの間、むしろ悪化した。自殺死亡率（人口一〇万対）は一〇―一四歳で二〇〇〇年一・一（男一・七、女〇・五）から二〇一七年一・九（男二・一、女一・六）へ、一五―一九歳で二〇〇〇年六・四（男八・八、女三・八）から二〇一七年七・八（男一一・一、女四・三）へと上昇した（人口動態統計）。

新型コロナ感染症の流行が始まった二〇二〇年から日本の若年者の自殺はさらに増加した。児童・生徒の統計では、中学生（女子）と高校生（女子）の自殺者数が二〇二〇―二〇二一年（新型コロナウイルス感染症流行中）は二〇一九年（新型コロナウイルス感染症流行前）に比し大幅に増加した。一五―二四歳の自殺死亡率の国際的な比較では、先進国六カ国中、日本と韓国では二〇二〇年（新型コロナウイルス感染症流行中）に、二〇一五―二〇一九年（新型コロナウイルス感染症流行前）と比べて男女とも大幅に上昇したが、イギリス、ドイツ、アメリカ、カナダではそのような変化が見られなかった。コロナ禍による一斉休校とオンライン授業、自宅から出られず生活リズムが乱れたこと、休校が明けてもマスク着用や黙食の強制、課外・校外活動の制限等が長期間続いたことなどが児童・生徒のメンタルヘルスを悪化させたのではないかと推測されるが、自殺の増加との関連性の詳細については分析が進んでいない。

健やか親子21（第二次）は二〇二四年度で終了するが、その後も一〇代のメンタルヘルスケア、とりわけ若年者の自殺の予防が学童期・思春期から成人期に向けた保健対策の最重要課題であり続けること、これまで健やか親子21で進めたような対策だけでは不十分なことは確実である。科学的、とりわけ生物心理社会的（bio-psycho-social）なアプローチに基づく原因の分析と対策の開発に国を挙げて取り組むべきである。

学童や生徒の自殺予防、さらに広くメンタルヘルス向上のためには医療と教育の協働が必要である。しかし医療と教育は本質的に異なる文化を有しているため、両者の協働は実際には難しい課題である。近年、日本学術会議でも第二三期（二〇一四年一〇月—二〇一七年九月）の出生・発達分科会がこの問題に取り組み、成果をシンポジウムおよび書籍として公表した（神尾ほか編 2017）。

【参考文献】

山中龍宏・宮地充子・相澤彰子・北村光司・矢口まゆ・西田佳史 2023「事故による子どもの傷害を減らすために」『学術の動向』二八巻三号。

神尾陽子・桃井眞里子・児玉浩子・山中龍宏・高田ゆり子・衞藤隆・原寿郎・水田祥代編 2017『子どもたちの健康を育むために』日本学術協力財団。

IV

人口縮小！　技術に何ができる？

11 人口縮小社会の中での「こども施設」

山田 あすか
斎尾 直子

1 さまざまな「こども施設」

■こども施設とは

こども施設とは、就学前保育施設（幼稚園、保育所、地域型保育、認定こども園）／拠点、学童保育所／拠点、就学前障害児通所施設、放課後等児童デイサービス、児童館、子育て支援センター／拠点、小中学校、等を指す（図11-1）。戦後、高度経済成長期に、これらの諸施設・諸機能が専門分化しながら全国各地に整備されてきた。

これらのこども施設を、「ケア（福祉）系」と「学校（教育）系」の二系統によって捉えてみる。「ケア系」は、胎児期・乳幼児期から学童期、思春期、成人期と生涯にわたる、ケアし、ケアされる関係性のなかに位置づけられる施設や支援にかかわる諸機能である。これに対して「学校系」には、文部科学

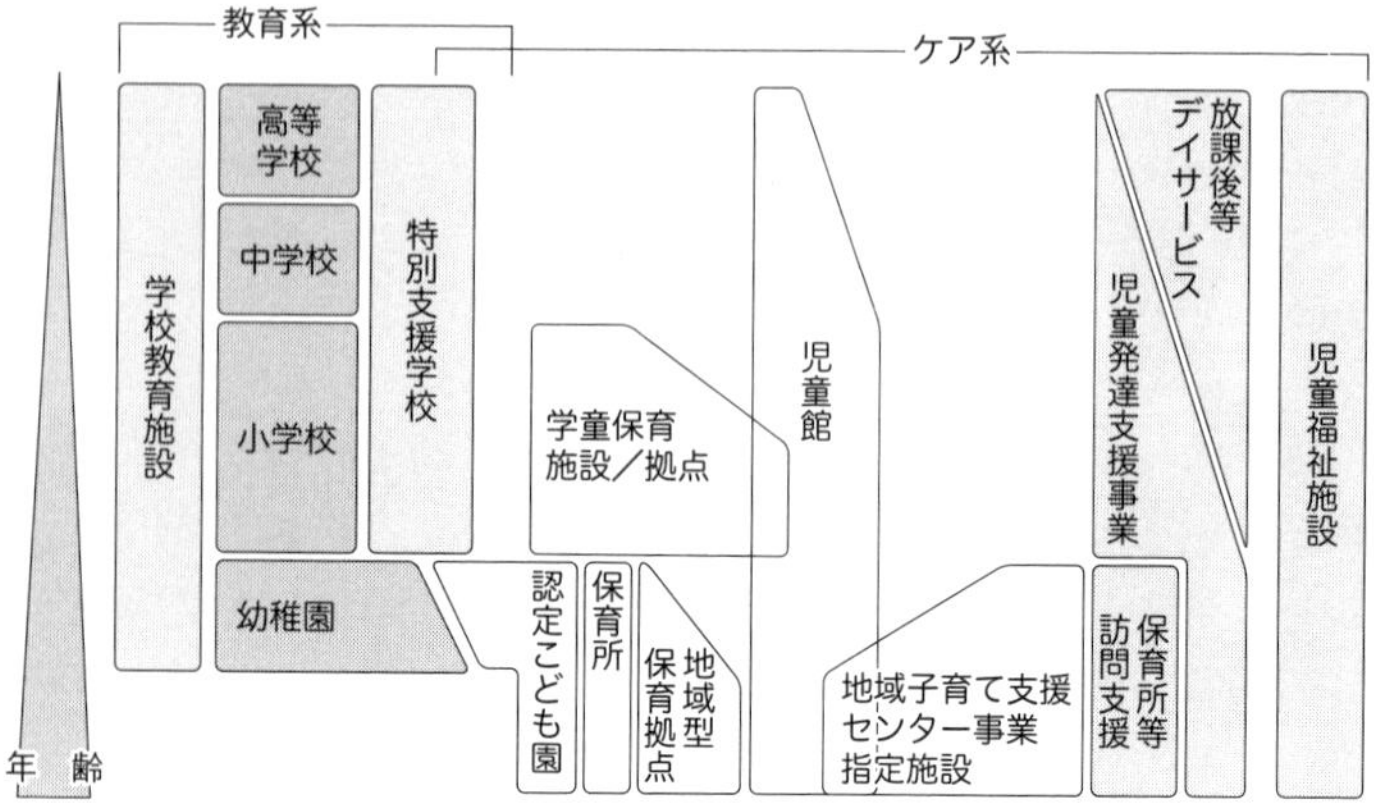

図 11-1　ケア系と教育系の「こども施設」の対象年齢，機能

省管轄の文教施設として位置付けられている小中学校、高等学校等が該当する（幼稚園は幼児利用施設のため、本章ではケア系に含む）。特に、小中学校に通う義務教育期間に関しては、全てのこどもに対して、その居住地において公立の小中学校が設置されていることが必要となる。学校施設で過ごす時間は、OECD加盟国平均で一五歳までで七五三八時間とされ（東京工業大学・国立教育政策研究所 2020, OECD 2017）、日本では学校敷地内滞在時間は約九〇〇〇時間と試算できる。〇歳や一歳からの朝から夜までを過ごす保育所では言わずもがなであるが、多くのこどもたちは平日の起きている時間のほとんどをケア系施設や学校系施設で過ごす。すなわち、長時間過ごすこども施設の環境は、こどもの成育において重要な影響を及ぼす。

■ケア（福祉）系こども施設の機能と、施設再編・機能統合の状況

ケア系こども施設を取り巻く社会状況　ケア系こども施設

について、全国的には顕著な少子化が大きな社会問題とされながらも、なおも保育所や学童保育所などの不足、待機児童問題が解消されない地域もあり、大規模集合住宅ができて急な年少人口増加に保育所定員増の対応が間に合わないなど開発との齟齬も課題である。逆に、地方などでは統合再編を実施しても地域に一定規模以上の保育施設を残せないほどこどもが減っている地域も珍しくない。少子化と、核家族化・共働き世帯やシングル世帯の増加などを背景とした保育ニーズの増大（逆に幼稚園のニーズ低下）などの社会状況の変化を踏まえ、従来の保育所・幼稚園が、両者の性格を併せもつ認定こども園へと統合されていっている。施設利用における連携促進を謳った一九九八年の「幼稚園と保育所の施設の共用化等に関する指針[1]」、二〇〇五年の総合施設制度[2]、二〇〇六年の認定こども園法[3]、そして二〇一六年四月には子ども・子育て関連三法[4]が施行され、ケア系こども施設の再編が進んでいる。

他方、医療の発達や障害の認知の拡がりによる対人口当たり障害児数の増加や重度・重複化等といった利用者像の変化も指摘されている。また、インクルーシブな教育、ノーマライゼーションの観点からの障害児の統合保育の実施拡大、障害種別ごとの施設体系から通所・入所の利用形態別への一元化[5][6]など、就学前保育施設の枠組みには機能の統合を伴う大きな変化が生じている。こども系福祉施設の圏域を考えるとき、人口縮小社会における単なる「少子化（利用者数の減少）」への対応としてだけでなく、これら**「利用者像や必要とされる機能の変化」についても、併せて整理する必要がある。**

ケア系こども施設の機能と圏域の再編　地域施設の利用者数が減少するなかで、施設の「規模（定員）」

が変わらないとすると、施設の「数」が減り、「利用圏域」が拡大する。同様に、「圏域≒数」が変わらないならば、「定員（利用人数）」が減少する。これら規模・数・利用圏域は相互に関連する。そこで、子ども・子育て支援三法では保育ニーズが維持される都市部では小規模保育を利用して一時的な保育ニーズを吸収し、保育ニーズが縮小する大都市部以外の地域では、機能の統合・集約をはかり、利用圏域は広域化させることが想定されている（図11-2）。複数の機能をより集約的に運営することで、資源の有効利用や、適切な集団規模の維持が企図されることは自然な流れである。

実際に、二〇〇六年の認定こども園法施行を前にした、総合施設モデル事業実施時期において、先行的に幼保の一元化を実施していた事例施設に、幼保の一元化を行った理由を尋ねたアンケート調査の結果によると、「運営の効率化」や「集団体験の保障（適切な活動規模の維持）」が一定の割合を占める（図11-3）（山田ほか 2006）。

機能が統合再編されるときには、圏域内の異種機能の統合による圏域の「維持（人数規模が少なくとも一時的には大きくなる）」、または同種機能の統廃合による圏域の「拡大」が基調となる。例えば、保育所・幼稚園の一元化による認定こども園への再編や小中一貫校への統合再編は異種機能の統合（必ずしも利用圏域の拡大を伴わない）である。また同時に、複数の同種機能と異種機能が統廃合されて集約化される（利用圏域が拡大する）事例が少なくない。

現実的な問題として、保育施設選択において最も重視されることは自宅からの距離であり[7]（佐藤ほか 2008）、一般的には圏域の拡大は交通利便性・到達しやすさ＝アクセシビリティの低下として捉えられ

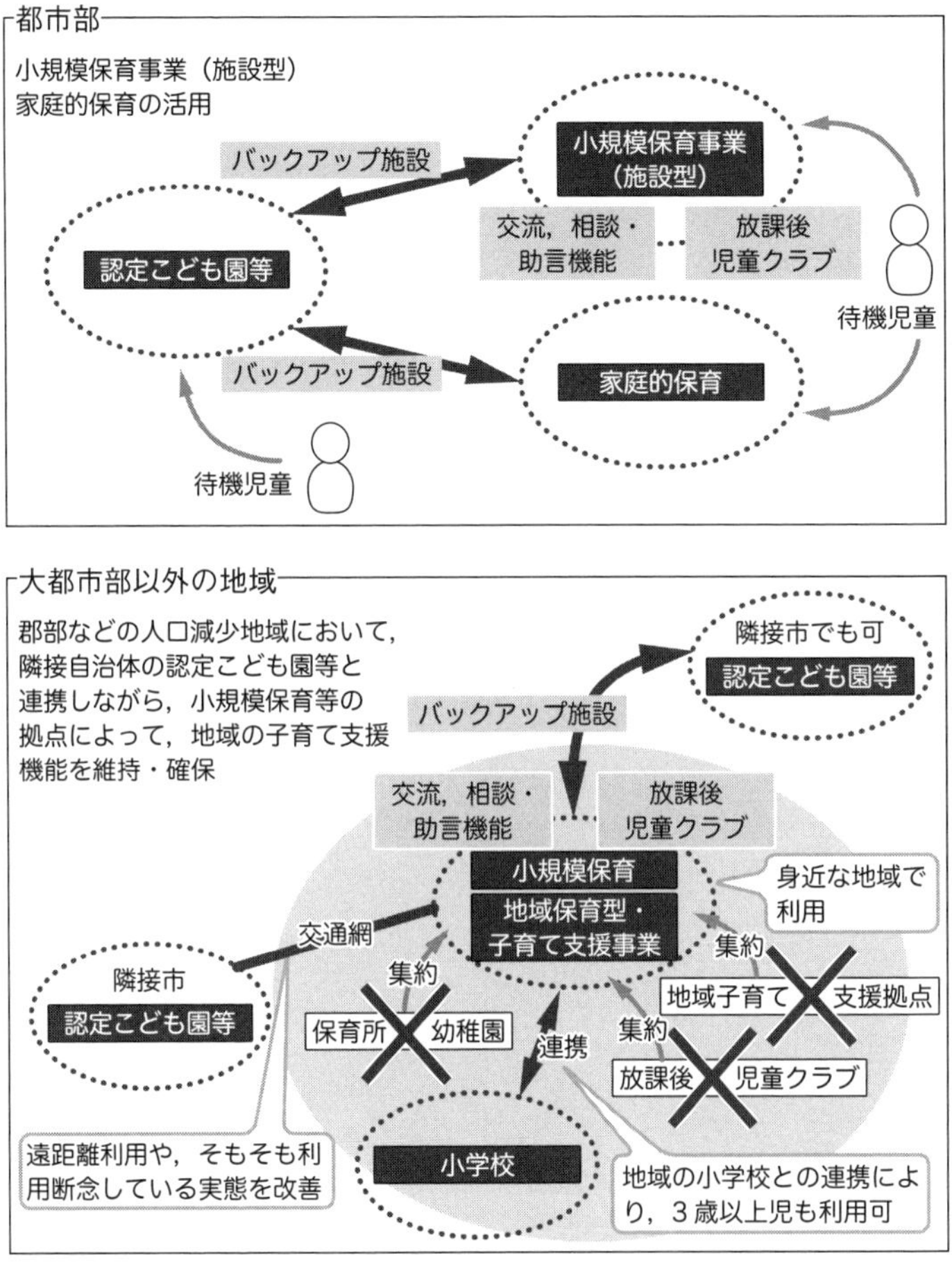

図 11-2　子ども・子育て支援新制度が想定する保育拠点の再編

注：厚生労働省による開示資料をもとに作成.

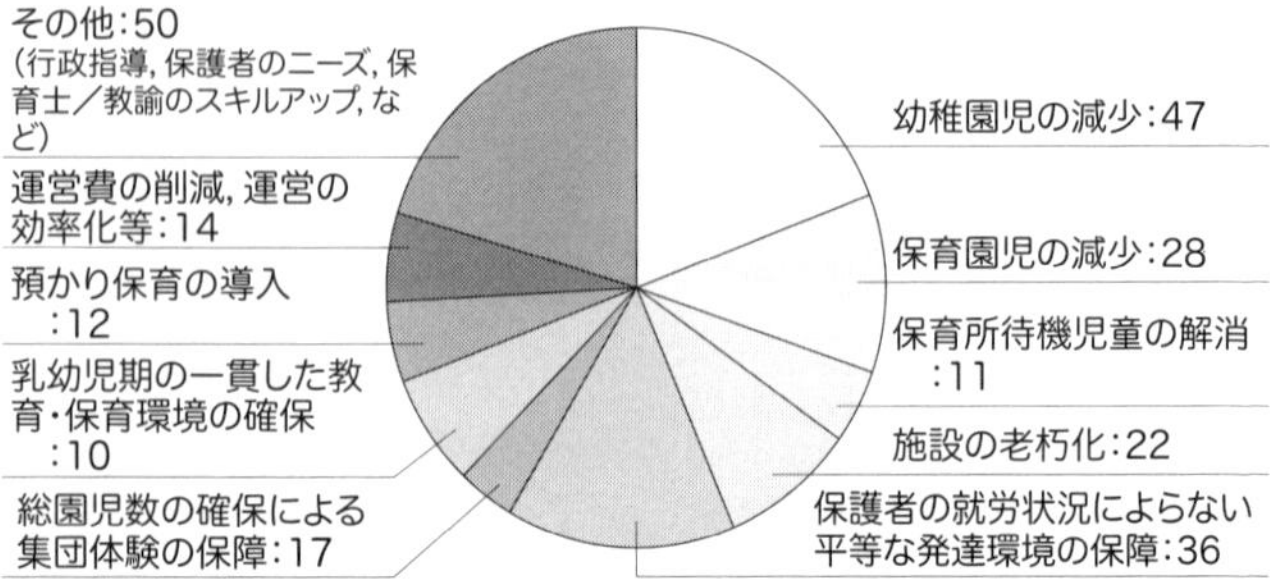

図 11-3　幼保一体化の理由

注：2005 年 4 月時点で把握できた全国の幼保一体型施設（各都道府県及び政令指定都市の保育・幼児教育所管課への電話調査によって事例を把握）300 事例に対して，郵送回答方式によるアンケート調査を実施し，有効回答 111 票（有効回答率 37.0%）を得た．

がちだが、一方ではなんらかの利点に繋がる場合もある。圏域の拡大によって、保たれる機能や役割もある。そうした観点から、機能と圏域の再編は、地域の人口分布・道路網・隣接地域の施設配置等の地理的条件や、必要とされる機能等との兼ね合いで、グラデーションのように段階性があることが想定される。

以上を踏まえて、**図 11-4**に、再編のパターンによって、どのような課題や利点が生じるかを整理した。

利用圏域を維持することを選択し「小規模・分散」型の運営を行う場合には、地域とのつながりや自宅を拠点とする送迎負担を維持でき、小規模によるなじみ、異年齢保育・育ち合いの環境のつくりやすさ、などの利点がある。同時に、集団体験を保障しにくいことは課題となる。一方、利用圏域が拡大しても規模を維持することを選択し「中～大規模・集約」の運営を行う場合には、反対に集団体験の保障や人的・物的資源の効率的活用が可能となる。それと同時に、地域とのつながりや送迎負担の増大が課題となる。また、「異種機

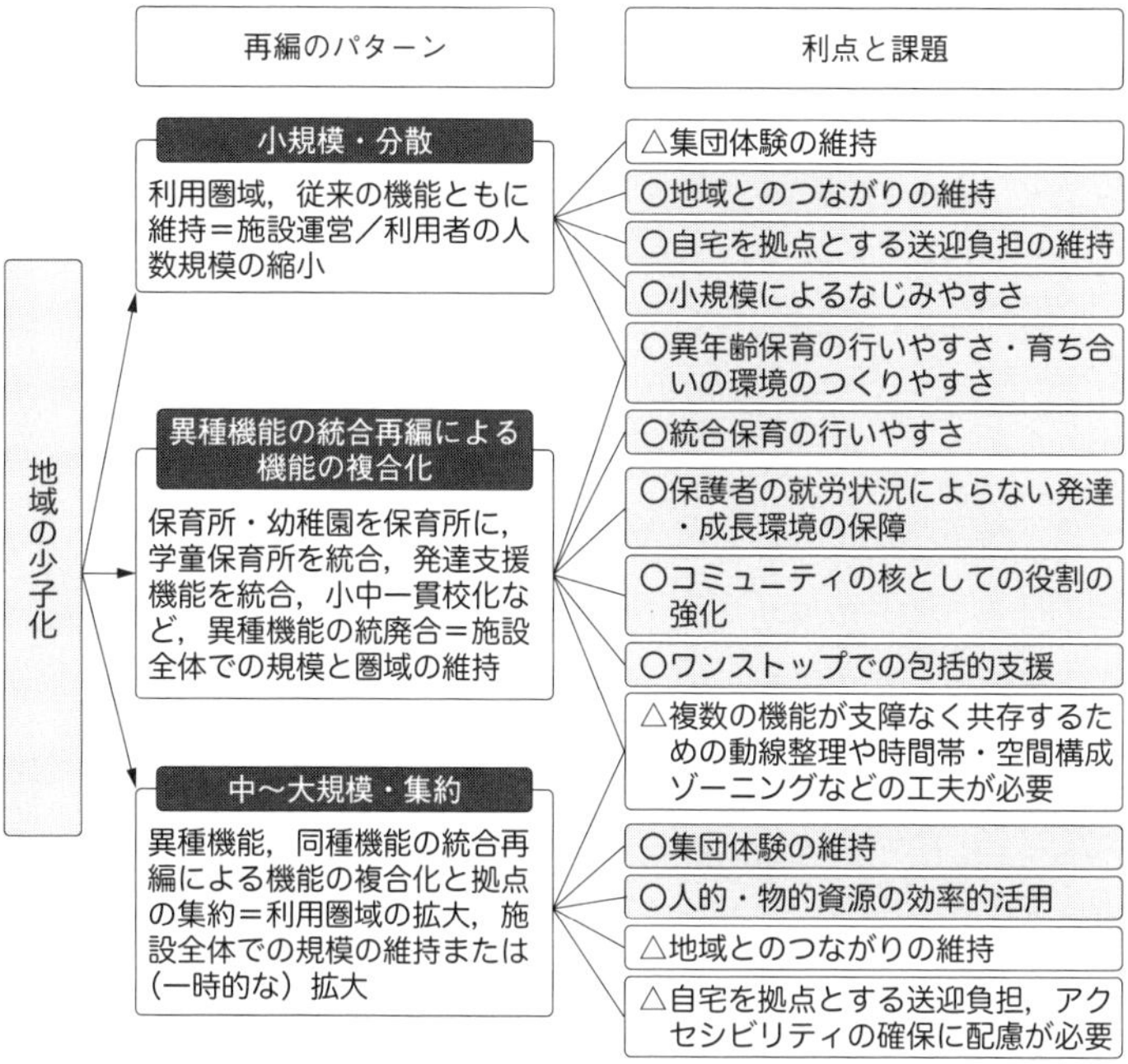

図 11-4　機能・圏域の再編パターンに応じた利点・課題点

能の統合再編による複合機能化」の場合は、それ自体では圏域の拡大を前提とせず、こどもの成長・発達環境の保障や、地域コミュニティの核としての役割の強化、統合保育・教育環境や縦型の育ち合いの環境の保障、等の利点が挙げられる。また、複合的な支援がワンストップで包括的に得られる、異年齢で利用するサービスが異なるきょうだい児がいる家庭の場合には送迎負担の軽減、等の利点も想定できる。それと同時に、複数の機能が支障なく共存するための動線整理や時間帯・空間構成ゾーニングなどの工夫が必要となる。

機能と圏域の再編を踏まえた今後のこども施設　少子化に伴って施設や資源の効率的運用や拠点の集約等が必要となる場合には、現在の子ども・子育て支援新制度が想定するように、基本的には異種機能の統合（異年齢への支援機能の統合、発達支援等特別保育の包摂化）が前提となる。同種機能の統合の場合には、圏域が拡大が生じ、地域とのつながりを重視すべきとする保育所保育指針との齟齬も課題となる。

地域の状況等により、圏域の拡大を伴う再編が行われる場合には、保護者の送迎負担の軽減のため、地域内交通や送迎バス等の整備が必要となる。カリキュラムの時間が固定的である幼稚園や学校系こども施設とは異なり[8]、個別に必要な支援を提供することが前提のケア系こども施設、例えば保育所では通常は世帯の状況に応じて利用時間がまちまちである。送迎バス（スクールバス）等を設定する場合にはその運行時刻によって従前は前提となってきた利用の自由度が制限されることにも留意が必要である。

他方、待機児童問題の解消、保育所定員枠の有効活用[9]のため、保護者がこどもを預け、ピックアップする送迎ステーションを活用した保育所運用の例もある。保護者が送迎ステーションにこどもを預けたあと、コアタイムに向けて送迎ステーションからこどもそれぞれが利用する保育所に送り届け、コアタイム終了後にそれぞれのこどもを各利用送迎ステーションに送り届ける仕組みである[10]。こうした仕組みの発展と、「小規模・分散」と「中〜大規模・集約」の両方の利点を活かす観点からは、地域密着型の「朝と夕方の小規模保育拠点（家庭福祉員／保育ママやファミリーサポート）」と、「昼間に広域からのこどもが集まって過ごす保育拠点（認定こども園等）」の並行展開による保育拠点整備も検討に値する（図11-5）。ケア系、学校系こども施設のいずれにも共通するが、圏域の問題はアクセシビリティの確保

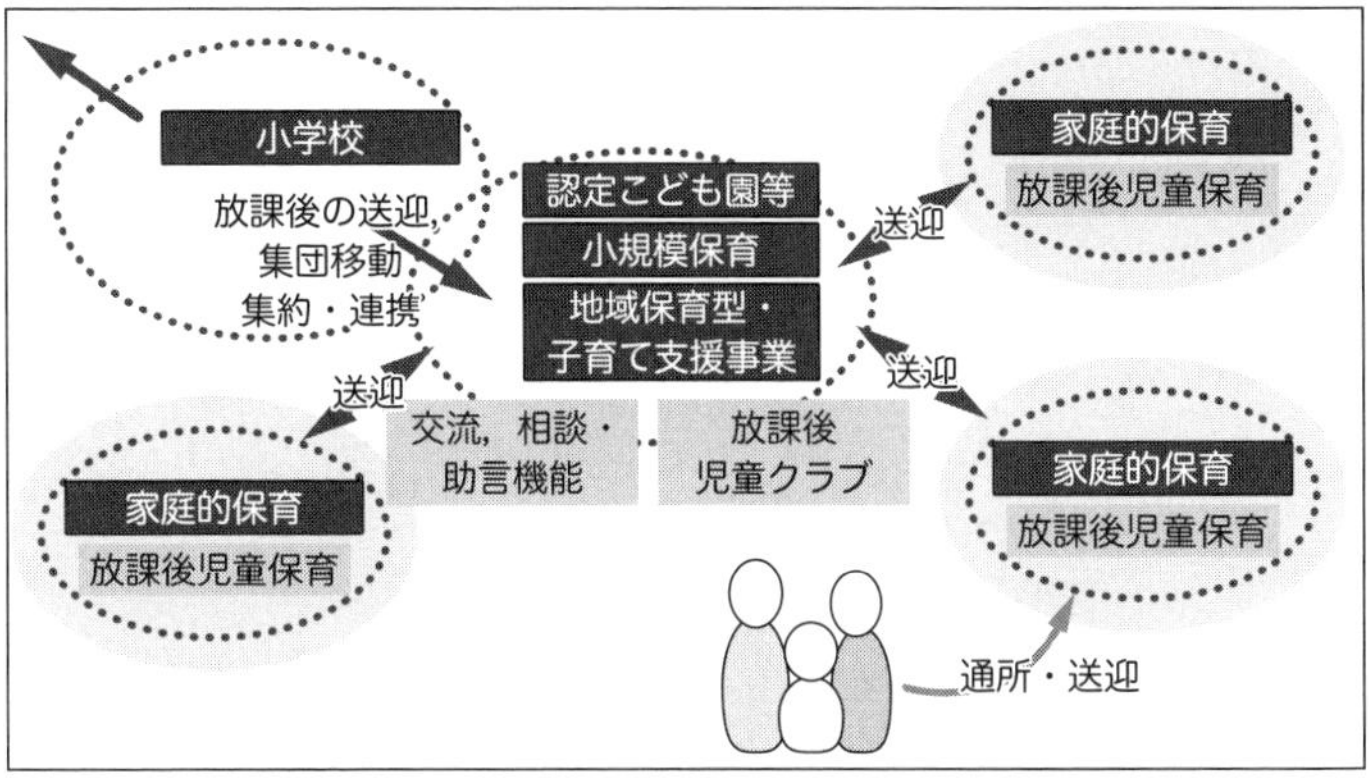

図 11-5　送迎機能の追加による保育拠点整備

と切り離せない。

■学校（教育）系こども施設の機能と、施設再編・機能統合の状況

学校系こども施設の成り立ちと近年の学校数減少の実態　日本の小中学校は、一八七二（明治五）年に学制発布／義務教育制度がスタートし、施設に関しては、一八九五（明治二八）年「学校建築図説明及び設計大要」が北側廊下・南側教室の学校建築標準型の発端となり、戦後、木造校舎からＲＣ（鉄筋コンクリート）造校舎に変わっても、一九五〇（昭和二五）年に「ＲＣ造校舎標準設計」に沿った片廊下で同種の教室が並ぶ平面形式の学校が、高度経済成長期後半から、特に一九七〇―八〇年代前半に全国に大量に建設されていった。いわゆる量的充足と定型化時代である。一九八〇年代以降、画一的な平面計画ではないオープンスクールタイプ等、様々な先進的な試みがみられるようになる。しかし、全国の多くの学校は標準設計タイプであった（日本建築学会編 2017）。これ

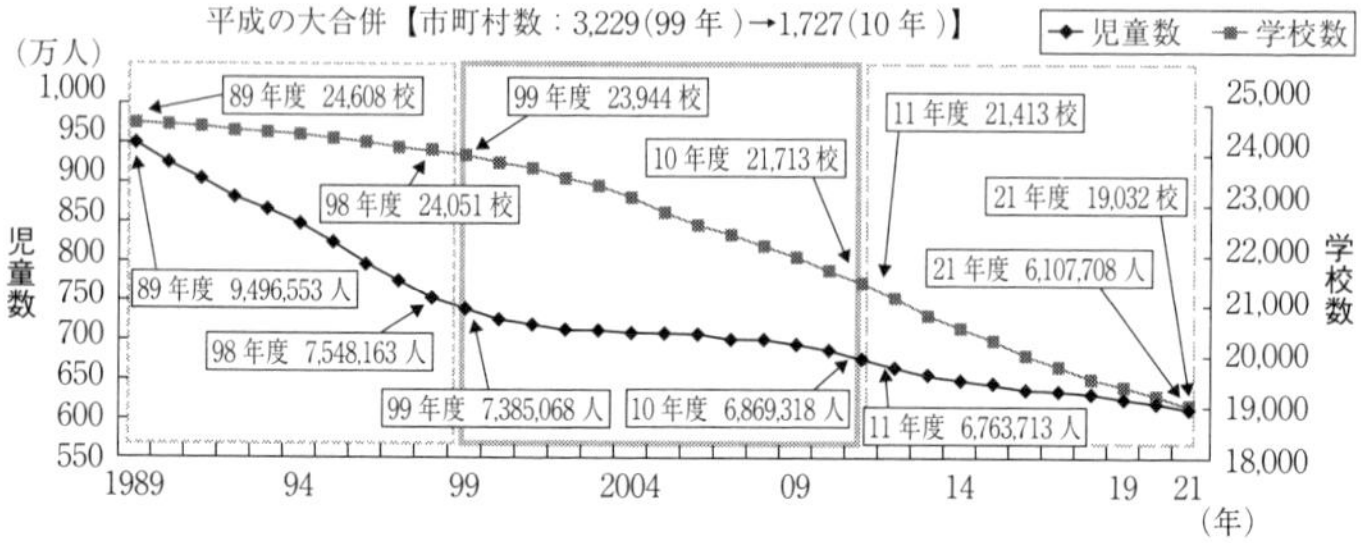

図 11-6　公立小学校の学校数と児童数の推移

注：学校基本調査（文部科学省）総務省ウェブサイト「市町村数の変遷と明治・昭和の大合併の特徴」から作成.

出所：「新しい時代の学びを実現する学校施設の在り方について」（R4.3.30）文部科学省学校施設の在り方に関する調査研究協力者会議最終報告（https://www.mext.go.jp/content/20220328-mxt_sisetuki-000021509_5.pdf）.

らの画一的な校舎群は二〇二〇年代を迎え、今現在、築四〇―五〇年超の老朽化校舎を数多く抱え、大量建替えの時代に突入したという状況にある(11)。

組織としての学校数、という視点でみると、一九八〇年代からの本格的な児童数減少の開始を追いかける形で、一九九〇年代から減少し続けている。学校数減少とはすなわち、少子化がより進んだ地域において三―四校が一校になど、複数校が統廃合を行なっていることを意味し、このことはさらに大量の廃校舎と、徒歩圏に学校の存在しない地域を全国各地に発生させてきたこととつながる。近年一〇年間では二〇一一（平成二三）―二〇二一（令和三）年度で公立小学校は二三九九減少、平成の大合併期を上回るペースで学校が消滅している(12)。

都市の一部地域では、学校統廃合を進めた後に、都市再開発が起こりタワーマンションが立ち一時的な人口増により児童数も急増し校舎を増築するものの、一〇年後はピークが過ぎ去り減築、等の状況も起こっており、本末転倒な現象もみられる。しかし、統廃合のほとんどは農山漁村等の人口過疎地域で起こっている現象であり、【人口縮小と少子化】→【学校小規模化・複式学級化】→【廃校】→【徒歩圏に学校のない地域】→【生産年齢層の転出、移住可能性減】→【人口縮小と少子化】という、公立小中学校を巡る悪循環サイクルを辿る地域も珍しくない。

高等学校については義務教育ではないものの、二〇二〇年度の進学率は約九五%であり、みなし義務教育施設として一五―一七歳の全てのこどもが居住地に住み続けながら、複数選択肢があり主体的に通学できる環境整備が重要となるが、公立小中学校同様に、近年数十年間で統廃合が進み、離島や中間山地域などすでに高校進学と同時に居住地を転出せざるを得ない地域も少なくない。また広域を対象に専門的な教育を提供する特別支援学校では中学部からの寮生活を想定する事例もある。

要するに、日本では、人口過疎地域におけるこれ以上の学校統廃合は限界であり、遠隔地に居住する児童生徒においては自宅・親元を離れての寮生活が必要となるような状況になっている。

学校系こども施設が持つべき機能の展開　学校で行われる活動内容という視点でみると、一方的な指導のイメージを持つ「教育」から、こどもが主体的に「学習」することへと変容してきた経緯を持つ。OECD GNEELEは"Traditional（Teacher centered）"から"Inovative（Learner centered）"を推奨し、多様な学習形態に呼応するような、大小の室配置や家具のセッティング（しつらえ）も含めた空間計画を提示している（東京工業大学・国立教育政策研究所 2020, OECD 2017）。日本においては、二〇二一年

Presentation
発表形式，または，スクール形式，全体会議形式
Group
グループ学習
Individual
個人学習
Team teaching
チームティーチング
複数の教師が連携したグループ学習

図 11-7　多様な学習形態と活動に呼応するしつらえ

出所：OECD GNEELE Annual Meeting，東京工業大学・国立教育政策研究所（2020）.

教室空間と隣接する多目的スペースとの連続性・一体性を確保し多様な学習活動へ柔軟に対応
学校図書館とコンピューター教室と組み合わせて読書・学習・情報のセンターとなる「ラーニング・コモンズ」
障害のある児童生徒とない児童生徒が安全かつ円滑に交流及び共同学習を行うことができるスペース確保

図 11-8　これからの公立小中学校の空間イメージ

出所：文部科学省 学校施設の在り方に関する調査研究協力者会議 2022「新しい時代の学びを実現する学校施設の在り方について 最終報告」.

の文部科学省中央教育審議会答申の中で「個別最適な学び」と「主体的・対話的で深い学び」の推進が一層強く叫ばれており、ICT教育推進、インクルーシブ教育推進等の動きは、実はやっと始まったばかりである[13]。それらとあいまって、多様な学習形態の展開と、それらに対応する、画一的ではない校舎平面、多種の学習空間の整備の推進が近年急速に市民権を得ている状況にある。

学校系こども施設と人口縮小社会との関連性　高度経済成長期とその後に建設された校舎の老朽化問題への対応、近年の学校数の減少と統合学校の新築や建替え、新築計画の際の多様な空間計画（画一的平面から、多様なバリエーションのある空間設置へ）、実はこれらの現象は人口縮小社会だからこその余裕が出てきたという側面があるとみることもできる。児童数過多時代には、学校計画のバリエーションも空間の余裕もなかったが、近年は多くの地域で少人数学級の丁寧な学習がおこなわれ始めている。ただし、人口縮小社会は人手と予算が圧倒的に不足していることとも隣り合わせであり、その点をどう解決していくかが大きな課題となる。

諸外国をみてみると、治安に不安がある国やスクールバス通学が通常となっている国と異なり、日本は、小学校一年生（六歳）から保護者の付き添いなく、こどもだけで自分の住むまちを歩いて通学できる点に特徴があり、この点は各国から羨望的に評価されている。そのため、居住地域内に、年齢相応に徒歩で通学可能な範域に公立小中学校が整備され、地域社会の中で誰もが知り得るコミュニティハブとなってきた経緯がある。しかし、旧来は小学校一キロ・中学校四キロが原則であった通学距離は、人口縮小社会において統廃合が進んだ近年は小学校四キロ・中学校六キロまで＋スクールバス利用となり、こどもにとっても、家族にこどもがいない大人にとっても、地域社会にとっても、「学校」は日常生活やその圏域から遠い存在になりつつある。

学校系こども施設の再整備と機能の複合化　人口縮小社会の中で、公立小中学校の統廃合後の新学校建替えの際、学校と、地域の公共施設との複合施設整備が行われるのも近年の特徴の一つといえる。具体的には、生涯学習施設・図書館・保育園・特別養護老人ホームやデイケアセンター等の住民に身近で公共性の高い地域施設・機能との複合化である。これらの地域施設も実は同時に老朽化しており、学校複合化により合理的に問題解決していこう、という社会背景は理解しやすい。

学校複合化の始まりとしては、一九九〇年文部省報告書：文教施設のインテリジェント化に関する調査協力者会議資料「21世紀に向けた新たな学習環境の創造」（平成二年）が挙げられる。その後、全国に複合化事例が増え続けながら、近年では、二〇一五年文科省報告書「学習環境の向上に資する学校施設の複合化の在り方について」（平成二七年）や、二〇二〇（令和二）年事例集、二〇二二（令和四）年の手引き等の公表により計画時の課題や配慮事項も明確化され、約三〇年間経て学校複合化が一般化してきた。近年は、カフェ等、民間商業施設との複合化も珍しくない。

学校複合化整備により新たに生まれた地域拠点は、利用する住民からみればヒューマンスケールな居住地域に存在する身近な活動の場であり〝公共的な空間〟である。〝的な〟と表現したのは、学校、図書館、デイケアセンター、こども園と、自治体側の管轄部局が縦割りに区分されていたとしても、親子で過ごす、仲間と集う、相談できる、これらの自然に起こる日常的な機能は、利用者側からみれば行政管轄は関係なく、施設名と機能は一対ではない。さらに、利用できる範域は屋内／屋外の別なく、整備・運営は自治体直営／民間の指定管理／民間テナント等の各種形態があり得るし、利用者側の誘致圏域も学区・町内会／自治体域という圏域やその属性に明確な規定がある場合／ない場合等、機能混在・融合的な空間になっていく。

しかし、学校複合化は、本来ならば地域住民のためのよりよい居住環境整備として、複数施設・機能の相互の協働や融合による相乗効果を狙うことが大前提となるはずが、ともすると、統廃合を進めることが主目的となり、老朽化問題が解消され経済効率よく予算減建替えができればよい、といった事例が発生し危惧される状況もある。施設統合や複合化が進む時代に、自治体主導の公共施設統廃合が進行し続けていることは、注視していかなければならない。

学校系こども施設の広域化・複合化に伴うアクセシビリティへの懸念　今後も公共施設の複合化が進むのであれば、多種多様な機能の相乗効果が得られる空間計画と運営計画でなければ地域の新しい拠点にはなり得ないと認識する必要がある。統廃合を伴う複合化を進める場合は、ヒューマンスケールな圏域に施設が無くなってしまうことの損失等を深刻に分析し、新たな広い利用圏域と、徒歩圏域に無くなる地域内の代替措置はセットで考えていくべきであろう。

特に、公立小中学校の九〇%以上が災害時の避難所に指定されている事実は大きい[14]。近年の震災や豪雨災害等の多発により、避難所利用の機会はますます増加している。学校と複合化した地域施設が、日常は住民の活動の場、さらに災害時等は安心安全な避難所として機能し、魅力的な地域拠点となることが理想となる。しかし、統合化して現役の学校がなくなった地域が増え続けている現在、学校避難所に辿り着けない地域が出てくることが想定される。人口縮小が進んだ地域であっても、小さいコミュニティにどのような機能を残すべきか、統合の行き過ぎを見極めながらの地域社会の計画が重要となる。

学校複合化の意味と功罪は、都市と農村という立地で異なる視点も必要である。都市においては一不動産としての都市開発行為であり、人口縮小が極度に進む農村であれば、新たなコミュニティハブ形成のチャンスと捉えることもできる。さらに立地が都市でも農村であっても、建築という物理的な事物は五〇年以上利用できるため、設計初期段階の空間計画の質を上げることで、最初の一〇年は学校七割：地域三割という空間活用方法でスタートし、三〇年後は少子化のさらなる進行に併せて学校三割：地域七割と逆転させ、空間リノベーションを行いながら地域拠点として生き続けることも可能となる。新築初期段階は学校に他の地域施設・機能が入り、数十年後は公共的な複合施設に学校がビルトインしている、といった状況になるかもしれない。

2　人口縮小をこども施設の環境の質向上の契機に

こども施設のあり方については、前述のように日本における急激な人口縮小社会に起因する困難な課題や必要な変化、同時に余裕の発生という側面がある。一方で、人口縮小傾向とは直接的には関係なく、世界の潮流や社会的ニーズへの対応としての空間や機能の質向上が求められている側面もある。

具体的には、ケア系こども施設であれば、保育単位が大きすぎることやこども数に対する保育者数が少ないことを解消する必要がある。また、保育単位が大きいことは異年齢保育を行いにくくする要因でもあり、インクルーシブな環境づくりや互いの興味関心や発達の違いが自然に存在し、それが許容される環境づくりの阻害要因となる。また学校系こども施設であれば、多様な学習環境の展開は人口増減とは関係なく社会の潮流である一方で、学校統廃合や複合化、アクセシビリティへの懸念は人口縮小化に起因する事象である。あるいは、地域密着の拠点での教育とICTを活用した広域スクーリングの並行実施による地域での教育拠点の残置と集団体験の機会の保障の可能性などは、両者の間に存在するオルタナティブな学校教育の未来のかたちである。

いずれにせよ、こども施設の環境には変革や改善が求められているのであり、この両者——人口縮小社会や地域の人口縮退ゆえに生じることがらを、こども施設の環境の質向上や地域でのその役割の尊重の契機としていくことが必要である（図11-9）。人口縮小化による人員や予算の削減と、空間や機能

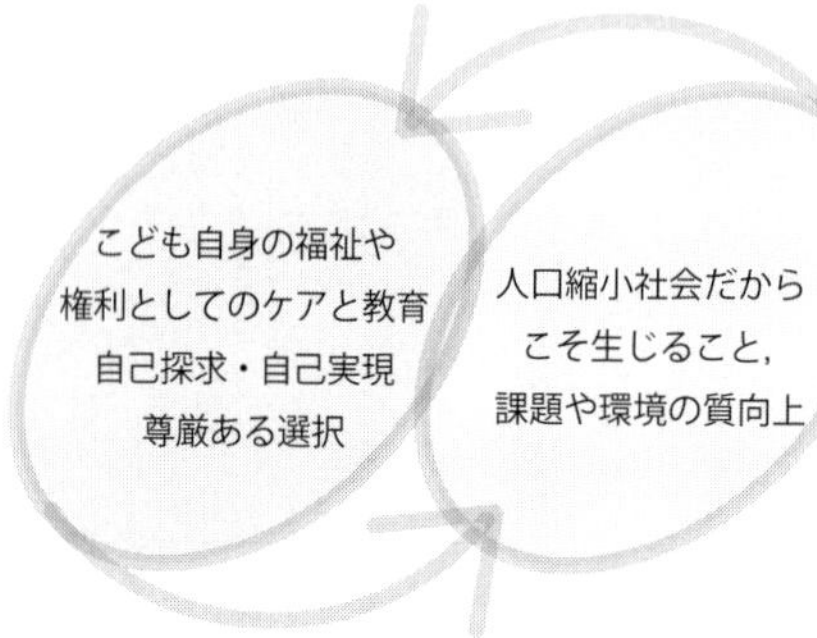

図 11-9　少子・人口縮小社会を環境の質向上につなげる

の質向上の方向性と、人口縮小化をむしろチャンスと捉え、どのようにソフトトランディングできるのか、これからの重要な課題である。

3　こども施設のこれから

こども施設の理想を追うこと、そして短期的視点でのあまりに広域な施設統合を避けつつ人手不足・予算不足への対応を考えるときには、これらの一体的な問題解決が求められる。同時に、ケア系、学校系のこども施設を「ひとりのこども（とその集団）」のこととして、一緒に考えていく必要がある。同様に、こどものことだけではなく、こどもを育てている保護者や、こどものケアや教育に携わっている大人、その家族……と、結局のところコミュニティ全体としての持続性を考える必要があることに気づく。いずれにせよ、こどもが生まれ、健やかに育つことができないのならばその地域も国も存続しようはずもない。子育て・子育ちは社会的再生産、社会の持続性そのものである。

■こども施設におけるアクセシビリティと選択性

地域の持続性とは、そこで長期的な、世代を超えた「暮らし」が成り立つかどうかにかかっている。日常生活におけるアクセシビリティの影響が最も顕著に現れるのは、「頻度高く・通う」必要があり、かつ移動に補助や見守りが必要な人々が利用する施設である。日用品や食料の調達などに加えて、保育所・幼稚園・こども園、そして小学校はその筆頭と言える。保護者らによる送迎の必要性も含め、それら〝こども施設〟が地域にあるからこそ、生産年齢人口がその地域に暮らすことができ、社会的再生産と経済的生産の両輪が回る。

そもそも、こどもは乳児→幼児→小学校低学年→小学校中高学年→中学生→高校生と、年齢、発達段階により思考力・行動力・行動圏域が異なる。乳幼児までは保護者の付き添いが必須であり、こども施設でも、こどものためだけでなく、保護者のための機能が計画される。しかし小学生になれば、一人、あるいは、友達と一緒に、学校に通い、公園で遊び、図書館に行くこともできる。それでも小学生の行動圏域は広くないため、ヒューマンスケールな徒歩圏に、こどもたちの選択肢があることがその成長過程において主体性を形成することにつながる。例えば、学童保育、公民館、児童館、民間団体が運営するこどもの居場所、図書館、などがそうしたこどもたちの選択的な居場所や活動・仲間遊びの選択肢となる。

こどもたちが居場所として利用することの多い図書館を事例に、アクセシビリティの状況をみてみよう。(15) 板橋区では、図書館のサービス圏域を約一キロに設定し、中央館一館・地域館一〇館及び学校図書館で全区域をほぼ網羅し、居住地から一キロ圏域でカバーできない地域では、結果的に学校図書館が補完的な配置になっている。人口が密集している都市部では、固定施設により読書環境を担保することが可能となる。人口の分布に差がある郊外地域の町田市では、図書館のサービス圏域を約一・五キロと設定し、都市部では中央館一館・地域館七館、農村部は移動図書館により市域全体を網羅しようと試みている。市域の一部は固定館の設置が難しい地域が存在するため、図書館網の補完的な役割を移動図書館が担っている。さらに、より広域な範囲を移動図書館で網羅しようと試みている事例に福島県がある。農村固定図書館未設置の自治体からの要望に応じて県立図書館から出向き、読書環境を創出している。農村地域等を含む広域では移動図書館の担う役割は大きい一方で、巡回頻度を多くすることは難しく、運営を担う人材確保等の工夫により、さらなる日常的な読書環境の担保が必須となる。人口縮小時代に、増え続けていく多くの過疎地域においては、こどもにとってのヒューマンスケールな日常生活圏（＝住環境）に質の高い魅力的なこども施設整備が困難なのであれば、こどものところに出向くアウトリーチが重要な意味を持つ[16]。

■諸外国に学ぶ

地域に根ざした、住民主体で作られる、そして利用者を限定しない複合的な施設の例として、イタリアの地区の家 Casa del Quiterier やドイツの多世代の家 Merhgenerationenhaus がある（図11-10）。イタリアのトリノ市やアレッサンドラ市などを発祥とする「地区の家」は、日本でいう公民館やコミュニティセンターのようでいて全く状況が異なるコミュニティハブを、地域の社会的活動団体が自らつくり、地域と共に育てていく運動である。自治体が行なっていこうとしている経済原理とは全く別の、行政の公共施設整備や福祉事業が行き届かない分野を地域課題として発見し、それを解決していくための非公式な学校系施設でありケア系施設である。徒歩圏域の地域住民のための、こどものための施設でもあり、大人のための施設でもある（小篠・小松 2018）。

また、ドイツの連邦プログラムである「多世代の家」は、こどもから高齢者までの多世代の利用／支援の提供を前提にしながら、就労支援や移民・難民支援などその地域ごとの課題に応じたケアを提供する居場所・支援拠点づくりプロジェクトである。運営団体は地方自治体直轄や民間団体（宗教系慈善団体、ＩＮＧＯ、日本でいう社団法人等）と多様で、それらの具体的テーマや運営主体が多様な活動が「多世代の家」という一つの事業に包括されていることに特徴がある。これらの事業は主に空き家活用により、まちづくり活動が展開するなかで、図書館のような読書ができる機能、学校の放課後の居場所づくり、生涯学習拠点、障害者の働く場づくり、移民や低所得者層の生活の相談や困った時の拠り所、カフェやパン屋、農場など多様な機能を統合・連携させながら運営されている。一見、雑然とも見えるそれら様々な機能は、その相互の関係性を見ると「生活」や「地域というもの」「人間の営みというもの」の本質において実は切り離せない相互の関係にあるのだと気付かされる。経済的生産と社会的再生産、〈公 Public〉の役割と〈私 Private〉がこれほどに分断される以前の、相互扶助的な〈共 Common〉の関係にあっては、機能分化・純化された施設や仕事の仕方の方が不自然であったはずだ。こどもを生み

イタリア「地区の家」(@アレッサンドラ／イタリア，空き家改修による地域住民の活動場所，運営するリサイクルショップ等)

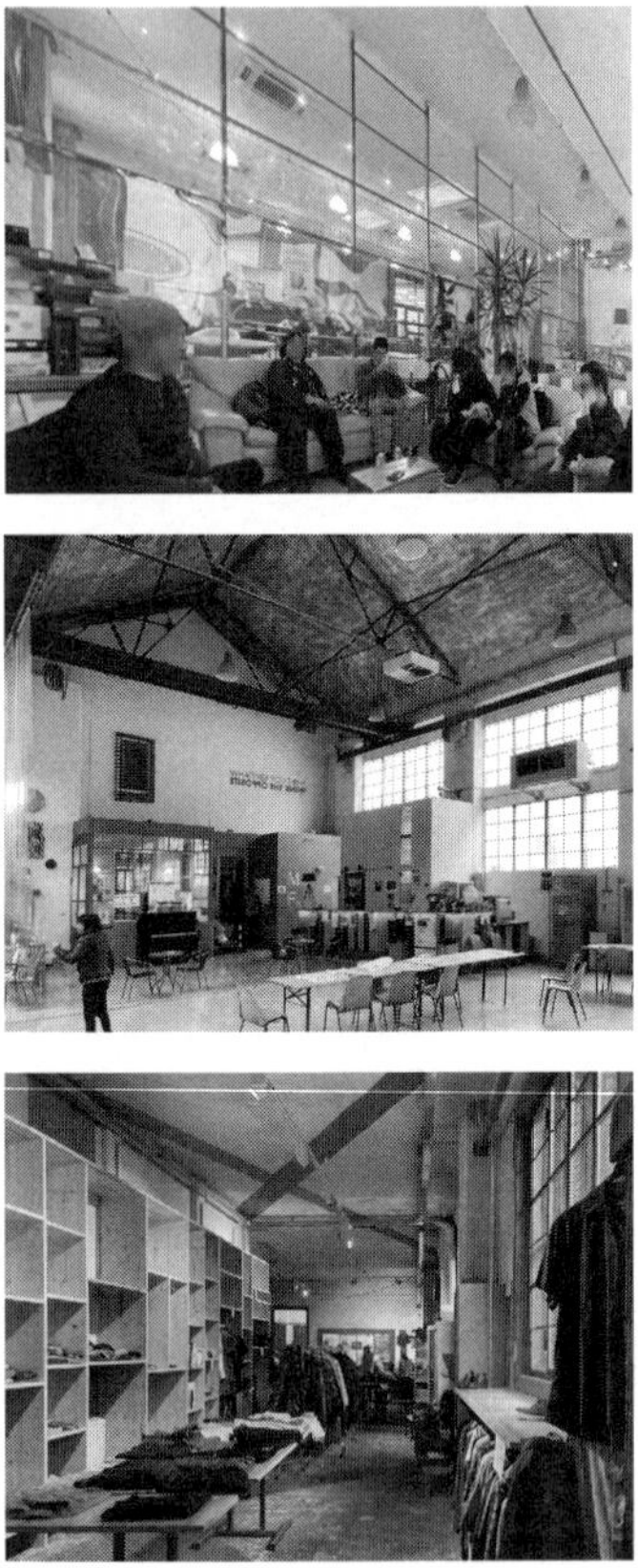

ドイツ「多世代の家」(@ラングンフェルト／ドイツ，空き家や空き地を活用して地域公共機能を誘致し集落を再生)

図 11-10　イタリア「地区の家」とドイツ「多世代の家」

育てるという社会的再生産の最も重要な側面が経済的生産への価値の偏りによってこれほどゆがめられてしまった現在の社会の仕組みへの疑問を抱くことが最初の一歩となろう。こうしたコミュニティ統合施設は、必ずしも行政の支援によらず、行政の制限から自由であるがゆえに住民の主体性と自由が発揮されやすく、こどもも大人も、利用者として通い始めた住民を運営側にスライドさせていく力をもっている。

4　こども施設にとどまらない地域公共施設のこれから

■公共サービスを支える地域公共施設

人口拡大期には、従前の家族制度や組織による束縛あるいは「絆」が前提となる社会基盤として、機能の専門分化と増分主義[17]のもとでの公共施設／サービスの整備が行われてきた。こうした公共サービスは、その提供の拠点となる地域の公共施設を必要とする。具体的には、加速する少子化のなかでのこどもたちのための施設や子育てをサポートする各種施設、生涯学習のための施設（図書館やコミュニティセンター等）、高齢者のための福祉施設、障害を持つ人々や家族のための福祉施設、様々な医療施設、地域産業振興のための施設（一次産業、観光、雇用）等、ヒューマンスケールな生活圏にあるべき公共施設を指す。

人口縮小社会を迎えた現代社会では、これら拡大・専門分化した施設の維持に困難を来し始めており、

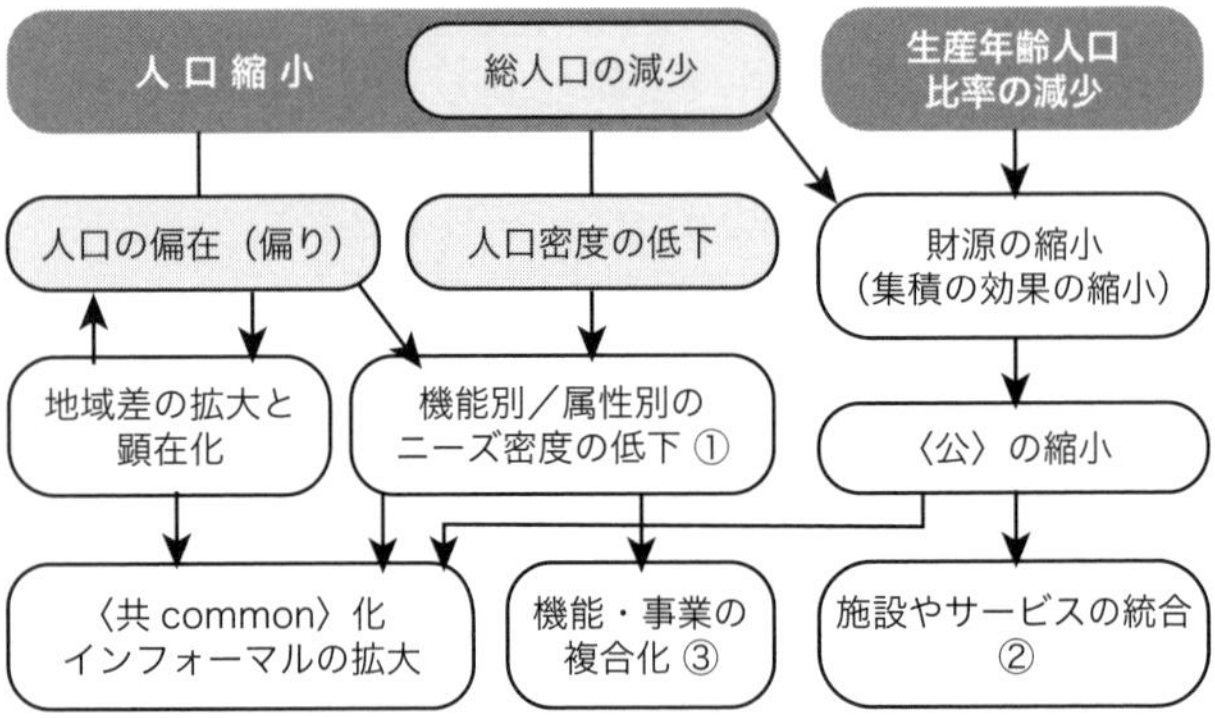

図 11-11　人口縮小による施設への影響

一方で個人個人の意識の多様化とともに、年代や性別によるラベリングに囚われない多様な暮らし方と生き方の選択が広がっているという実態もある。いわば、**「これ以上分けていられない」と、「きめ細かい個別ニーズに対応してほしい」の板挟みの状態**である。一般的に、提供されるサービスにおいて、その利用者個々人にとってのサービスの受給場所や内容など、多種多様なニーズを満足させようとする場合には、**それぞれの個別的なニーズが一定の密度以上で存在する必要がある**。

　人口縮小社会における施設への影響を図11-11にまとめた。人口縮小には、総人口の減少、人口の偏在、人口密度の低下の側面があり、既存の施設の維持にクリティカルに影響するのは「ニーズ密度の低下（①）」、すなわちその施設を維持できるほどの利用者が、利用可能な圏域に存在しなくなることである。通学バスや高齢者デイサービスの送迎など送迎サービスを提供して利用者を集める動きは、この潜在利用者の移動能力に照らしてアクセス可能である圏域の「外」から、利用者を集めるための施策である。

ニーズ密度と多様なサービスの個別展開の関係は、人口密度が低い地方都市や農山漁村では特に顕著であり、日々の行動圏域、地域での暮らしの物理的な場の自由度に強く影響してきている。そして、今後の人口縮小社会のさらなる進行は、都市部・地方都市・農山漁村のあらゆる地域においてそのデメリットを加速化させていく。利用側からみれば、例えばそれが教育施設か福祉施設か、という区別よりも、**日常生活におけるアクセシビリティが担保され、気軽に利用できる施設であることが重要**なのであり、機能は一旦の専門分化から転じて再び統合されていく方向にある（②）。同時に、一つの場所で複数の用が足せるよう、機能や事業の複合化も生じる（③）。

■生活とコミュニティの維持にかかわる基本的な公共サービス

人口拡大期に学校教育施設や生涯学習施設などが担ってきた、地域での生活（社会的再生産）や社会的関係のハブ機能を、これからどのように再整備すべきか。現在稼働している公共施設は一九六〇―一九八〇年代に建設されたものが多く、多くが耐用年数を超え老朽化し、建て替え時期を迎えている。そこで、人口縮小地域を筆頭にして、前項で述べたように各施設の機能を総合的に見直し、再編整備していく公共施設マネジメントが検討・遂行されている。そこでは、部局横繋ぎの柔軟で丁寧な運営体制とセットでの再編及び利用者層の設定、公共サービスの維持可能性の追求は喫緊の課題といえる。想定利用者と利用圏域の統合・再編の組み合わせは、**図11-12**のように整理できる。

さらに、これらの公共的な施設・空間は、居住を選択した地域において、その住環境の中で所得の別

地域密着化 ←――― 利用圏域 ―――→ 広域化

数多くの施設が必要　　移動コスト高い

インフォーマルケアへの期待大　　生活圏域からの乖離（公的）

機能分化←想定利用者→属性の混在		地域密着	生活実態に即した中域	広　域
	現在のように機能（想定利用者）が分化されたままに留めたい	こども施設は利用者数の減少，ニーズ密度の低下とともに維持困難となっている。ニーズ密度を期待できる高齢者ケアでは維持	機能（想定利用者の移動能力）によって利用圏域が異なることを前提に圏域設定がなされてきた。機能によってはしばらくは維持可能	移動サポート，または移動が不要になる支援（遠隔サービス，居住機能追加で住まい自体を移動するなど）が必要
	現在の属性を基に拡張を行う（**類似属性で異種用途の混合**）	例えば小中一貫，幼保一体，幼小一体，「学園化」，学童保育・放課後等デイ機能の統合など	中規模地域に拠点を残せる（例えば中学校圏≒地域包括ケアの想定圏域）	事業の規模を担保できるが，地域性に根ざした教育や保育が困難（地域の維持に影響がある）
	属性の混在（異種用途の混在）	共生型ケア（幼老複合その他）	規模が担保された共生型のケア	広域共生型ケア（あまりメリットがない）

図 11-12　利用者と圏域の統合・再編の整理

なく選択可能であることが重要だが、身近で利用しやすく魅力ある空間・居場所が圧倒的に不足している実態は、特にコロナ禍で顕在化し、人口縮小社会での重要な課題である。超少子・超高齢化社会が先行している農山漁村の過疎地域や地方都市では民間資本の参入やコミュニティビジネスとしての成立が困難であり、今後ますます、人々が豊かな暮らしを営む最低限の公共事業の役割は大きい。

そこで、地域での生活と社会的関係のハブ機能を担ってきた各種施設を複合的拠点へ再編していく必要がある。また、複合的拠点の運営人材の確保と育成および地域での公共的役割を通した就労を成立させるシステム整備が求められる。このとき、いわゆる商業系施設や民間事業の誘導等についての検討や、医療福祉機能を含む都市計画マスタープランや公共施設整備計画等の長期計画を立て、地域の実態を踏まえて実際の日常生活との整合を図ることとなる。すなわち、ある生活圏域において、地域生活を維持する「基本生活支援機能セット」を、自治体の庁内部局横断的に整備し、日常生活と社会的関係のハブとなる複合的拠点再整備をすることとなる。建築行為としては、新設／増改築（リノベーション・コンバージョン）、一体的な複合施設／地域内に近接点在整備、が該当する。

ここで想定する「基本生活支援機能セット」は、診療所、日中介護・支援（在宅生活高齢者や障害者への共生型ケア施設）、幼稚園・保育所（こども園）、小・中学校（義務教育まで）、集会（公民館、コミュニティセンター）、図書・情報機能、ワークプレイス（コワーキング or シェアオフィス）、飲食・物販、郵便局（通信・物流）、交通（バス）、等の機能が集積するハブである。これらは、ヒューマンスケールな生活圏域（地域共生圏、地域公共圏）において、公共サービスとして総合的に検討し、積極的に維持に努めなければ地域そのものがたちゆかなくなる基本的な機能である。

福祉の領域では、富山型デイサービス（富山県民間デイサービス連絡協議会編 2003, 惣万 2002）と呼ばれる、こども、障害児者、高齢者のケアを一つの拠点で実施する取組や、そうした実践に端を発する宅幼老所（地域共生型サービス）[18]も実践例の増加とともに注目を集めており、地域の状況やニーズに応じて、さらに機能の複合化が進む可能性もある。この場合、利用圏域を拡大しない地域密着型の支援体制で、相互支援を理念とする支援の仕組みが想定される。支援者の資格や研修制度、各種制度の適用認定についてなどが課題としてあげられているものの、例えば山間部の集落での福祉と地域コミュニティの核としての役割などに期待が寄せられている。生活圏域で再編されていく事例は、全国ではまだ希少であり、各施設ごと、一体的複合化建築においては区画ごとに、農林水産省の補助金、国土交通省の補助金を別々に利用せざるを得ない等、整備プロセスの効率性改善が必要である。単独施設のＰＰＰ（Public Private Partnership）／ＰＦＩ[19]（Private Finance Initiative）での整備による公民の連携という形式的な手法を超えて、人口縮小社会の課題解決型の地域マネジメントの仕組みを地域特性に応じてつくっていくことが求められる。

■運営人材の確保と育成、地域での公共的役割を通した就労

前述した地域での生活と社会的関係のハブとなる複合的拠点の企画・運営においては、公共サービスを含む「基本生活支援機能セット」に関係する多様な想定利用者に対して、省庁・部局や利用サービスごとの縦割りによらない活動やそのための場所が前提となる。そして、公共サービスとして公的に制度化されたフォーマルな支援をまたぐ、あるいはそれらを越えた、インフォーマルな支援の融合によって途切れることのない支援の体制をつくっていくこととなる。

こうした複合的拠点が、地域の人たちに働く場所を提供し、地域それ自体や地域での継続的生活を支える基盤となる。形式的な指定管理による公民の連携を超え、自治体と地域住民と関係組織・専門家等がＢＩＤ（Business Improvement District ビジネス活性化地区）による地域マネジメント、商業施設の成立可能性とまちの魅力向上を融合したタウンマネジメント、農山漁村地域の場合は農村ＲＭＯ（Region Management Organization 農村型地域運営組織）の形成等、地域特性に応じた運営システムの検討と運用が必須となる。こうした取り組みが、現状の所管課や地域の分断を越えた連携を進めていくことでさら

に新たな可能性を誘発する。
人口縮小社会におけるこども施設の圏域についての考察を契機として、ケア系（福祉）と学校系（教育）の様々な機能と圏域が連動して再編されることに着目して、課題をまとめた。人口縮小社会において、社会保障や地域コミュニティ、多様な構成員のＱＯＬの維持は大きな課題であるが、多様性を包摂する社会の構築という観点からは大きなチャンスであるとも考えられる。

【注】

（1）「幼稚園と保育所の施設の共用化等に関する指針について」平成一〇年三月一〇日文初幼第四七六号・児発第一三〇号。
（2）中央教育審議会、文部科学大臣による「今後の初等中等教育改革の推進方策について」の諮問に対する答申（https://www.mext.go.jp/b_menu/shingi/chukyo/chukyo0/toushin/05013102/001.htm#top 2005.01）。
（3）内閣府、認定こども園（関連情報の集約ＨＰ）（http://www8.cao.go.jp/shoushi/kodomoen/ 参照 2016.06.28）。
（4）内閣府、子ども・子育て関連三法（http://www8.cao.go.jp/shoushi/kodomoen/hourei.html#kanren3pou 参照 2016.06.28）。
（5）厚生労働省「改正障害者自立支援法 障害児支援の強化について」（https://www.mhlw.go.jp/seisakunitsuite/bunya/hukushi_kaigo/shougaishahukushi/kaiseihou/dl/sankou_111117_01-06.pdf 2010.12成立・公布）。
（6）障害児を対象とした施設・事業は、従来は「施設系は児童福祉法」「事業系は障害者自立支援法（児童デイサービス。なお、重度心身障害児（者）通園事業は予算事業）」を根拠として実施されていたが、改正法施行に伴い、児童福祉法に根拠規定が一元化された。
（7）保育施設の利用世帯に対する、保育施設選択理由を尋ねたアンケート調査結果による。送迎時の交通手段

（自家用車／自転車／徒歩）などが地域によっても異なるため、その影響も想定されるが、「自宅から勤務先までの道中にあること」よりも「自宅からの距離」が優先される要因としては、父母の送迎分担のしやすさ（父母の片方の自宅―勤務先ルート上にあると、送迎者が固定されてしまい、分担ができない）などがあると推定されている。

（8）多くの幼稚園ではカリキュラム時間帯（コアタイム）の前後に預かり保育を実施しており、預かり保育を利用する場合には、本文中のこの後に続く保育所利用の場合と同様の状況がある。

（9）児童の人口集積地に近い保育所には利用希望が集まるが、そこからやや離れた保育所には保護者の送迎負担を理由に利用希望が集まらないといった、保育所立地と人口分布の齟齬による、利用希望の偏りがある。また、保育理念に共感しある園の利用を希望するものの、その園が遠方のため保護者に送迎時の交通手段がなく、利用が難しいという場合もある。

（10）保護者と園、保育者との直接の接点が少なくなるため、体調や生活、発達などに関する情報共有が密に行いにくいことが課題。

（11）「新しい時代の学びを実現する学校施設の在り方について」（令和四年三月三日）文部科学省学校施設の在り方に関する調査研究協力者会議最終報告（https://www.mext.go.jp/b_menu/shingi/chousa/shisetu/044/toushin/1414523_00004.htm）。

（12）同右。

（13）文部科学省中央教育審議会答申「『令和の日本型学校教育』の構築を目指して」（二〇二一年）。

（14）国立教育政策研究所 学校施設の防災機能に関する実態調査（二〇一五年）。

（15）板橋区立図書館資料「板橋区中央図書館基本構想 2020」ほか、町田市立図書館資料「町田市立図書館のあり方 見直し方針 2019」ほか、福島県立図書館資料、HPほか。

（16）日本学術会議 心理学・教育学委員会／臨床医学委員会／健康・生活科学委員会／環境学委員会／土木工学・建築学委員会合同 24期「子どもの成育環境分科会 提言：我が国の子どもの成育環境の改善にむけて――成育空

間の課題と提言 2020」(二〇二〇年九月二五日)(https://www.scj.go.jp/ja/info/kohyo/pdf/kohyo-24-t297-5.pdf)。

(17) より専門性高く、それぞれの「特性やニーズ(とされたもの)」に特化した施設の新たな制度化・設置。

(18) 厚生労働省「宅幼老所の取組」(二〇一三年一月)(http://www.mhlw.go.jp/file/06-Seisakujouhou-12200000-Shakaiengokyokushougaihokenfukushibu/0000089651.pdf 参照 2016.06.29)。

【参考文献】

広島稜悟・斎尾直子・山﨑真美子 2024「公立小中学校における避難所運営時の空間計画——〈東日本大震災以降の新築学校〉の特徴と〈老朽校舎を抱える学校〉の課題」『日本建築学会計画系論文集』八二四号、一八二二—一八三二頁。

日本建築学会編 2017『オーラルヒストリーで読む戦後学校建築』学事出版。

OECD 2017 "TableD1.1, Instruction time in compulsory general education," OECD publishing.

小篠隆生・小松尚 2018『「地区の家」と「屋根のある広場」——イタリア発・公共建築のつくりかた』鹿島出版会。

佐藤栄治・山田あすか・饗庭伸ほか 2008『平成19年度厚生労働省科学研究費補助金(政策科学推進研究)総合・分担研究報告書 都市構造、就労形態、支援施設の一体的整備による子育て支援環境の構築』。

惣万佳代子 2002『笑顔の大家族 このゆびとーまれ——「富山型」デイサービスの日々』水書坊。

東京工業大学・国立教育政策研究所 2020「公立小中学校における効果的な学習環境の構築 調査研究報告書」OECD GNEELE (Group of National Experts on Effective Learning Environment) Annual Meeting, 2020.3, 東京工業大学・国立教育政策研究所。

富山県民間デイサービス連絡協議会編 2003『富山からはじまった共生ケア』筒井書房。

上野淳 2008『学校建築ルネサンス』鹿島出版会。

山田あすか・樋沼綾子・上野淳 2006「幼保一体型施設の現況に関する報告及び考察」『日本建築学会技術報告集』二四号、三〇七—三一二頁。

12 多様性が開くインクルーシブな未来社会に向けて

浅川　智恵子

1 はじめに

現在、日本は持続可能な人口縮小社会を実現するという難題に直面している。この課題を乗り越えるための取り組みのなかでも、産業を支える労働力人口の維持は特に重要である。労働力人口を維持するためには性別、年齢、障害の有無にかかわらず、多様な人々が社会に参加し活躍できる社会であることが必須である。ＳＤＧｓの基本理念として知られる「誰一人取り残されない社会（no one left behind）」の実現は、現在進行しつつある人口縮小の局面においても重要な役割を担う。

しかし、日本では多様性を活かすという点において、コロナ禍を経ても顕著な進歩が見られていないのが現状である。私は、視覚障害者として長年にわたりアクセシビリティ技術の研究開発に取り組んできた。その経験から、テクノロジーを最大限に活用することで、以前は不可能と思われたことが可能になり、社会参加や活躍の機会が拡がることを実感している。本章では、これらのアクセシビリティ技術を紹介し、技術を活かしたインクルーシブな未来社会を実現するための道筋や課題を議論する。

まず初めに簡単な自己紹介をしたい。私は、生まれた時は普通に見えていた。子ども時代はスポーツが大好きで、将来は体育系に進みたいと考えており、勉強にはあまり興味がなかった。しかし、一一歳の時のプールでの事故が原因で、一四歳の頃完全に失明するという困難に直面した。体育系に進むという夢は諦めることとなり、視覚障害者として生きていくという新たな挑戦を始めることとなった（浅川 2023）。

2　情報と移動のアクセシビリティ

当時、視覚障害者には二つの大きな壁があることを知った。一つ目は、情報のアクセシビリティであった。その頃はパソコンもインターネットもスマートフォンも存在していなかったため、本や雑誌など、あらゆる書籍を独力で読むことができなくなった。二つ目はモビリティに関するものである。一人で学校をはじめとしたあらゆる場所に外出することができなくなった。

そのような状況の自分が、将来自立できるのかと大きな不安を持っていた。その後、紆余曲折を経て、一九八五年に日本ＩＢＭ（株）東京基礎研究所に入社した。一九九〇年代に入ると、研究所という特殊な環境にいたこともあり、他の視覚障害者よりも早くＷｅｂにアクセスすることが可能になった。初めてＷｅｂにアクセスした時の驚きは、今でも覚えている。いつでも新聞を読むことができるようになり、必要な情報を独力で手にいれることができるようになったのである。

この経験から、Ｗｅｂは視覚障害者の新たな情報源になると確信し、Ｗｅｂを音声で読み上げるためのソフトウェアの開発に取り組んだ。マウスの代わりに数字キーパッドを使用し、通常のテキストは男性音で、リンクのテキストは女性音で読み上げるなどの工夫を行い、誰もが簡単にＷｅｂにアクセスできるためのインターフェースの開発を行った（Asakawa and Itoh 1998）。これが一九九七年日本でのＩＢＭホームページリーダーの製品化に繋がり、後に一一カ国語に対応し、世界に広がった。

ホームページリーダーが製品化された後、多くのユーザーからコメントが寄せられた。なかでも「私にとってインターネットは世界に開かれた窓です」というコメントが強く記憶に残っている。この言葉からも分かるように、ホームページリーダーを普及させるための活動を通して、情報にアクセスすることは社会に参加することに繋がるのだということを私自身も再確認できた。こうしてインターネット上の情報はアクセシブルになった。

そして、視覚障害者向けに開発したこの技術が、私の想像をはるかに超える用途につながった。例えば、運転中のドライバーがＥメールを読んだり、料理中にレシピを確認したり、といったことが日常的に可能になった。

視覚障害者の情報アクセシビリティは、技術の革新に伴い、着実に向上してきた。しかし、いまだ変化が少ないのが移動のアクセシビリティである。現在私は、この問題の解決を目指してリアルワールドアクセシビリティの研究に取り組んでいる。視覚障害者は、自分の周囲にどのようなお店があるか、そこにはどのような商品があるか、行列ができているかどうか、知り合いが向こうから歩いてきているかなどといった視覚的な情報を、技術の助けなしに得ることができない。これらの情報をアクセシブルにし、目的地まで安全に自由に移動できるようにすることが、リアルワールドアクセシビリティの研究の目標である。

現在は、ＡＩスーツケースという視覚障害者のためのナビゲーションロボットの研究開発に取り組んでいる（浅川 2023, Guerreiro *et al.* 2019）。スーツケース型というアイデアは、自分自身の経験から生まれた。一人でスーツケースを持って空港を歩いているときに、スーツケースを前に押していると、壁に先にぶつかってくれて、段差にも先に落ちてくれるということに気づいたのである。このスーツケースにＡＩやモーターなどのロボット技術を組み込むことができれば、スーツケースは視覚障害者の新たな旅のパートナーになり得ると考えた。

ＡＩスーツケースには**図12‐1**に示したように、様々な技術が搭載されている。ＬｉＤＡＲと呼ばれるレーザー光を使ったセンサーによる高精度な測位技術、周りの状況を触覚や音声で伝えるインターフェースの技術、周囲の歩行者や障害物を認識する技術、バッテリー、モーターなどのハードウェア技術である。

ＡＩスーツケースに関する研究は二〇一七年頃から始まったが、その後迎えたコロナ禍において、視覚障害者は新たな課題に直面した。例えば、横断歩道の押しボタンやエレベーターのボタンを手で触っ

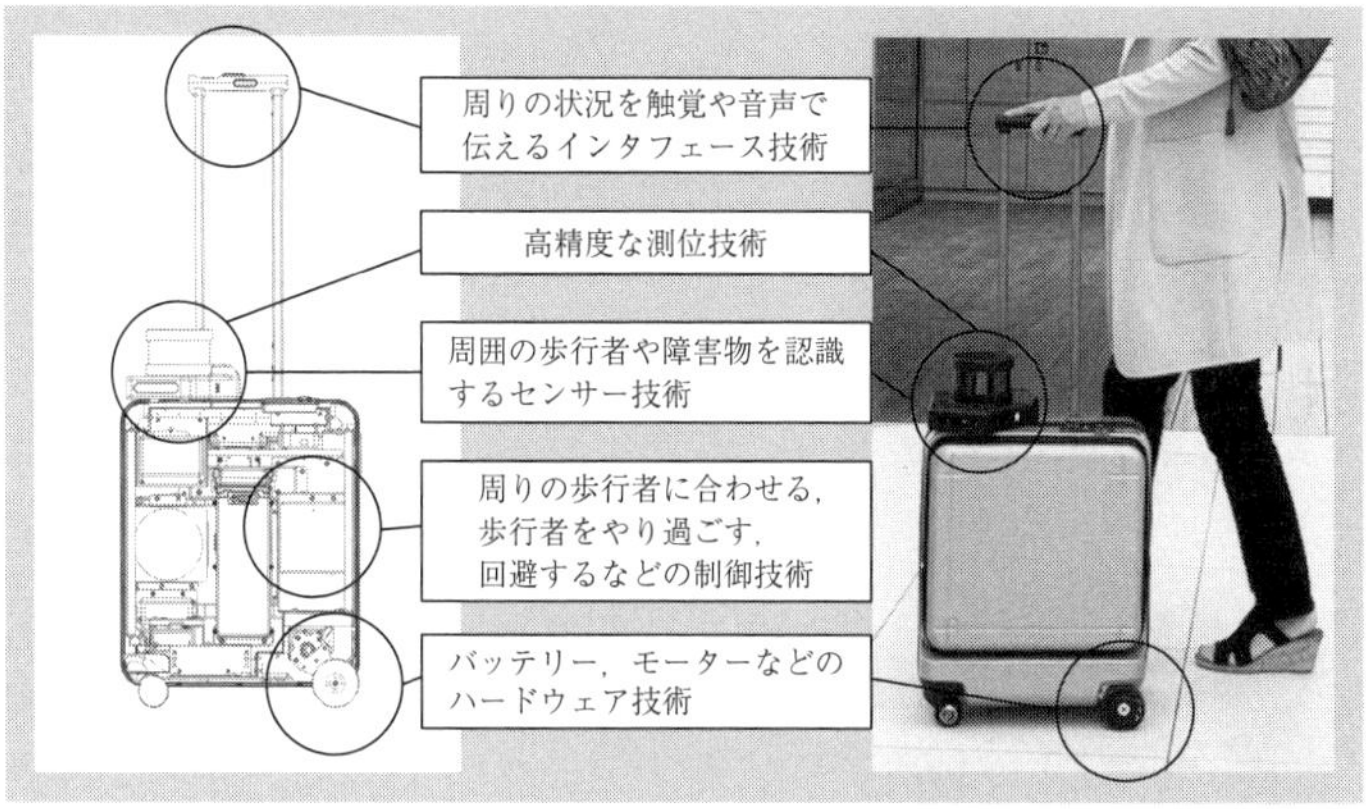

図 12-1　AI スーツケースの要素技術

て探すことへの不安、ソーシャルディスタンスを保ちながら列に並べないこと、困ったときに街中で周囲の人に声をかけにくくなったこと、ガイドヘルパーへの依頼が難しくなったことなど様々な課題が世界中で報告された。

そこで新たに開発した技術の一つが、行列ナビゲーションである。AIは周囲の人々の動きや距離を認識することができる。これを利用することで、ソーシャルディスタンスを保ちつつ、安全に街を歩くことが可能になる（Kayukawa *et al.* 2022）。この行列ナビゲーションの技術は、その後スマートフォンにも適用した（Kuribayashi *et al.* 2021）。

ＡＩスーツケースのこれまでの実証実験や体験会を通して、多くのコメントが寄せられている。例えば「ついていくだけで良いのでとてもラク」、「自分一人で歩ける達成感と白杖を持たない解放感がある」、「ウィンドーショッピングの感覚を楽しめた」などである。また、印象的なコメントとしては、「自分が視覚障害者であることを周囲に気づかれずに、自然に街に溶け込んで歩けると感じた」というものがある。現状では視覚障害者は白杖や盲導犬と一緒に歩く必要があるため街中で目立ってしまう。AIスーツケースのような新たなナビゲーションロボットが実現できれば、視覚障害者も街中で目立たないという選択肢を持つことができるようになるかもしれない。

3 アクセシビリティとイノベーション

ホームページリーダーやAIスーツケースは視覚障害者を支援する目的で研究開発を行ってきた。こうした障害者という少数派のニーズが新たなイノベーションを生み出した偉大な先例がある。

例えば電話である。電話を発明したグラハム・ベルは、聴覚障害を持つ母親の存在がきっかけで音響工学を独学で学び、様々な技術を発明した。また、聴覚障害者のための学校も設立している。こうしたなかから一八七六年に電話が発明された。この発明が最初に発表されたのは、その年に開催されたフィラデルフィア万博であった。ベル自身は、より完成度を高めてから発表したいと考えていたようだが、聴覚障害を持つ彼の妻が後押しし、発表することになったと言われている。その結果、審査員から高い評価を受け、金賞を受賞した。これが電話の普及のきっかけとなり、翌年ベル電話会社（後のAT&T）が設立され、全米に電話会社が林立するようになったのである。

このような事例は他にもある（**図12-2**）。一九七〇年代に、インターネットの基本プロトコルを設計したヴィント・サーフは聴覚障害を持っており、周囲とのコミュニケーションをより円滑にするため、

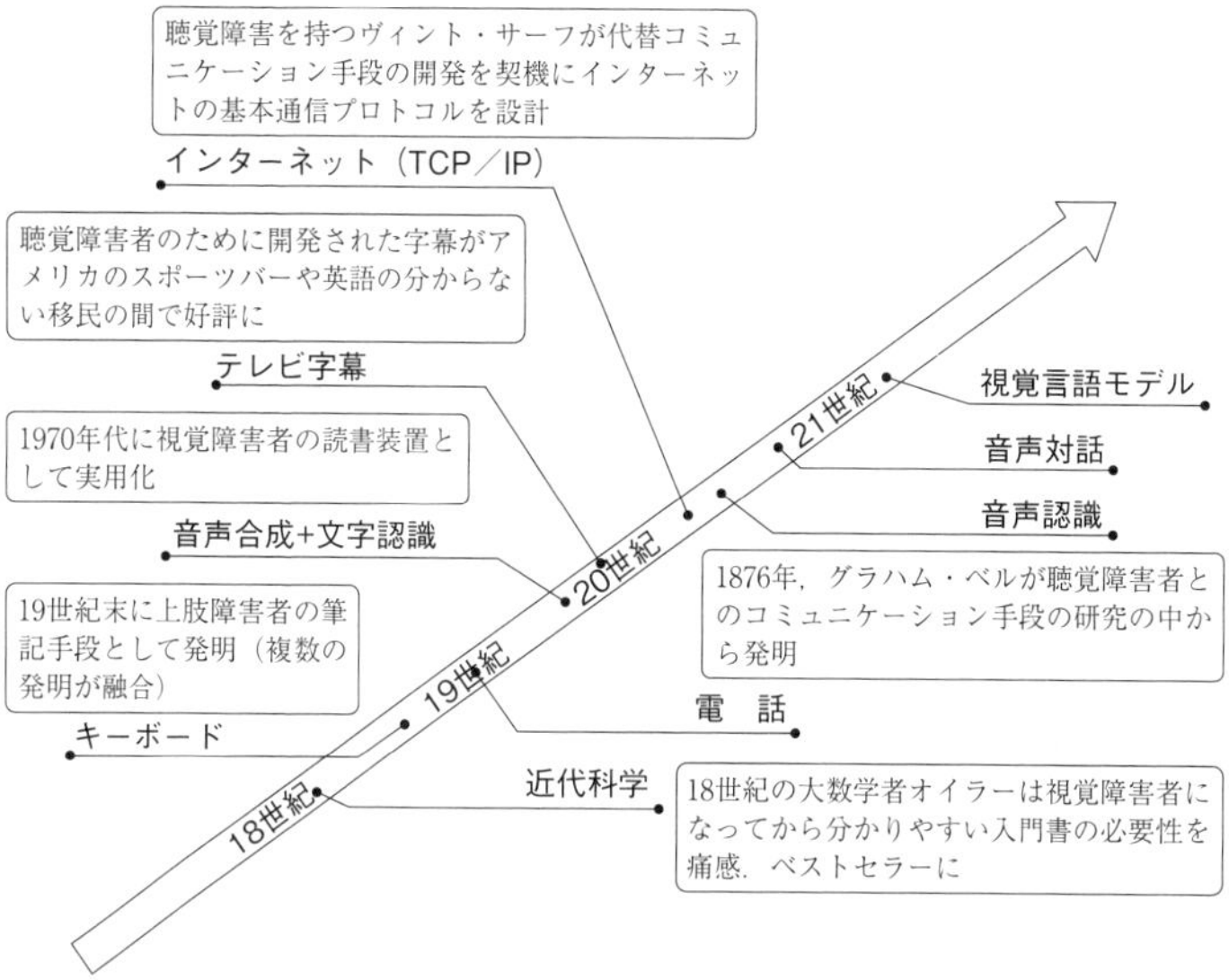

図 12-2　アクセシビリティとイノベーション

コンピューターネットワーキングシステムに注目した。これが後のインターネットの開発に繋がったと言われている。

しかし、残念ながら図12－2の中に日本から始まった事例はない。ＡＩが急速な進歩を遂げているこの時代に、日本からダイバーシティを活かしたイノベーションを起こすことはできないだろうか？

ここで、最近話題の生成ＡＩが視覚障害者の社会参加や活躍の機会を広げるという観点から、私が注目しているＡＩ技術について紹介したい。

まず一つ目は、対話型ＡＩである。視覚障害者が文章にアクセスする時には、音声合成や点字ピンディスプレイを使う。文章が長ければ長いほど、時間がかかることは言うまでもない。そこで、対話型ＡＩに「わかりやすく要約して」と指示すれば、内容を簡潔にまとめてくれる。このように要約された内容であれば、短い時間で要点を理解することができるので、学習や業務の効率化に繋がると期待される。

二つ目は、画像生成ＡＩである。例えば、「子どもたちと一緒に未来の街を移動するナビゲーションロボット。ファンタジーイラスト」という指示文を入力するだけでリアルなイラストを生成することが可能である。このような機能を利用して、視覚障害者も独力でビジュアルなスライドを作成できる時代が目前に迫っている。これにより新たな職域が拡大できると期待される。

最後に、画像に自動的に説明文を生成することができるシーンキャプショニングのＡＩ技術である。このＡＩを利用すれば画像の説明、例えば「ポルトガル、リスボンにある美しい教会の前の石畳の道を路面電車が走っています」ということまで説明できる。最近では、動画に対しても説明を行う技術の研究開発も進められている。

近い将来、このような技術をＡＩスーツケースに搭載し、街中で周囲の風景を説明できるようにすることを目指している。このようにＡＩ技術は、視覚障害支援という観点で考えると、新たな価値があることに気づくことができる。

発明と社会実装は、分けることのできない車の両輪であると考えている。どれほど優れた技術であっても、実際にユーザーが使用し、磨き上げなければ、社会を変革する真の原動力にはなりえない。しかし、実際に新たな技術を、それを必要とするユーザーに届けるまでには、多くの壁が存在する。特に日本では、社会実装の壁が多く存在すると感じている。例えば、プライバシー保護の観点から、公共の場所での各種センサーやウェアラブルデバイスの使用に関して根強い反対意見がある。

安全性も乗り越えなければならない壁の一つである。ユーザーが自己責任のもとで新たな技術を利用しても、万一事故が発生した場合に誰が責任を負うのか、という議論が日本では際限なく行われがちである。例えば、レベル5の完全自動運転車が実現されたとしても、視覚障害者や子どもなど運転免許を持たない人が利用することに対して、社会がどのように捉えるかといった難しい問題がある。社会の理解を得るためには、研究開発者が、科学技術の最新状況や、それらが社会に実装された時のメリット、デメリットを人々と議論することが必要だと考えている。

日本はイノベーションを起こす国ではなくなったという意見がある。こうした社会実装の壁が、イノベーションの創出を妨げている可能性があるのではないだろうか。イノベーションを起こすためには、多様な人々が活躍できる社会であることも重要である。残念ながら日本はこの点においても、遅れをとっていると言わざるをえない。ここで多様な視点が目標達成に貢献できるという点について、ホームページリーダーの開発を通して、私が経験したことを紹介したい。当時ＩＢＭの東京基礎研究所において、それぞれの分野で卓越した能力を持つ男性研究員に囲まれていた。日本語音声合成技術という、当時はかなりの難題とも言える課題に取り組んでいる研究者たちもいた。しかし、彼らは音声合成エンジンを開発しても、それを利用してホームページを音声で読み上げることは考えなかった。この視点の違いが、私の強みだと感じている。

『メディチ・エフェクト』という書籍の中で、著者のフランス・ヨハンソンは次のように述べている

(Johansson 2004)。「イノベーションは多様な視点を合成することで生まれる。そのため、多様性のあるチームの方がより多くの新しいアイディアを生み出すことができる」。これは多くの人が認識していることであるが、私の経験もまさにこの一例だったと思う。

持続可能な人口縮小社会を実現するために、性別、国籍、障害の有無にかかわらず、多様な人々が参画し、イノベーションを起こせるような環境を日本でも実現できないであろうか。

二〇二一年四月より、私は日本科学未来館の館長を務めている。日本科学未来館を新しい科学技術を体験し、育てる場、すなわち実験場として発展させていきたいと考えている。こうした思いから、2030ビジョン「あなたとともに未来をつくるプラットフォーム」を発表した。このビジョンでは、誰かが作り出した科学技術をただ学ぶのではなく、一人一人が新しい科学技術を直接体験し、それがもたらす新たな生活や未来の社会を想像できるようにすることを目指している。前述したように、研究開発者と人々を繋ぐことは、より良い未来社会に向けた大切な一歩である。最先端の科学技術を社会に実装するためには、人々の理解が必要である。未来館は、こうした人々を繋ぐハブとなり、新たな科学技術の社会実装を加速できるような場になることを目指している。

本章を通して、視覚障害者の社会参加と、活躍の機会を広げるためにアクセシビリティ技術が果たせる役割について伝えてきた。持続可能な人口縮小社会の実現には、性別、年齢、障害の有無にかかわらず多様な人々が能力を発揮し、活躍できるインクルーシブな社会を実現することが重要である。今後アクセシビリティ技術の更なる進化が、多様な人々の社会参加を促進すると期待する。

【参考文献】

浅川智恵子 2023『見えないから、気づく』早川書房。

Asakawa, Chieko and Takashi Itoh 1998 "User interface of a Home Page Reader," in Proceedings of International ACM SIGACCESS Conference on Computers and Accessibility（ASSETS）, ACM.

Guerreiro, João, Daisuke Sato, Saki Asakawa, Huixu Dong, Kris M. Kitani and Chieko Asakawa 2019 "CaBot: Designing and Evaluating an Autonomous Navigation Robot for Blind People," in Proceedings of International ACM SIGACCESS Conference on Computers and Accessibility（ASSETS）, ACM.

Johansson, Frans 2004 *The Medici Effect: Breakthrough Insights at the Intersection of Ideas, Concepts, and Cultures*, Harvard Business Review Press（幾島幸子訳 2014『アイデアは交差点から生まれる――イノベーションを量産する「メディチ・エフェクト」の起こし方』CCCメディアハウス）。

Kayukawa, Seita, Daisuke Sato, Masayuki Murata, Tatsuya Ishihara, Akihiro Kosugi, Hironobu Takagi, Shigeo Morishima and Chieko Asakawa 2022 "How Users, Facility Managers, and Bystanders Perceive and Accept a Navigation Robot for Visually Impaired People in Public Buildings," in Proceedings of International Conference on Robot & Human Interactive Communication（RO-MAN）, IEEE.

Kuribayashi, Masaki, Seita Kayukawa, Hironobu Takagi, Chieko Asakawa and Shigeo Morishima 2021 "LineChaser: A Smartphone-Based Navigation System for Blind People to Stand in Line," in Proceedings of the CHI Conference on Human Factors in Computing Systems, ACM.

13 人口減少社会におけるモビリティ

自動運転や新しいモビリティサービスへの期待

鎌田　実

1 モビリティの現状

モビリティ（移動ができること）は、人の生活において重要な基盤であり、それはいつの時代においても変わらない。モビリティとしては、徒歩や自転車から、公共交通（鉄道・バス・タクシー）利用、マイカー（自家用車）利用まで様々で、距離に応じて、また地域特性や個人属性に応じて手段は選択されている。現状のモビリティ、特に公共交通を概観すると、大都市では公共交通の分担率が高いものの、地方都市や過疎地域では公共交通は貧弱で、マイカーへの過度の依存が顕著なところも多い。マイカーは便利な乗り物であるが、安全な運転が必須であり、加齢による能力低下で事故リスクが高まるので、高齢ドライバーの事故が社会問題化している。

バスやタクシーといった公共交通は、一番栄えていて輸送人員が多かったのは一九七〇年で、それ以降、右肩下がりである。都市部のバスは下げ止まり感があるが、地方のバスやタクシーの輸送人員は下がり続けている。また二〇二〇年の新型コロナウイルスの蔓延で利用が激減し、最近は復活基調にあるものの、ラッシュのピークは、テレワークなどの生活スタイルの変化などの影響もあり約二割減になっている。さらに、最近はドライバー不足に喘いでいて、減便や廃業も進んでいる。こういったモビリティ手段は、今後予想される人口減少社会においてどうなっていくのか、考えていきたい。

2 人口減少のインパクト

前述のように、公共交通は今でもドライバー不足が顕著であるが、人口減少社会においては、利用者の減少と担い手の減少がダブルでインパクトを与えていく。人口減少は、少子化と高齢化で進むが、しばらくは高齢者人口は増えて、頭打ちになり、その後減少することになると予想されていて、少子化による就業人口の大幅減少と、担い手の高齢化が進むことになる。高齢ドライバーの事故の問題は、免許返納して運転を断念すればいいのかもしれないが、代替手段がないと家に閉じこもりフレイル化が進むというリスクがある。従って、運転能力が低下して事故リスクが高まっても安全に運転できるようなマイカーやパーソナルモビリティといった手段、それから免許返納後でもモビリティが確保できるようなモビリティサービスが必要となる。

さらに二〇五〇年カーボンニュートラルの実現に向けての対応も求められ、それはモビリティ全般において大きな変革を及ぼすことと考えられる。カーボンニュートラルの達成には、モビリティの分野では自動車の電動化やカーボンニュートラル燃料の使用が必要となるが、電気そのものも再生可能エネルギーによる発電が必須である。またカーボンニュートラル燃料は、水素とＣＯ２を合成したe-fuelではグリーン水素が必要で、それにも再エネ電気が必須となり、コストも高くなると予想されている。そういうことを考えていくと、車の維持費が今より増大していくと思われる。日本人の所得がこれまで三〇年以上大きく変わっていないなかで、今後急激に上昇するとは考えにくく、車の維持費の増大は、モビリティの分野に大きなインパクトを与えると思われ、人口減少とともに対策を考えていく必要がある。

3　新しいモビリティサービス

公共交通では、現在でも、バスは本数が少なく、バス停までの距離があると使えないといった意見が多くある一方で、タクシーは料金が高いので頻繁に使えないという声が強い。こういったなかで、タクシー並みのドアツードア性を有し乗合で低廉な運賃のデマンド型乗合交通（デマンドバス）が登場した。もともとデマンドバスは、需要がないと運行しなかったり、需要のある停留所にしか行かないという、どちらかというと少ない需要に応じて経費節減にむけた消極的な対応であったが、最近は、フレキシブルな運行により、利便性を向上させて利用者を増やそうという積極的な方向になっている。ミーティングポイントと呼ばれる停留所を数多く設定し、ドアツードア性を高めたり、決められた時刻での運行で

写真 13-1　デマンド交通の例：茅野市の「のらざあ」

はなく、利用者のデマンドに応じての運行としたり、予約したらすぐに配車するようなオンデマンド性を高めたものもある。乗合交通なので、タクシーのように目的地へ直行するわけでなく、他の乗客を拾いに行ったり、遠回りすることもあるが、運賃はバスとタクシーの間くらいに設定することで、利便性とお得感を提供できるものになっている。最近では、自治体内のほぼ全域で、時刻もルート設定もなく、需要に応じて運行するフルデマンド方式も増えてきていて、またミーティングポイントを八〇〇〇カ所も設定し、ドアツードア性をタクシー並みとしている事例もでてきた（**写真13-1**）。

このように、斜陽産業と言われてきた公共交通の分野でも、技術を用いた工夫により、社会のニーズに合ったサービス提供が可能になってきている。もちろん、人口減少によるドライバー不足の問題からは逃れられず、ドライバー人材確保のために、給与などの待遇改善や資格取得へのハードルを下げていくことなどを行っていく必要があるし、それでも緑ナンバーでの運行が事業的に厳しいところでは、自家用有償運送制度などの活用も考えられよう。特に、今後を考えると、比較的少ない利用者のためのモビリティサービスをどのように効率的に運行するかといった課題に加え、前記のカーボンニュートラルへの対応により、マイカー維持が困難になってくる層が確実に増えていくので、マイカーからの転換層の受け皿としての新しいモビリティサービスとして充実していくことが必須となっていくと考えられる。これらがうまく用意されないと、移動の足の確保が困難な人が増え、家に閉じこもりがちになり、地域に出かけていく人が少なくなると、地域の活性度が下がり、地域経済への影響も心配される。従って、将来のモビリティの姿を、皆で真剣に考えて、誰もが取り残されないモビリティ社会を構築していくことが望まれる。

4 自動運転への期待

前述の新しいモビリティサービスが、今のオンデマンド交通より一桁以上多くの台数で地域内を縦横無尽に走り回るようになると、今の移動困難者にも、今はマイカー運転しているけれど経費負担を重く感じている人々にも有効なモビリティになると考えられ、マイカーへの過度の依存からの脱却が期待される。それは高齢ドライバーの事故といった社会問題への答えにもなると期待されるが、今後二〇―三〇年を考えると、人口減少がますます進行していくので、いくら待遇改善を図っても、ドライバーの確保が困難な時代になっていくと思われる。そこで期待されるのが自動運転である。

自動運転の歴史は古く、今から五〇年くらい前から研究開発は脈々と実施されてきた。自動運転が一般に意識されるようになったのは、一九九〇年代の後半に世界各地でプロジェクトが実施された頃で、日本でも開業前の高速道路を使って、車の隊列が自動で走るデモが行われた。その後、二〇〇五年の愛知万博では、トヨタ自動車がＩＭＴＳというバスの隊列・自動運転の営業運転を行ったが、それまでの自動運転は磁気ネイル等のインフラを前提とするもので、インフラ整備には膨大な費用がかかるため、急速に勢いを失った。一方、車両にセンサをたくさん積んで自律で走るものが、米国ＤＡＲＰＡ（Defense Advanced Research Projects Agency）でのコンテストを契機に力が入れられるようになり、Google 社などが自動運転を盛んに宣伝するようになり、二〇一〇年代から世界で開発競争が繰り広げられるようになった。日本では、二〇一三年に当時の総理が三社の自動運転車に試乗し、今後国として力を入れていくと発言したところから、急速に取り組みが強化され、内閣官房が「官民ＩＴＳ構想・ロードマップ」を毎年発行し、内閣府 SIP Adus、経済産業省・国土交通省の自動走行ビジネス検討会など、国のプロジェクトも進められるようになった。二〇一八年に制度整備大綱が策定され、その後、道路交通法や道路運送車両法の一部改正により、自動運転車がナンバーを取って公道を走れるように制度整備がなされていった。

自動運転は、米国ＳＡＥ（Society of Automotive Engineers）の分類で、レベル0からレベル5までに分けるのが一般的であり、レベル2までは一部自動で動くものの、運転者の責任において運転されるものなので、高度運転支援と位置付けられている。レベル3以上が、日本では道路運送車両法において定義された自動運行装置を有し、それの保安基準適合をもって認証され、正式に自動運転と名乗れるものである。レベル3はシステムの機能限界においてドライバーへ権限移譲するもの、レベル4は限定領域においてドライバーの関与なく完全に自動で動くもの、レベル5はすべての領域において完全に自動で動くものと定義されている。

日本では、二〇〇を超える実証実験が各地でなされているものの、これまでにレベル3は二件、レベル4は八件が正式に認められているに過ぎない。自動運行装置には、安全確保に対する高い性能・信頼性などが必要で、システムには冗長性が求められ、機能安全を万全に有するなど、ハードルが高いので、その要件を満たしうる車両がまだまだ少ないのが現実である。

また、自動運転レベル4では、限定領域において運転は自動化されるものの、運転以外の道路交通法順守事項があり、特定自動運行において人の介在が必須である。これは遠隔監視者でもよいが、バスなどでは当面は人を乗せてその用務に応えうる対応になるものと想定される。従って、自動運転レベル4と言えども、ドライバー不足に応えるには、1人の遠隔監視者が複数台のバスを監視するようにならないといけない（車内に要員を乗せる場合には人の削減にはならないが、その要員が運転をしないので大型2種免許を持たなくてよければメリットはある）。

このように、色々なハードルがあり、すぐには完全無人で動くわけではない自動運転であるが、日本では二〇二五年までに五〇カ所、二〇二七年までに一〇〇カ所の自動運転サービスの社会実装という目

写真13-2　自動運転レベル４を目指す車両の例：ティアフォーのミニバス

標が定められ、それに向かって、国交省の補助制度が創設され、自動運転車両も数台の試作レベルのものから、量産を意識した設計になり、製造やメンテナンスも普及を目指した体制を整備しようという動きが始まったところである（**写真13－2**）。従って、これまでは技術実証やデモ的な内容の実証実験が多かったが、最近は社会実装を意識した実証や、レベル２ながら社会実装として継続的な運行を行っているところが増えてきた（**写真13－3**）。

自動運転の本格的な社会実装に向けては、社会的受容性の醸成も重要である。茨城県境町では二〇二〇年一一月から三台の一一人乗り自動運転バスの運行開始をした。レベル２で運転手付きのものであるが、一般道を定期運行し、それを町民が前向きに受け止め、バス停用の土地の提供があったり、自動運転バスをスムーズに走らせるために路上駐車が無くなったりといった効果があった。このように住民側がシビックプライ

写真 13-3　自動運転レベル２ながら継続運行の例：岐阜市

ドとして自動運転バスの運行を受け止めたことは、社会的受容性の模範例と言われている。運行を担うボードリー社は、当初は全面的な運行受託であったが、徐々に町内企業や町内雇用者に運行を任せる形態にシフトしつつあり、運行には多大な費用がかかるものの、地元にお金が落ちる形になれば地域経済は潤うので、その点でもよいモデル事例と言える。

今後二〇―三〇年を考えると、人口減少がさらに顕著になっていくので、自動運転のさらなる進化と普及を目指し、人が介在する部分の縮小化が進んでいくことが期待される。なお、将来的には、マイカーが完全自動で動くことを期待する向きもあるが、自動運転化には膨大な費用が掛かるため、それを購入できる人は少なく、モビリティサービスの車両において自動化が進んでいくと考えるのが自然である。前述の新しいモビリティサービスが、当初は運転手付きで普及が進み、それが将来的には自動化によりドライバーレスに進化していくというシナリオが現実的である。

5　まちづくりとの連携

こういった自動運転や新しいモビリティサービスが普及していくことが期待されるが、人口減少社会においては、まちづくりとの連携で、望ましい住環境や生活スタイルを考えていきたい。車が自動で走れば、距離が遠くても運転の負荷はなく、連れていってくれることになるが、時間と費用はかかるので、人口減少下でサービスを面的に効率的に提供しようとするには、居住地域のコンパクト化を目指したい。歩いて暮らせる街が理想であるが、それなりの人口規模となると広がりも大きくなり、移動手段が必要になるはずで、なるべく環境負荷を下げて、利便性を向上させ、誰でも自由な移動が確保できる、すなわち誰も取り残されないモビリティ確保として、前述のような新しいモビリティサービスの役割は大きいものと思われ、それが将来的には自動運転技術の進化と人口減からのニーズによりドライバーレス化していくことが将来像として描けるであろう。

兵庫県養父市では、関宮地区に小さな拠点の整備を進めており、そこにサービス付き高齢者住宅などの施設を作り、そこを交通の結節点とすることで、駅や市役所からの幹線交通と端部へのデマンド交通サービスをつなぐ役割も入れて、賑わいのある拠点づくりを目指している（**写真13-4**）。

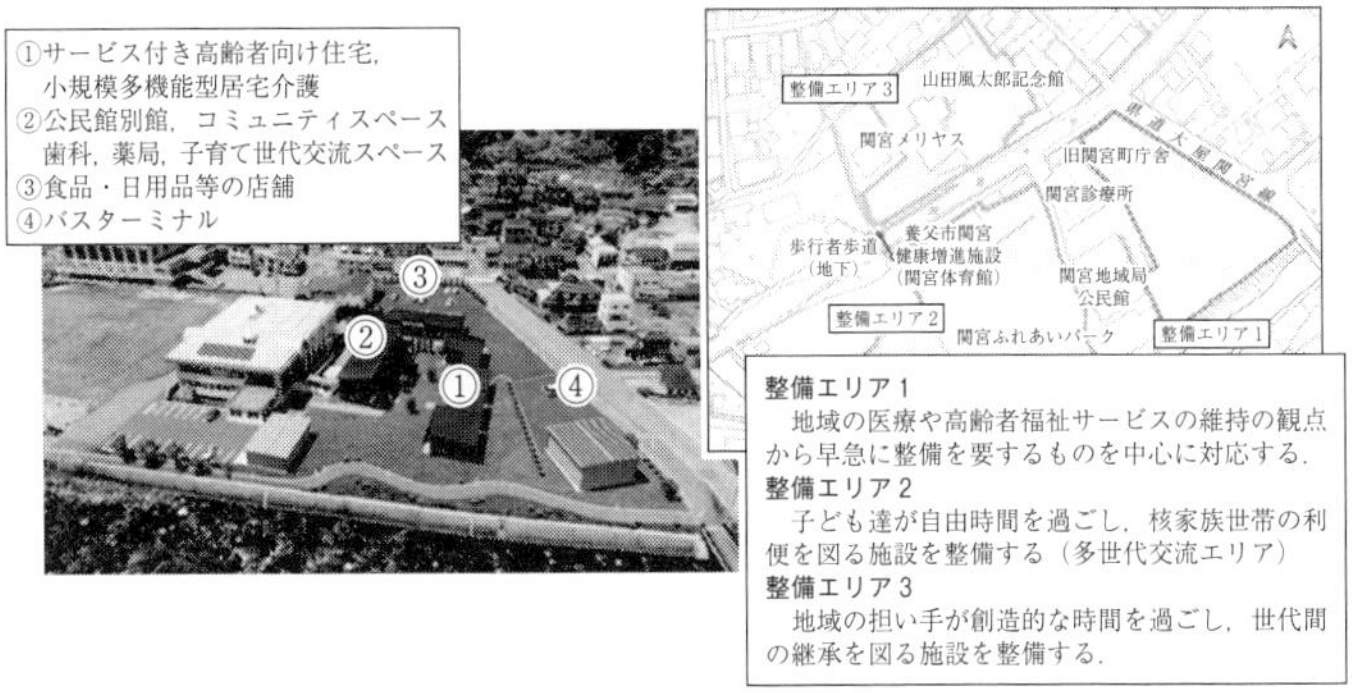

写真 13-4　交通とまちづくりの連携：養父市関宮の小さな拠点構想

6　おわりに

人口減少社会におけるモビリティの姿について、オンデマンド交通により新しいモビリティサービスと自動運転という面から記してきた。人口減少は地域によってその進む速度が異なるので、モビリティの将来像の姿は地域ごとに整理をしていく必要があると思われるが、カーボンニュートラルへの対応は一律に求められるものであるので、再生可能エネルギーの利用を国としてどうしていくのか、乗用車だけでなく、トラック、バスなどの大型商用車の脱炭素をどのように考えていくのか、そこがもっと明確に方針が見えてこないと、モビリティの将来像を、どれくらいのタイミングにどうしていくことが必要なのか、目標が定めにくい面もある。しかしながら、人口減少は待ったなしの状況であり、少子化対策で急激に回復するものではないので、ある程度人口が減った状態での地域のまちづくりを皆で議論し、そこにおけるモビリティの姿を描いていくことになるであろう。皆が他人事ではなく自分事として地域の将来像をきちんと考えることが重要なスタートの一歩になると思われ、全国各地でそのような取り組みが進むことを期待したい。

なお、日本学術会議の課題別委員会では、将来のモビリティについて提言[1]を発出し、また運輸総合研究所で議論したデマンド交通による新しいモビリティサービスについては書籍化（鎌田・宿利編 2024）しているので、ご覧いただけると幸いである。

【注】

（1）日本学術会議、提言「自動運転の社会実装と次世代モビリティによる社会デザイン」二〇二三年九月（https://www.scj.go.jp/ja/info/kohyo/pdf/kohyo-25-t352-1.pdf）。

【参考文献】

『学術の動向』二〇二二年七月号（特集 ＥＬＳＩを踏まえた自動車の自動運転の社会実装に向けて）（https://jssf86.org/doukou316.html）。

鎌田実・宿利正史編著 2024『移動困窮社会にならないために』時事通信出版局。

終章　未来への贈り物

遠藤　薫

■道具的・短期的対策は有効ではない

本書を読み終えて、ご感想はいかがだろうか。人口縮小問題に対して、何かしらの解決が見えただろうか？　いや、参考にはなったけれど、今すぐの解決策にはならない、ともやもやを感じられただろうか？

確かに、本書は明日すぐ効く新薬を提示しているわけではない。筆者がある場所で人口縮小について話したとき、「先生、さっさと女たちに子どもを産ませる方法を教えてくださいよ」と言われた。しかしそれは無理である。

女性たちは、そしてもちろん男性たちも、人口を増やすための道具ではない。人間は、与えられた環境の中で、自分の〈生〉を精一杯開かせようと生きているのである。そうした人びとのそれぞれなりの選択が集まった結果として、良くも悪くも人口縮小への潮流が形成されてきたのである。

それは一朝一夕に起こったことではない。本書でも述べられているように、問題はすでに五〇年以上も前から指摘されていた。過去からの長い積み重ねが現在を生み出しているのである。したがって、急なUターンは、「出生」ということの特性を考えても、不可能でしかない（1章参照）。

そもそも、人口が増えれば、社会は幸福になるのだろうか？　日本をはじめ、先進諸国を中心に人口縮小の危機が叫ばれる一方、アフリカなどでは人口の急増が続いているが、飢餓に直面している人口の割合も上昇を続けている。そのような地域において、人口増は決して歓迎されることではない。日本においても、戦後まもない時期、「家族計画」が奨励されたことは序章に述べたとおりである。国連五機関による「世界の食料安全保障と栄養の現状（ＳＯＦＩ）」報告書によれば、二〇二三年に飢餓に直面した人は最大約七億五七〇〇万人で、これは世界では一一人に一人、アフリカでは五人に一人に相当する。

他方、日本経済新聞などの報道によれば、人口減少に悩むロシアは、ウクライナ侵攻の長期化もあってか、出生数が急減している。これを憂慮するロシア政府は、子どものいない人生を積極的に選ぶ「チャイルドフリー」言説を「危険な思想」と見做し、罰金を課する法案を審議している。また、人工妊娠中絶の規制も強める。ロシア専門家の小泉悠は同記事に対して、「まぁ、多くの若者を戦場で死なせるようなことをしないのが一番ではあるのですが」とコメントしている。ロシアに限らず、「殺すために産ませる」政策を認めるわけにはいかない。

すなわち、本書の主張の第一は、短期的、即効的な人口増大を目指して、女性たちの出産を上から統制しようとしても、うまくはいかないということである。

ではどうすればよいか。本書の主張の第二は、長期的に、人口動向が持続可能な範囲で推移するには、女性たちにも男性たちにも、高齢者にも若年層にも、誰にとっても、この社会が、自分たちと愛するものたちにとって「生き心地の良い」場所であり、生きていることの充実感を感じ取れる場所である、ということである。生きることがざらざらした感触のものであるとき、「生む」「生まれる」「生きる」という根源的な事態がまさにためらわれてしまうのではないか。

■未来が失われつつあるのか

『トゥモローワールド（原題：CHILDREN OF MEN）』という映画がある。二〇〇六年のイギリス・アメリカ合衆国合作のSFアクション映画で、監督はアルフォンソ・キュアロンである。

物語の時代は、二〇二七年一一月という近未来。理由は不明だが、一八年前から、世界中で子供が生まれなくなってしまった。人類は繁殖能力を失ってしまったのだ。この日、その最後に生まれた青年が死んだと報じられた。人びとは嘆き、暗鬱な空気が世界を覆うなか、ロンドンで爆破テロが起こる。もっともテロは日常茶飯事である。すでに世界の諸国は、内戦やテロで壊滅状態となっている。イギリスだけが、強力な軍事力で、かろうじて秩序を保っていた。そのため、世界中から大量の難民が生きる場所を求めてイギリスに押し寄せる。政府は治安悪化を理由に、暴力的に彼らを排除し、捕縛し、（かつてのアウシュヴィッツのような）収容所へ連行する。難民たちは人間の尊厳を剥ぎ取られ、殺戮される。エネルギー省に勤める主人公セオは危ういところでテロを逃れ、職場の建物にたどり着く。国家の中枢にいる人びとは、外部の阿鼻叫喚をよそに、古今の芸術に囲まれながら、優雅に食事を楽しんでいる。そこでは、スペイン戦争の悲惨を描いたピカソのゲルニカも、単なる装飾品にすぎない。しかし、その建物の中にも、野生の鹿が走り込んでいたりもする。崩壊はすでに内部でも始まっているのである。

翌朝、セオは出勤途上で反政府組織に拉致される。組織のリーダーは、かつての妻ジュリアンだった。彼女は、一人の若い女性をある場所まで送り届けるようセオに依頼する。その女性キーは臨月だった。およそ二〇年ぶりに人類の子どもが産まれようとしているのだ。

だが、逃避行は苛酷を極め、関わる人びとは次々と殺されていく。逃げる途上でかろうじて子どもは生まれるが、「約束の場所」に彼女と赤子を連れて行ったところで、セオもまた命を落とす。深い霧の海を小舟で漂うキーと子どもの前に……。

わかりやすい寓話と言えるかもしれない。

それでも、私は最近この映画を初めて観て、そのリアリティにぞくっと戦慄してしまった。VULTUREというサイトの記事によれば、この映画の臨場感を支えているのは、「長回し」の技法だという(Riesman 2016)。だが私は、それも含めて、この映画の描くシーンが、現実のニュース報道とダブって見えてしまったのである。

映画の中で最後の子どもが生まれたのは二〇〇九年。現実の日本で、人口曲線がピークに達したのが二〇〇八年。様々な策がとられてはいるものの、現在まで、出生率が大きく回復してはいない。本書では、人口減少に対して過剰に反応することには批判的に述べてきた。とはいえ、皮膚感覚的に、子どもの姿を生活の中で見ることが少なくなっていくのは、足元が崩れるような不安を感じる。それは、現在生きている私たちを、未来へと継承してくれるはずの存在が消滅していくような虚しさである。

現実の世界で、二〇一九年末から世界を襲ったコロナ禍は、まるで中世のペスト禍や前世紀初頭のスペイン風邪大流行時のような、死の恐怖を日常化した。

未来の不確定性は、気候変動や資源枯渇、エネルギーの不足などによっても突きつけられている。恐るべき自然災害が、世界のあちこちで、信じられないような被害を出している。都市は水没し、地形が変容する。

不安は、特に脆弱な（政府によるガバナンスが不十分な）国々において、内乱やテロを頻発させ、国家間の紛争へとつながる。何気ない日常の安定を望んでいる人びとが、それによって、心や身体を傷つけられ、家族を失い、膨大な難民となって、国境を越えて生き延びようとする。

だが、自国の安定を最大の目標とする大国は、難民たちを暴力的に排除する。

そして、民主主義の手続きに従って、民主主義の名のもとに選出される権威主義的指導者たち。すでに一〇年以上続くシリア内戦(1)、終わらないウクライナ危機(2)、「ジェノサイド」とさえ批判されるガザ戦争(3)。「例外状態」が、「例外」ではなくなっている状況。人びとは分断され、孤立し、もはや他者と共感する力を失いかけている。

まさに私たちの現在が、日常的にＴＶニュースに映し出されている情景が、二〇〇六年につくられた映画の中で予言されているかのようである。

イギリスの批評家マーク・フィッシャー(4)は、二〇〇九年に出版された著書『資本主義リアリズム』の中で、「この映画が映し出す世界は、私たちの世界に対置される代替物ではなく、むしろ、それが発展したもの、あるいは悪化したもののように思われる」(Fischer 2009: 10) と書いている。そう、まさしく、二〇二四年現在、ディストピアは現実化しているのかもしれない。

フィッシャーは、この映画の「不妊症のモチーフは明らかに比喩」と言っている。それは二〇二三年現在までイギリスの人口が増加傾向をおおむね維持しているからかもしれない。ただし、それは外国人移民の流入が増えているせいである。合計特殊出生率は二〇〇八年には一・九六であったが、CIA(アメリカ中央情報局)が発行しているFACTBOOKによる二〇二二年の値は一・四六である。

これに対して日本では、二〇二三年の合計特殊出生率は一・二(東京では〇・九九)であり、外国人受入れに必ずしも積極的でないこともあり、1章で確認したように、すでに人口急減のフェーズに入っている。あながち集団的「不妊症」を比喩とすることはできないのである。

映画で描かれる人類的「不妊症」は、ある種の「災難」とされ、「今まさに私たちはその中を生き抜こうとしているのだ。災難がある特定の瞬間に訪れることもなければ、世界は大きな爆発で終わるわけでもない。その姿は徐々に潰れ、消え、崩壊していくのだ。何が災難を招いたのか、誰にもわからない」(Fischer 2009: 11-12) とフィッシャーは書く。

現実の集合的「不妊症」についても、私たちの多くは、「何が災難を招いたのか、誰にもわからない」(あるいは、「女たちが悪い」) と感じる。子どもを持つことを希望する人は今も少なくないからである。

しかし、本書の第Ⅰ部、第Ⅱ部で見てきたように、この災難を招いたのは、私たちの社会そのものである。最近、『母親になって後悔している』という本が話題になった。イスラエルの社会学者オルナ・ドーナトによる研究で、多くの母親たちが、自ら子どもを望み、現に子どもを限りなく愛おしく思っているにもかかわらず、母親になって後悔しているという現状を分析したものである。イスラエルでは、出生率は三・〇程度あり、日本に比べるとかなり高い数値である。それでも（あるいは、だからこそ）子どもを持つことから生じる様々な困難が母親たちを苦しめている。そして、イスラエルの母親たちの抱える問題は、日本の母親たちと多く共通する。

その詳細は、本書4章〜7章で詳しく書かれているが、社会が女性や家族に子どもを産むことを督促しているにもかかわらず、それに応じたものたちには「子育て罰（チャイルド・ペナルティ）」が与えられるという、いわばば社会からのダブル・バインド(5)が、女性や家族を立ちすくませているといえよう。少子化とは、まさに「社会災害」なのである。

同様に、脆弱な立場にある人びと（高齢者や障害者など）へのケアについても、社会がそれを家族に求めるにもかかわらず、ケアに携わるものたちに負担を強いる「ケア・ペナルティ」も多くみられる。

さらに、2章でみたように、社会は平均寿命が長いことを誇っているにもかかわらず、高齢者はしばしば社会的孤立を強いられ、貧窮や「孤独死」など長寿リスクのイメージに脅かされる。いわば「長寿ペナルティ」である。

フィッシャーは、文化について、「新しいものは現存のものとの相互関係において自己を定義すると同時に、現存のものは新しいものに応じて自己を再構成しなければならない。エリオットは、未来を消耗してしまえば私たちには過去すら残されないと主張した」(Fischer 2009: 14)。

同じことは、文化よりも先に、人間たちの生命の継承について言える。2章でも述べたように、私たち現代世代は、過去世代によって産み育てられ、過去世代を参照しながら成長してきた。そして、未来世代との関係の中で、自らを捉え直し、生きている意味を了解するのである。したがって、この連関が断たれてしまうなら、人間社会は、未来だけでなく、過去も現在も失うのである。まるで浦島太郎の玉手箱のように。

■未来からのまなざし

しかし、もちろん、私たちは未来をあきらめない。あきらめないために、本書は書かれた。あきらめないことを確認するために、この章では、『トゥモローワールド』を通して現代の災禍を確認する作業をしてみた。

災禍を現在生きている人間たちの視点から考えるならば、短期的な、即効性のある解決に走りがちである。しかし、そのような解決法が、結局は失敗に陥りがちであることは、本書の各章で、そして本章で指摘してきたとおりである。

これに対して、近年、あるべき未来の状態から、現在なすべきことを逆算する思考法が注目されている。未来世代の幸福や利益、生存可能性という視点から、現在の課題分析や意思決定を行おうとするものである。それによって、現時点での利害関係よりも、公正な判断が可能になると考えるのである。こうした考え方を、「短期思考」に対する「長期思考」(Krznaric 2020)と、とりあえず呼んでおこう。

例えば、日本学術会議が二〇二〇年にまとめた『未来からの問い——日本学術会議100年を構想する』は、そのタイトルからもわかるように、「これから一〇年後、三〇年後の世界を予想した上で、現在できる課題を導き出して学術による解決策を探る試み」(「はじめに」)である。まさに長期思考的なスタンスである。

最近では、哲学者のウィリアム・マッカスキルの『見えない未来を変える「いま」』が「長期主義」というフレームを掲げて、話題となった。また、経済学者の西條辰義らは「フューチャーデザイン」という手法を提案している。

しかし、長期思考は、最近生まれたものではない。例えば、2章で紹介した柳田國男『先祖の話』、チェスタトン『正統とは何か』などでも論じられてきた。

そして、長期思考においては、医療や科学技術の活用も重要である。人間たちは、新石器時代以降、単に与えられた生命を享受するだけにとどまらず、世界を探究し、人間の限界を拡張するために、医学、科学、工学技術を発展させてきた。それらが、現代世代だけでなく、未来世代にも、大きな助けとなり、可能性を拡張することは言うまでもない。本書では、第8章~第13章で、医学や技術が人間や社会をサポートする未来について、積極的な提言を行なっている。

ただし、長期思考は、時として、「バラ色の未来論」「科学技術万能論」に繋がりかねないことに注意しなければならない。科学や技術は、私たちに客観的な視座を与え、人間の可能性を広げる大きな支援となる。その一方で、短期思考的な利用や依存ばかりでなく、利己的な悪用の具ともなり得る。人間、社会、環境への取り組みと、科学技術の活用とをバランスよくデザインしていくことが重要である。

やがて生まれる未来世代が、本書を、私たち現代世代と過去世代からのささやかな贈り物として受け取ってくれることを願う。

【注】

(1) 二〇一一年に起きた「アラブの春」を契機として起こった内戦。複雑な経緯を辿りつつ、現在まで続いている。英国を拠点とする「シリア人権監視団」によると、二〇二四年三月時点で、一六万四〇〇〇人以上の民間人が殺害され、三四万三〇〇〇人以上の戦闘員が死亡した。また、国連UNHCR協会によると、二〇二四年二月時点で、シリア国内で人道援助を必要としている人は一六七〇万人、シリア国内避難民は七二〇万人、周辺国に逃れるシリア難民は五〇五万人に達するという。

(2) 二〇一四年にウクライナ東部で紛争が勃発し、クリミアが一時的にロシアに占領された。二〇二二年二月、ロシアが軍事行動を開始し、二〇二四年一二月現在、事態は収束していない。国連UNHCR協会によると、二〇二四年八月時点でウクライナ国内避難民は三六六万人以上、二〇二四年一〇月時点で国外に避難した難民は六七五万人以上に達するという。

(3) 二〇二三年一〇月七日、ガザを実効支配してきたハマスがイスラエルに大規模な越境攻撃を仕掛け、市民ら約一二〇〇人を殺害したのを契機とする、イスラエルとハマスの戦闘。国連のまとめ(二〇二四年一二月一七日現在)によると、ガザでは四万五〇〇〇人以上が死亡し、そのおよそ三割の一万三三一九人が子どもである。最大でガザ人口の約九割にあたる一九〇万人が家を追われ、八七万六〇〇〇人が危機的な食糧不足の中に置かれている。

（4）一九六八年に生まれ、二〇一七年に自死した。

（5）社会科学者のG・ベイトソンが提唱した概念。逆らうことのできない状況で、矛盾したメッセージが同時に送られることで、精神的な混乱に陥ること。

【参考文献】

Chesterton, G. K. 1908 *Orthodoxy*（安西徹男訳 2019『正統とは何か』春秋社）。

Donath, Orna 2016 *#REGRETTING MOTHERFOOD*, Wenn Muetter bereuen, Albrecht Knaus Verlag, Muenchen, Germany（鹿田昌美訳 2022『母親になって後悔してる』新潮社）。

遠藤薫 近刊予定「語りえぬ〈他者〉との社会学をめざして（仮）」西條辰義ほか編『将来世代と築く社会――フューチャー・デザインと社会学（仮）』勁草書房。

遠藤薫・山田真茂留・有田伸・筒井淳也編 2024『災禍の時代の社会学』東京大学出版会。

Fischer, Mark 2009 *Capitalist Realism: Is There No Alternative?* Winchester: Zero Books（セバスチャン・ブロイ、河南瑠莉訳 2018『資本主義リアリズム』堀之内出版）。

Food and Agriculture Organization of the United Nations International Fund for Agricultural Development | United Nations Children's Fund World Food Programme | World Health Organization 2024 The 2024 edition of The State of Food Security and Nutrition in the World（SOFI）report（https://www.wfp.org/publications/state-food-security-and-nutrition-world-sofi-report?_ga=2.93278105.520022431.1733177411-896438586.1733177411 2024.12.3 閲覧）。

Krznaric, Roman 2020 *The Good Ancestor*（松本紹圭訳 2021『グッド・アンセスター――わたしたちは「よき祖先」になれるか』あすなろ書房）。

MacAskill, William 2022 *WHAT WE OWE THE FUTURE*, Basic Books（千葉敏生訳 2024『見えない未来を

変える「いま」――〈長期主義〉倫理学のフレームワーク』みすず書房）。
日本学術会議 2020『未来からの問い――日本学術会議１００年を構想する』（https://www.scj.go.jp/ja/member/iinkai/tenbou2020/pdf/miraitoi.pdf）。
日本経済新聞 2024「ロシア、出生数回復へ情報統制――『産まない価値観』否定」（二〇二四年一〇月四日付け）（https://www.nikkei.com/article/DGXZQOGR3138M0R30C24A8000000/ 2024.12.3 閲覧）。
Riesman, Abraham 2016 "Future Shock," (https://www.vulture.com/2016/12/children-of-men-alfonso-cuaron-c-v-r.html).
西條辰義 2024『フューチャー・デザイン』日本経済新聞出版。

あとがき

時間が経つのが早い。街はもう師走の慌ただしさである。

二〇二四年は、元旦の「能登半島地震」で始まった。自然の恐怖は、年始を祝う人々の笑顔を一瞬にして奪った。能登地域では、高齢化と過疎化が進んでおり、それが被害を大きくするとともに、復旧を遅らせている。

加えて、二〇二四年九月に発生した「奥能登豪雨」は、せっかく復旧しつつあった地域にも大きな被害をもたらし、仮設住宅での床上浸水も生じた。

人口減少や高齢化は、こうした事態に対しても、レジリエンスのためのパワーを弱まらせているようにも感じる。対応は必須である。

序章でも紹介したように、本書の執筆メンバーは、日本学術会議課題別委員会「人口縮小社会における問題解決のための検討委員会」（二〇一六―二〇一九年、二〇一九―二〇二二年）のメンバーと重なっている。この委員会では、多様な分野からの専門家たちが多く集まり、活発で有益な議論が行われた。

その成果として、

提言「人口縮小社会」という未来——持続可能な幸福社会をつくる」（2020-08-24 発出 https://www.scj.go.jp/ja/info/kohyo/pdf/kohyo-24-t296-1.pdf）

報告「深化する人口縮小社会の諸課題——コロナ・パンデミックを超えて」（2023/9/26 発出 https://www.scj.go.jp/ja/info/kohyo/pdf/kohyo-25-h230926-1.pdf）

が発出された。これらはネット上で公開されている。本書と併せてご参照いただければ幸いである。

本書の刊行にあたっては、東京大学出版会の宗司光治さんに大変お世話になりました。厚く御礼申し上げます。

二〇二四年一二月

遠藤　薫

荒井　秀典　（あらい・ひでのり）
国立研究開発法人国立長寿医療研究センター理事長
[主要著作]『40歳からの健康年表』（編，文藝春秋，2020年），『老年学』（共編，医歯薬出版，2023年）．

水口　　雅　（みずぐち・まさし）
東京大学名誉教授／心身障害児総合医療療育センターむらさき愛育園園長
[主要著作]『にこにこ家族の育児全書 育児編』（監修，社会保険出版社，2016年），『クリニカルガイド小児科』（共編，南山堂，2021年）．

山田　あすか　（やまだ・あすか）
東京電機大学未来科学部教授
[主要著作]『ケアする建築』（鹿島出版，2024年），『ワークブック 環境行動学入門』（共編，学芸出版，2024年）．

斎尾　直子　（さいお・なおこ）
東京科学大学環境・社会理工学院建築学系教授
[主要著作]『震災復興から俯瞰する農村計画学の未来』（共著，農林統計出版，2019年），『クロノデザイン――空間価値から時間価値へ』（共著，彰国社，2020年）．

浅川　智恵子　（あさかわ・ちえこ）
IBM Research, IBM Fellow ／日本科学未来館館長
[主要著作] "CaBot: Designing and Evaluating an Autonomous Navigation Robot for Blind People"（Co-author, ASSETS' 19, 2019），『見えないから，気づく』（早川書房，2023年）．

鎌田　　実　（かまた・みのる）
東京大学名誉教授／一般財団法人日本自動車研究所代表理事・研究所長
[主要著作]『移動困窮社会にならないために』（共編著，時事通信出版局，2024年）．

執筆者一覧（執筆順）

遠藤　薫　（えんどう・かおる）
編者．奥付参照．

金子　隆一　（かねこ・りゅういち）
明治大学政治経済学部特任教授／国立社会保障・人口問題研究所元副所長
[主要著作]『ポスト人口転換期の日本』（共編，原書房，2016年），『長寿・健康の人口学』（共編，原書房，2021年）．

落合　恵美子　（おちあい・えみこ）
京都大学名誉教授／京都産業大学現代社会学部教授
[主要著作]『近代家族とフェミニズム』［増補新版］（勁草書房，2022年），『親密圏と公共圏の社会学』（有斐閣，2023年）．

大沢　真理　（おおさわ・まり）
東京大学名誉教授
[主要著作]『ガバナンスを問い直す［I］［II］』（共編，東京大学出版会，2016年），『生活保障システムの転換』（岩波書店，2025年）．

伊藤　公雄　（いとう・きみお）
京都大学・大阪大学名誉教授
[主要著作]『「男女共同参画」が問いかけるもの』［増補新版］（インパクト出版会，2009年），『ジェンダーで学ぶ社会学』［第4版］（共編，世界思想社，2025年）．

武石　恵美子　（たけいし・えみこ）
法政大学キャリアデザイン学部教授
[主要著作]『キャリア開発論』［第2版］（中央経済社，2023年），『「キャリアデザイン」って，どういうこと？』（岩波書店，2024年）．

石原　　理　（いしはら・おさむ）
埼玉医科大学名誉教授／女子栄養大学保健センター長・栄養クリニック所長
[主要著作]『生殖医療の衝撃』（講談社，2016年），『ゲノムの子』（集英社，2023年）．

編者紹介
神奈川県生まれ
1977 年　東京大学教養学部基礎科学科卒業
1993 年　東京工業大学理工学研究科博士後期課程修了
信州大学助教授，東京工業大学助教授，学習院大学教授などを経て
現　在　学習院大学名誉教授
博士（学術）

主要著作
『社会変動をどうとらえるか』（1-4）（勁草書房，2009-2010 年）
Reconstruction of the Public Sphere in the Society Mediated Age（ed., Springer, 2017）
『ソーシャルメディアと公共性』（編，東京大学出版会，2018 年）
『災禍の時代の社会学』（共編，東京大学出版会，2023 年）

人口縮小！　どうする日本？
持続可能な幸福社会へのアプローチ

2025 年 3 月 31 日　初　版

［検印廃止］

編　者　遠藤《えんどう》 薫《かおる》

発行所　一般財団法人　東京大学出版会
代表者　中島 隆博
153-0041 東京都目黒区駒場 4-5-29
電話 03-6407-1069　Fax 03-6407-1991
振替 00160-6-59964

組　版　有限会社プログレス
印刷所　株式会社ヒライ
製本所　誠製本株式会社

ISBN 978-4-13-053037-8　Printed in Japan